W0180108

BASTEI
LÜBBE

Peter H. Schulze

FRAUEN IM ALTEN ÄGYPTEN

Selbständigkeit und Gleichberechtigung
im häuslichen und öffentlichen Leben

BASTEI-LÜBBE-TASCHENBUCH
Band 64 119

© 1987 by Gustav Lübbe Verlag, Bergisch Gladbach
Printed in Germany, Februar 1993
Umschlaggestaltung: Roberto Patelli
Titelbild: Arch. für Kunst und Geschichte (Prof. E. Lessing)
Satz: KCS GmbH, Buchholz/Hamburg
Druck und Bindung: Clausen & Bosse, Leck
ISBN 3-404-64119-1

Der Preis dieses Bandes versteht sich einschließlich der
gesetzlichen Mehrwertsteuer.

Inhalt

Einleitung

»Fast alle Sitten und Gebräuche der Ägypter sind der Lebensweise der anderen Menschen entgegengesetzt«, so wundert sich der griechische Historiker Herodot, als er im fünften vorchristlichen Jahrhundert Ägypten besuchte. »Bei ihnen sitzen die Weiber zu Markt und handeln, die Männer aber bleiben zu Hause und weben...«

Wie auch heute noch ein Tourist in fremdem Land, macht er seine ersten Erfahrungen mit dem fremden Leben beim Einkaufen, auf dem Markt: Frauen, wohin er sieht, Frauen hinter Marktständen, Frauen als Käuferinnen – ganz anders als zu Hause in Athen, wo doch der Bauers*mann* und der männliche Handwerker ihre Waren anpreisen und der Herr des Hauses die Einkäufe besorgt, während eine anständige Frau ihr Haus nicht verläßt. Und so liegt denn auch gleich ein Mißverständnis nahe, weil schon Herodot, wie auch wir als Touristen, nur von den heimischen Verhältnissen ausgehen kann. Da in Griechenland die Frauen zu Hause bleiben und weben, müssen ja die ägyptischen Männer, da sie doch auf dem Markt kaum zu sehen sind, zu Haus sitzen und weben.

Die Verblüffung des großen Griechen ist verständlich, und sie befällt auch uns, auch wenn wir erst einmal nur von dieser Marktszene ausgehen. Sie zeigt nicht nur ägyptische

Frauen in der Öffentlichkeit; sie übten auch einen Beruf aus, und zahlreiche Dokumente beweisen, daß sie ihren Verdienst behalten und darüber, wie über ihr gesamtes Vermögen, frei verfügen konnten und es nicht, wie Athenerin und Römerin, ihrem männlichen Vormund – Vater, Mann oder Sohn – überlassen mußten. Und Kauffrau, vom Marktstand bis zum großen Unternehmen, war nur einer und nicht der bedeutendste der vielfältigen Berufe, die der Ägypterin als Möglichkeiten offenstanden und in diesem Buch geschildert werden. Von der Medizinaldirektorin (»Leiterin der Ärzte« hieß das ägyptisch) bis zur hohen Beamtin, von der Priesterin bis zur Truchsessin am Hofe kennen wir Namen und Titel. Handwerkerinnen, Hebammen und Dienerinnen waren geachtet und erhielten gleichen Lohn für gleiche Arbeit wie ihre männlichen Kollegen!

Um ihren Lohn und ihr Eigentum konnte die Ägypterin vor Gericht als selbständige Rechtspersönlichkeit klagen – und unter den Schöffen, auf der anderen Seite des Gerichts, befanden sich auch Frauen. Unser Erstaunen und unsere Begeisterung über die hohe Stellung der Frauen am Nil könnten uns freilich zu weit treiben und Altägypten mit einem modernen Industriestaat gleichsetzen lassen, in dem die Frauen sehr weitgehend berufstätig sind. Aber eben die beruflichen Möglichkeiten und Chancen der Ägypterin sind es, die sie von ihren Schwestern in der Alten Welt abheben.

Die meisten Ägypterinnen waren verheiratet; aber auch im Haus unterstanden sie nicht, wie im römischen Recht, der absoluten Gewalt des *pater familias*, des männlichen Familienoberhaupts, sondern sie waren »die Herrin des Hauses«. Und wenn eine solche Herrin es wünschte, nahm ihr Gatte – und dieser war in einem speziellen Fall als

Oberst ein befehlsgewohnter Mann — eben die Kündigung eines Pächters wieder zurück.

Und damit kommen wir an einen ganz zentralen Punkt ägyptischen Denkens und damit auch dieses Buches: Das Verhältnis zwischen Mann und Frau wurde ganz anders gesehen als in vielen anderen Kulturen. Es beruht auf einer Partnerschaft zwischen zwei Menschen, die auf gegenseitige Ergänzung und nicht auf Gegensatz von Mann und Frau angelegt ist.

Aus dieser Partnerschaft entspringen die frühesten Liebeslieder der Menschheit, die uns in Form und Inhalt, in ihrer zarten Schilderung von Freude und Schmerz der Liebe, in derbem Realismus wie in verhüllender Poesie mit Morgenlied, Türklage und Beschreibungslied noch heute begeistern können und den Dichtern unzähliger Völker und Generationen Vorbild waren. Und auch das ist hierbei ägyptisch: Es ist ebenso das Mädchen wie der Jüngling, das seine Gefühle ausspricht und seine Wünsche deutlich macht. Auf dieser Grundlage sind auch echte Liebesehen möglich, und die Familie ist für Mann wie Frau das Herzstück des Lebens. Daß die Mutter in ihr eine besonders hervorgehobene Rolle spielte, über den Tod hinaus auch im Jenseits und aus ihm her, sehen wir in vielen Gräbern.

Nicht anders war es im Königshaus. Die partnerschaftliche Achtung wurde hier noch durch religiöse Anschauungen verstärkt. Da der König als Erscheinungsform Gottes die Schöpfung verkörperte und diese täglich sichern und fortsetzen mußte, benötigte er dazu die weibliche Ergänzung. Schon das Kapitel über Göttinnen und Götter läßt uns verstehen, daß der Schöpfer für den Ägypter zweigeschlechtlich war, ganz gleich, ob sonst als Göttin vorgestellt, wie Hathor und Neith, oder als Gott wie Atum oder Ptah.

Auf solchen tiefen Fundamenten beruht die hohe Stellung der königlichen Frauen in Mythos und Kult, aber bei der innigen Verwobenheit von Religion und täglichem Leben auch in Familie und Protokoll, in der Öffentlichkeit und nicht zuletzt in der Politik. Nicht wenige bedeutende Königsmütter waren tüchtige Regentinnen für ihre unmündigen Söhne. Selbst die volle Übernahme der Herrschaft als Pharaonin war für die Ägypter nichts Undenkbares. Neben der größten und bedeutendsten unter ihnen, der jedem Ägyptenbesucher durch ihren Terrassentempel bekannten Hatschepsut, hat es noch mehr Frauen auf dem ägyptischen Thron mit voller Königsmacht und -titulatur gegeben.

Aber kaum jemand weiß etwas von der »Dynastie der Jungfrauen«, Herrscherinnen, die mehrere Jahrhunderte hindurch Oberägypten regierten und ihre Nachfolgerin durch Adoption bestimmten. Diese »Gottesgemahlinnen des Amun« hatten eine große Hofhaltung und waren so mächtig, daß sie schließlich den Hohenpriester des Amun absetzten und das Amt selbst übernahmen.

Was bedeutet das alles, zu einer Zeit beginnend, in der es Germanen noch gar nicht gab, noch die trojanischen Helden? In einer Kultur, die nicht selten als in dreitausend Jahren versteinert, unbeweglich und nur von Männern bestimmt scheint? Und das in einer Umwelt, in deren Gesellschaft und Kultur die Frauen keine Rolle spielten? Mit diesen Fragen müssen wir uns auch befassen, wenn wir verstehen wollen, ob, wie und warum die Frauen am Nil eine besondere Stellung hatten, und wir werden uns manchmal herumschlagen müssen mit eilfertig angebotenen Deutungen wie Matriarchat oder Mutterrecht, Gleichberechtigung und Emanzipation. Oder ist es doch nichts anderes als ein Patriarchat, eine nur durch Übermalung mit freundlichen Farben kaschierte Unterdrückung der Frau im (natürlich finsteren) Altertum?

Wir werden feststellen, daß alle diese Begriffe die ägyptische Wirklichkeit nicht wiedergeben können. Wir wollen vielmehr versuchen, die wesentlichen Wurzeln auch des Verhältnisses zwischen Mann und Frau im eigenständigen ägyptischen Denken zu suchen und, indem wir das Fremde erkennen lernen, auch beitragen zu größerer Klarheit über unser eigenes Wesen.

Die große
Herzensfreude

Das Mädchen spricht:

Mein Herz springt eilends,
sobald ich an meine Liebe zu dir denke.
Es läßt mich nicht wie ein Mensch gehen
und hüpft auf seinem Platz.

Nicht läßt es mich ein Kleid ergreifen.
Nicht nehme ich meinen Fächer.
Nicht lege ich Schminke an mein Auge.
Nicht salbe ich mich mit Wohlgeruch.

›Halte nicht an! Du erreichst das Ziel!‹
sagt es mir, so oft ich an ihn denke.
Mache mir, mein Herz, keinen Kummer!
Warum handelst du so töricht?

Warte gefaßt! Der Geliebte kommt zu dir,
ebenso aber die Augen der vielen.
Laß nicht die Menschen über mich sagen:
›Jene Frau ist in Liebe gefallen!‹

Mögest du festbleiben, so oft du an ihn denkst,
mein Herz, und nicht springen!

Alle Verwirrung der Liebe, aller Schmerz der Sehnsucht nach dem Geliebten spricht in diesem Lied, das vor mehr als dreitausend Jahren in Ägypten erdacht und geschrieben wurde[1], eine Frau aus. Ja, es ist sehr wahrscheinlich, daß diese Worte nicht von einem männlichen Dichter einer Frau nur in den Mund gelegt worden sind, sondern daß dieses Gedicht, ebenso wie die anderen aus diesem Zyklus, tatsächlich von einer Frau stammt.[2] Gerade in dieser Sammlung tragen die Lieder des Mädchens gegenüber denen des Liebenden einen besonders warmen, persönlichen und unmittelbaren Ton, der auch noch durch Übersetzung und Umdichtung hindurch zu spüren ist, wie in den folgenden Strophen:

2

Das Mädchen spricht:

Der Geliebte verführt mein Herz mit seiner Stimme
und läßt mich von Krankheit befallen.
Er ist ein Nachbar des Hauses meiner Mutter,
und doch weiß ich nicht, wie ich zu ihm gehen kann.
Gut wäre in meiner Sache vielleicht meine Mutter.
Ach laß es, sie zu sehen!

Sieh, mein Herz ist unwillig, an ihn zu denken,
und doch ergreift mich die Liebe zu ihm.
Sieh, er ist einer, der töricht ist.
Aber ich bin wie er.

Er kennt nicht meine Wünsche, ihn zu umarmen,
und daß er zu meiner Mutter sende.
Geliebter, ach, wäre ich dir anbefohlen
vom Golde, der Göttin der Frauen.

17

Komme zu mir, daß ich deine Schönheit sehe,
daß sich Vater und Mutter freuen,
daß dir alle Menschen miteinander zujubeln,
daß sie dir zujubeln, Geliebter!

»Das Gold« oder »Das Große Gold« sind Beinamen der Göttin der Liebe, der Musik und des Rausches (aber auch zugleich des Todes!), Hathor.

Lassen wir nun aber auch einmal den Liebenden sprechen. Sein Lied bildet eine der wenigen Möglichkeiten für den Übersetzer, den stilistischen Kunstgriff nachzuahmen, mit dem die Dichterin dieser Lieder ihre Gedichte zusammengefügt hat: Jedes der sieben Lieder beginnt und endet mit einer der Zahlen von eins bis sieben oder einem in der altägyptischen Sprache ganz ähnlich klingenden Wort.

3

Der Liebende spricht:

Die Eine, Geliebte, ohne ihresgleichen,
schöner als alle Welt.
Schau, sie ist wie der glänzende Neujahrsstern
vor einem schönen Jahr.

Die Tugendleuchtende, Strahlenhäutige,
mit Augen, die klar blicken,
mit Lippen, die süß sprechen.
Sie hat kein Wort zuviel.

Mit hohem Hals und strahlender Brust
hat sie echtes Lapislazuli im Haar.
Ihre Arme übertreffen das Gold,
ihre Finger sind wie Lotoskelche.

Mit schweren Lenden und schmalen Hüften,
sie, deren Schenkel um ihre Schönheit streiten,
edlen Ganges, wenn sie auf die Erde tritt,
raubt sie mein Herz mit ihrem Gruß.

Sie macht die Nacken aller Männer
sich wenden, sie anzusehen.
Es freut sich jeder, den sie grüßt.
Er fühlt sich als erster der Jünglinge.

Wenn sie aus dem Hause tritt, ist es,
als erblicke man jene, die Eine.

Zum erstenmal ertönt hier zum Preis der Geliebten ein
»Beschreibungslied«. Wir kennen diese blumigen Vergleiche
jedes Körperteils der Schönen aus dem *Hohenlied Salomonis*
wie von den griechischen und römischen Poeten bis hin
zum Minnesang und der modernen Dichtung. Zum Verständnis dieses ägyptischen Beschreibungsliedes muß man
wissen, daß die Ägypter in dem hellen Sirius, der am ägyptischen Neujahrstag zum erstenmal wieder am Morgenhim-
mel sichtbar wurde, die Göttin Sothis erblickten, welche die
ersehnte Überschwemmung des Nils bringt.

Nun soll wieder das Mädchen sprechen — wobei das »Der
Liebende« beziehungsweise »Das Mädchen spricht« zur größeren Deutlichkeit in die deutsche Übertragung eingefügt
wurde. Im Ägyptischen steht das nicht und wäre auch über-
flüssig, weil die ägyptische Sprache in allen Wortformen
zwischen weiblichen und männlichen Endungen unter-
scheidet.

Das Mädchen spricht:

Ich ging vorüber nahe an seinem Hause
und fand dessen Türe offen.
Der Geliebte stand da zur Seite seiner Mutter.
Alle seine Geschwister waren bei ihm.

Das Herz aller, die auf dem Wege gingen,
ergriff Liebe zu ihm,
dem trefflichen Jüngling ohne seinesgleichen,
einem Geliebten von erlesener Art.

Er blickte auf mich, als ich vorüberging,
und ich habe gejubelt,
frohen Herzens, in Freude,
Geliebter, weil ich (es) sah.

Ach, daß die Mutter mein Herz kennte,
und es ihr bald einfiele!
Goldene, ach gib es in ihr Herz,
dann eile ich zu meinem Geliebten!

Der Liebende spricht:

Sieben Tage sah ich die Geliebte nicht.
Krankheit hatte mich befallen.
Mein Herz wird schwer.
Ich habe mich selbst vergessen.

Wenn die Ärzte zu mir kommen,
bin ich mit ihren Mitteln nicht zufrieden.
Keinen Ausweg finden die Beschwörer.
Meine Krankheit wird nicht erkannt.

Wenn man mir sagt: ›Siehe, sie ist da!‹, belebt es mich.
Ihr Name ist das, was mich erhebt.
Das Kommen und Gehen ihrer Boten
ist das, was mein Herz am Leben hält.

Besser als alle Mittel ist mir die Geliebte,
mehr ist sie mir, als das Rezeptbuch.
Ihr Eintritt von draußen ist mein Amulett.
Wenn ich sie sehe, dann gesunde ich.

Wenn sie ihr Auge öffnet, verjüngt sich mein Leib.
Wenn sie spricht, dann erstarke ich.
Wenn ich sie umarme, verjagt sie von mir das Übel.
Sie ging von mir vor sieben Tagen.

Auch das hier angeschlagene Thema der »Liebeskrankheit«
läßt sich auf der ganzen Welt in Liebesliedern immer wieder
finden — es klang ja auch schon in dem Mädchengedicht
Nr. 2 an. Mit diesem »Siebengedicht« schließt eine Sammlung von Liebesliedern, die sich auf einer Papyrusrolle
zusammen mit anderen, ganz verschiedenartigen literarischen Texten findet, deren Entstehungszeit ziemlich genau
auf die Regierungszeit des Pharaos Ramses V. (etwa
1156—1152 v. CHR.)[3] festgelegt werden kann und in der sche-
matischen Weise der Ägyptologie einfach nach dem ersten
Besitzer *Papyrus Chester Beatty 1* genannt wird. In sehr sorg-
fältigem Hieratisch, der Schreibschrift des Ägyptischen

jener Zeit, trägt diese Handschrift den Titel *Lieder der Großen Herzensfreude*. Vielleicht hat er mehrere Bedeutungen,
wie dies bei der Beliebtheit von Wortspielen in Ägypten
häufig vorkommt: Er mag sich ebensosehr auf den Inhalt
der Gedichte, auf die Liebe also, beziehen, als auch den
Namen der Dichterin überliefern als »Große Herzensfreude«. Namen mit »Herz« waren in Ägypten sehr beliebt.
So hieß auch eine Königsgemahlin der I. Dynastie im dritten Jahrtausend v. Chr. »Bener-Ib« — »Holdes Herz«, und
ihre Tochter »Ima-Ib« — »Freundliches Herz«.[4] Ein besonderes Deutzeichen für einen Frauennamen, wie es im Ägyptischen meist, aber eben keineswegs immer steht, fehlt hier
freilich.[5] Dennoch mögen wir hier den frühesten uns überlieferten Namen einer Dichterin in der Kulturgeschichte der
Menschheit erfahren.

Die umfangreichste und früheste bis heute gefundene
Sammlung von Liebesliedern ist der *Papyrus Harris 500*, der
wahrscheinlich in der Zeit Sethos I. (um 1303 – 1290 v. Chr.)
oder in den davorliegenden Jahrzehnten der Zeit nach dem
Ende Echnatons geschrieben worden ist.[6] Er enthält neben
anderen Werken die — leider durch unglückliche Fund- und
Aufbewahrungsumstände sehr zerstörten — Reste von drei
Sammlungen von Liebesliedern. Eine dieser Liedfolgen,
deren Originalüberschrift zerstört ist, wurde von den ersten
Übersetzern unter dem Titel *Die Macht der Liebe* veröffentlicht. Sie führen uns atmosphärisch und geographisch in
eine ganz andere Landschaft als *Die Große Herzensfreude*.
Sie spielen sich auf dem Nilstrom oder an seinen Ufern ab,
sind viel stärker (für unsere Augen) religiös gebunden, und
wiederholt wird die alte Residenz Memphis erwähnt, die
seit Tutenchamun und seinem frühen Verlassen von Echnatons Tell-el-Amarna wieder Hauptstadt wurde. In deren

unmittelbarer Umgebung lag das uralte Heiligtum des Schöpfergottes Atum-Rê in On, welches die Griechen Heliopolis tauften – und als solches ist es bis heute ein Vorort von Kairo, der Nachfolgestadt des alten Memphis. Lassen wir also die ganz eigenartige Stimmung dieser Lieder auf uns wirken:

6

Der Liebende spricht:

> Ich fahre stromab in der Fähre im Ruderschlag,
> mein Schilfbündel auf meinem Arm.
> Ich will nach Memphis und Ptah, dem Herrn der
>   Wahrheit, sagen:
> ›Gib mir meine Geliebte heute nacht!‹
>
> Der Fluß ist mein Wein.
> Ptah ist sein Schilf, die ›Mächtige‹ seine Blätter,
> ihre Boten sind seine Knospen.
> Der Lotosgott ist seine Blüte.
>
> (Die Goldene) freut sich,
> unter ihrer Schönheit wird die Erde hell.
> Memphis ist eine Schale mit Liebesäpfeln,
> die vor den ›Schöngesichtigen‹gestellt ist.

Ptah, der alte Handwerker- und Schöpfergott, seine Gemahlin Sakhmet »die Mächtige« –, löwenköpfige Göttin des Krieges und zugleich der Heilkunst, und ihr gemeinsamer Sohn Nefertem, der als jugendlicher Sonnengott bei der Schöpfung aus einer Lotosblüte hervorging, bilden die Götterdreiheit von Memphis. Granatäpfel, welche Hathor, »das

Gold«, dem Ptah bringt, damit er den Liebenden günstig
sei, galten den Ägyptern als Liebesfrüchte. Ganz ähnlich ist
die Stimmung in einem Lied des Mädchens:

7

Das Mädchen spricht:

Ich fuhr stromab auf dem ›Herrscherkanal‹ und drehte
ein in den ›Kanal des Rê‹
mit dem Wunsch, zu dem Aufschlagen der Zelte zu gehen
auf der Höhe der Lagunenmündung.

Und als ich daran ging, unverzüglich zu eilen,
gedachte mein Herz des Sonnengottes,
daß ich den Einzug des Geliebten sehen möge,
der zum Haus des Erhabenen will.

Ich stand mit dir an der Lagunenmündung.
Du nahmst mein Herz zur ›Pfeilerstadt‹ des Rê,
und ich entwich mit dir zu den Bäumen,
die zum Hause des Erhabenen gehören.

Ich pflückte von den Bäumen des Hauses des Erhabenen
einen Zweig als meinen Fächer
und schaute an, was er tat,
mein Gesicht auf den Baumgarten gerichtet.

Meine Arme waren voll Persea-Zweige,
mein Haar war schwer von Balsam.
Ich kam mir vor, wie die Herrin Beider Länder,
und war (mit dir, Geliebter!)

Die ›Pfeilerstadt‹ hieß On — Heliopolis — nach dem mächtigen Granitpfeiler, der dort als Urbild des Schöpfergottes verehrt wurde. Der »Heilige Baum« ist eine erneute Anspielung auf die Anwesenheit Hathors, die in einer ihrer Erscheinungen als Baumgöttin (»Die unter ihrer Sykomore«) vorgestellt wird. Die »Herrin Beider Länder« könnte eine Anspielung auf die Pharaonin Hatschepsut sein, zu deren Lieblingstiteln dieser zählt[7], und damit ein Hinweis auf das hohe Alter des ursprünglichen Textes von unserem Lied.

Von der zweiten Gedichtsammlung desselben Papyrus ist die altägyptische Überschrift zum Glück auf uns gekommen: »Beginn der schönen, erfreuenden Gesänge für deine Geliebte, die dein Herz liebt, wenn sie von der Flur kommt«.

8

Das Mädchen spricht:

Mein Geliebter, den ich liebe,
ich sorge mich um deine Liebe.
Dir ist alles veranstaltet.
Ich sage dir: ›Sieh, was getan ist!‹

Ich bin zum Vogelstellen gekommen,
meine Falle in meiner einen Hand,
in meiner anderen Hand mein Fangnetz
und mein Wurfholz.

Vielerlei Vögel von Punt lassen sich nieder
auf Ägypten, mit Myrrhen gesalbt.
Der als erster kam,
packt meinen Köder.

Sein Duft ist aus Punt gebracht,
seine Krallen sind voller Balsam.
Dir zuliebe wollen wir zusammen ihn lösen,
auf daß ich mit dir allein bin.

Ich ließ dich den Klageruf hören
meines Schönen, mit Myrrhen Gesalbten,
als du dort bei mir warst,
und ich die Falle stellte.

Zum Feld zu gehen, ist das Schönste
für den, der geliebt wird!

Die Vogeljagd in den Papyrussümpfen ist schon an der
Wand der Mastaba-Gräber des Alten Reiches dargestellt, also
über tausend Jahre vor der Abfassung dieses Gedichtes.
Damals hatte das Bild noch vorwiegend religiös-magische
Bedeutung: Vogel- und (oft damit verbunden) Nilpferdjagd
bedeuteten und bewirkten die Vernichtung aller Feinde und
Dämonen, welche die Weltordnung bedrohten. Aber auch
damals schon ist eine erotische Nebenbedeutung nicht zu
übersehen, denn der Papyrus ist eine der Göttin Hathor
heilige Pflanze.

Schon in einem Felsgrab aus der VI. Dynastie um etwa
2200 v. Chr. finden wir in einem Hathor-Hymnus deutlich
die Verbindung der Liebesgöttin mit der Vogeljagd:

9
Die Goldene ist in den Vogelteichen
in den Stätten ihrer Lust!
Du bist glücklich,
glücklich, o Goldene.

Die enge Verbindung zwischen Liebe und Tod war den Ägyptern ganz selbstverständlich: Da für sie das jenseitige Leben nach der Krise des Todes eine Fortsetzung des hiesigen war, gehörte die Liebe ebenso dazu, wie sie untrennbarer und natürlicher Bestandteil jedes Menschenlebens auch hier war. In diesen Zusammenhang gehört gleichfalls, daß auf den Grabbildern der Grabherr auf der Vogeljagd fast immer von seiner Frau und seinen Kindern begleitet wird.

Jetzt, in der Zeit der endenden XVIII. Dynastie, steht gewiß die ganz diesseitige Bedeutung dieses Bildes im Vordergrund. Die Papyrusdickichte sind ideale Ausflugsziele für junge Paare, die dem Stadtklatsch entfliehen wollen. Daß dabei der alte religiös-magische Sinn im Hintergrund noch mitschwingt, ist für ägyptisches Denken mit seiner Vielfalt von Bedeutungsebenen sehr wahrscheinlich. Außerdem werden Vögel in dieser Zeit oft als erotische Bilder gebraucht, besonders die Wildgans:

10

Das Mädchen spricht:

> Die Stimme der Wildgans schreit,
> die von ihrem Köder gepackt ist.
> Deine Liebe, die mich zurückhält,
> kann ich nicht lösen.
>
> Ich werde meine Netze abschlagen.
> Was soll ich meiner Mutter sagen,
> zu der ich jeden Tag gehe,
> mit Vogelfang beladen.
>
> Heute habe ich keine Falle aufgestellt.
> Die Liebe zu dir hat mich gefangen.

Zu diesem Kreis der »Flurlieder«, wie sie abgekürzt genannt werden, gehören acht erhaltene Gedichte, von denen eins ein Thema anspricht, das in der Liebesdichtung der Welt bis hin zu Shakespeare und Goethe weit verbreitet ist, nämlich die Warnung des »Morgenliedes« an die Liebenden vor dem herannahenden Tag. In Ägypten, in dem es keine Lerchen gibt, sind die warnenden Vögel Schwalbe und Taube.

II

Das Mädchen spricht:

Die Stimme der Taube spricht;
sie sagt: ›Die Erde wird hell. Was ist dein Weg?‹
Nicht doch, o Vogel!
Du schiltst mich!

Ich habe den Geliebten in seinem Zimmer gefunden.
Mein Herz war überglücklich.
Wir sagten: ›Ich werde nicht von dir fortgehen!‹
Meine Hand ist in deiner Hand!

Ich wandle, indem ich bei dir bin,
an jedem schönen Platze.
Er macht mich zum ersten der Mädchen
und kränkt mein Herz nicht.

Eine dritte Liedersammlung des *Papyrus Harris 500* wird durch den Kunstgriff zusammengehalten, jedes Gedicht mit einem Blumennamen beginnen zu lassen. Von den drei erhaltenen Liedern habe ich eines ausgewählt, das Züge enthält, die auch in anderen ägyptischen Liebesgedichten vorkommen. Einmal stellt sich die Liebende als Gärtnerin dar, was ebenso zur »Schäfer-Idylle« dieser Zeit gehört wie die Vogelstellerin, und dann sind die deutlichen erotischen Anspielungen nicht zu übersehen, die freilich die Ägypter gern in Bildern verhüllen, wobei wir viele dieser Wortspiele und Bilder bei unserer doch immer noch begrenzten Kenntnis der ägyptischen Sprache wohl gar nicht erkennen.

12

Das Mädchen spricht:

Winden sind in ihm,
von denen man erhöht wird.

Ich bin deine Geliebte, deine Beste.
Ich gehöre dir, wie das Grundstück,
das ich mit Blumen bepflanzt habe
und mit allerlei süßduftenden Kräutern.

Lieblich ist der Kanal darin,
den deine Hand gegraben hat,
uns im Nordwind zu erquicken,
ein schöner Platz zum Wandeln.

Deine Hand liegt auf meiner Hand;
meinem Leibe ist wohlgetan.
Mein Herz ist in Freude,
weil wir zusammen gehen.

Deine Stimme zu hören ist mir Süßwein.
Ich lebe davon, sie zu hören.
Jeder Blick, mit dem ich angesehen werde,
nützt mir mehr als Essen und Trinken.

Eine andere Art von Schreibmaterial als Papyrus finden wir bei den *Liedern vom Fluß*. Sie sind auf großen Krugscherben aufgeschrieben, die etwa aus derselben Zeit wie der *Papyrus Harris 500* stammen, also dem Beginn des elften Jahrhunderts v. Chr. Die erhaltenen Gedichte haben keine formale Fassung durch Zahlen, Blumen usw., stellen also keinen Zyklus dar, sondern sind eine Gelegenheitssammlung eines Schreibers nach seinem Geschmack. Wegen der Ähnlichkeit der Atmosphäre paßt das folgende Gedicht recht gut zum vorigen:

13

Das Mädchen spricht:

Mein Gott, mein (Gemahl, ich komme mit) dir.
Es ist lieblich, (zum Fluß) zu gehen.
Ich (freue mich darüber, daß du) von mir wünschst,
hineinzusteigen und vor dir zu baden.

Ich lasse dich meine Schönheit sehen
im Gewand von bestem Königslinnen,
das mit Balsam getränkt
und mit Öl genetzt ist.

Ich steige in das Wasser, mit dir zu sein,
und komme dir zuliebe mit einem roten Fisch heraus.
Er macht sich gut in meinen Fingern.
Ich lege ihn (auf meine Brüste).

(Du), mein Mann, Geliebter,
komm und schau!

(Die in Klammern gesetzten Worte sind hier wie in anderen Gedichten und sonstigen wörtlichen Übersetzungen undeutliche oder zerstörte Stellen.)

Diese beiden letzten Gedichte stehen mit ihrer knisternden erotischen Spannung und ihren auch für uns deutlichen Anspielungen (wie etwa dem »mit eigener Hand gegrabenen Kanal« im Garten, der ja der Leib der Geliebten ist, oder dem »roten Fisch« in dem anderen Gedicht) keineswegs allein in der ägyptischen Liebeslyrik. Die Ägypter waren alles andere als prüde. Bezeichnend für die Rolle der Frau im pharaonischen Ägypten ist es, daß auch das Mädchen solche Anspielungen nicht scheut.

Nach meiner bisherigen Auswahl mag es so scheinen, als sprächen in den Liebesliedern ganz vorwiegend nur die Mädchen. Wenn man alle überlieferten Texte und Bruchstücke zusammennimmt, dann stimmt das nicht. Die Verteilung auf Frau und Mann als Sprecher ist vielmehr ungefähr ausgeglichen. Da ich hier aber nicht eine vollständige Sammlung altägyptischer Liebeslieder vorlegen will und kann, sondern es mir immer wieder eigentlich um die Stellung der Frau geht, habe ich die Stimmen der Mädchen bevorzugt — nicht zuletzt auch deshalb, um den Vergleich mit anderen Kulturen deutlich zu machen. Dafür folgt nun ein Mann als Sprecher einer Gattung von Liebesgedichten, die ebenfalls Schule gemacht hat: die »Türklage« vor der verschlossenen Pforte:

Er spricht:

Ich ging zur Nacht an ihrem Haus vorbei.
Ich klopfte, nicht ward mir geöffnet.
Eine schöne Nacht für unseren Türhüter!
O Tür, ich öffne!

Riegel, du bist mein Geschick,
denn du bist mein (guter) Geist.
Drinnen wird man dir unseren Ochsen schlachten,
Riegel, wegen der Gewalt deines Ruhms!

Geschlachtet wird ein Ochse der Tür,
ein Rind dem Schloß,
eine fette Gans der Schwelle,
und Schmalz dem Schlüssel!

Allerlei ausgesuchte Stücke unseres Ochsen
sind für den Knaben des Tischlers,
damit er uns eine Tür aus Rohr
und einen Riegel aus Stroh zimmere!

Kommt der Geliebte zu irgendeiner Zeit,
findet er ihr Haus offen,
findet er mit Linnen überzogene Betten
und ein schönes Mädchen dabei.

Dann sagt zu mir das Mädchen:
›Dies Haus gehört dem Sohn des Stadtvorstehers!‹

Dieses köstlich-derbe Gedicht läßt deutlich werden, wie die Liebeslyrik in Ägypten formal aus religiösen Liedern erwachsen ist. Hier sind es Sprüche aus dem Opferkult und magische Beschwörungen, die sich auch im Original durch ganz anderen, altertümlichen Rhythmus herausheben, was gewiß die spottlustigen ägyptischen Hörer dieses Liedes als Parodie genossen haben, zumal der Ernst des liturgischen Textes sich ja schnell auflöst in dem schlitzohrigen Gedanken, einen Teil des Opfers dem Tischlerlehrling als Bakschisch zu geben, für eine Tür, die der Liebende jederzeit durchschreiten kann. Dieses Lied stammt aus einer Sammlung des *Papyrus Beatty 1*, welche die Überschrift trägt: »Liebliche, beim Schriftzeichnen gefundene Sprüche, welche der Schreiber Nakht-Sobek von der Nekropole gemacht hat.« Schon wollten die Ägyptologen triumphieren, daß hier der so seltene Fund eines Autorennamens geglückt sei – bis genauere Untersuchungen zeigten, daß Nakht-Sobek den ursprünglichen Autorennamen säuberlich ausgekratzt und dafür seinen eigenen eingesetzt hatte.

Auf zwei Papyrusseiten, die heute im Turiner Museum aufbewahrt werden und aus dem Anfang der XX. Dynastie stammen, findet sich wiederum ein zusammengehöriger Zyklus. Die Sprecher nämlich sind – Bäume, die um ihren Vorrang streiten. Und da das Lied von der »Kleinen Sykomore« (eine in Ägypten weit verbreitete Art Feigenbaum) noch einmal alles zusammenfaßt, was die ägyptische Liebeslyrik auszeichnet: Innigkeit des Gefühls zwischen den Partnern in der Liebe, Naturverbundenheit, erotische Anspielungen, Humor und Nachklingen religiöser Gedanken (gerade die Sykomore war ein Sitz von Göttinnen, die daraus ihre Gaben spendeten), soll dies als letztes Lied unsere Auswahl abschließen.

Die kleine Sykomore,
die sie mit ihrer Hand gepflanzt hat,
bewegt ihren Mund zu sprechen.
Das Rauschen (ihrer Blätter)
(ist wie) Honigduft.
Sie ist schön. Ihr feines Geäst
grünt (neu und frisch).

Beladen ist sie mit reifen Früchten,
die röter als Jaspis sind.
Wie Türkis sind ihre Blätter.
Wie Fayence ist ihre Haut.
...
Sie holt die, welche unter ihr sind, zu sich,
ihr Schatten kühlt die Luft.
Sie gibt einen Brief in die Hand eines Mädchens,
der Tochter ihres Obergärtners.
Sie läßt sie zur Liebenden eilen:
›Komm, verbringe einen Augenblick unter den
    Gespielinnen!‹

Die Flur feiert ihren Tag.
Unter mir stehen Laube und Zelt.
Meine Gutsleute freuen sich,
wie Knaben, wenn sie dich sehen.

Laß deine Diener dir zuvor gesandt werden,
mit Sachen beladen.
Man ist trunken, wenn man zu dir eilt,
noch ehe man getrunken hat.

Das Gesinde ist gekommen mit seinem Haushalt
und brachte Bier jeder Art, allerlei Sorten Brot,
viele Blumen von gestern und heute,
allerlei Früchte zur Erfrischung.

Ach verbringe den Tag in schöner Weise,
morgen und (über)morgen bis zu drei Tagen,
während du in meinem Schatten sitzt.
Ihr Freund ist zu ihrer Rechten.

Sie macht ihn trunken
und folgt dem, was er sagt,
während sich der Bierstand in Trunkenheit verwirrt,
und sie mit ihrem Geliebten zurückbleibt.

Es ergeht sich unter mir
die Geliebte in ihrem Wandel.
Ich bin verschwiegen
und verrate mit keinem Wort, was ich sehe!

Sogar dieser Gedanke der die Liebenden schützenden und
über ihre Liebe verschwiegenen Natur, aus Minnesang (›...
nur ein kleines vogelîn, das sol wol verswigen sîn‹) und klas-
sischer und romantischer Lyrik so vertraut, begegnet uns
zum ersten Male hier in einem ägyptischen Lied, das vor
über dreitausend Jahren entstanden ist!

Nach diesen vielen Beispielen ägyptischer Liebeslyrik,
bevor wir uns noch ihrem Inhalt zuwenden können und
was er uns über das Verhältnis der Geschlechter im alten
Ägypten sagt, stellt sich die Frage: Woher wissen wir denn,

daß es sich hierbei um Gedichte handelt, und waren sie vielleicht auch im Ägyptischen schon gereimt?

Den Endreim, wie wir ihn aus Europa ja auch erst im Gefolge arabischer Lyrik kennen- und schätzengelernt haben, kannten die pharaonischen Ägypter nicht.[8] Sie benutzten vielmehr den Rhythmus, die Metrik, um gehobene Sprache von prosaischen Texten abzuheben. Erst vor wenigen Jahren gelang es dem deutschen Ägyptologen Gerhard Fecht, diese metrischen Regeln herauszufinden.[9] Daß dies erst so spät möglich wurde, liegt an unserer immer noch begrenzten Kenntnis der ägyptischen Sprache, vor allem der gesprochenen, auf die es ja bei der Metrik entscheidend ankommt.

Leider haben alle drei Schriftsysteme des pharaonischen Ägyptens für uns den großen Nachteil, daß sie nur Konsonanten kennen und keine Vokale, wie A, E, I, O, U. So ist es auch heute noch im Hebräischen oder Arabischen, deren Aussprache uns aber keine Probleme bereitet, weil dies ja (wieder oder noch) lebende Sprachen sind. Alle Selbstlaute – Vokale –, die wir gewohnt sind, in ägyptischen Namen oder Wörtern zu lesen, sind künstliche oder aus dem Griechischen überlieferte Aushilfen, um den Nichtfachleuten überhaupt eine Aussprachehilfe zu geben. Einige Lösungsmöglichkeiten haben die Ägyptologen inzwischen gefunden: Umschriften ägyptischer Namen in gleichzeitigen Keilschrifttexten, die vokalisierte Silben enthalten und die wir vor allem aus den diplomatischen Schriftwechseln zwischen Pharaonen und orientalischen Herrschern ihrer Zeit kennen. Ferner gibt es gewisse Wortformen der Sprache der christlichen Ägypter, der Kopten, die aus dem Altägyptischen entstand und in griechischen Buchstaben, also auch mit Vokalen, geschrieben wird. Schließlich hat uns die allgemeine Sprachwissenschaft inzwischen gewisse Gesetze der Lautbildung und -verschiebung gelehrt. Trotzdem bleibt die Wiederherstellung vollständiger ägyptischer Texte in ihrer ursprünglichen Aussprache äußerst mühevoll. Zusätzlich erschwert wird diese Arbeit noch dadurch, daß die ägyptische Sprache natürlich während der über dreitausend Jahre ägyptischer Kulturgeschichte sich stetig gewandelt und entwickelt hat, und damit auch die Aussprache, meist ohne daß das betreffende Wort deshalb in Hieroglyphen oder in der hieratischen Schreibweise anders geschrieben worden wäre. Wir müssen ja zum Beispiel das Althochdeutsche fast wie eine Fremdsprache erlernen, um Gedichte wie das Hildebrandslied zu verstehen — und das liegt nur etwa eintausend Jahre zurück! Nur zwei Beispiele will ich hier aus dem Ägyptischen anführen, die uns in ganz anderer Aussprache vertraut geworden sind: Die uns als »Hatschepsut« bekannte Pharaonin sprach sich zu ihrer Zeit etwa »Huschpeswa« aus, die berühmte Nofretete »Naftiti«!

So ist auch für den Laien wenigstens in Umrissen die gewaltige Mühe des deutschen Forschers Gerhard Fecht zu erfassen und sein Erfolg zu bewundern.

Er fand heraus, daß die altägyptischen Verse durch starke und schwache Betonung gebildet wurden, wobei die starken Betonungen immer auf Wort- oder Satzbetonungen, also auf die sinntragenden Satzteile fielen — wie etwa auch im Deutschen, im Gegensatz zur griechischen oder lateinischen Dichtung. Die Anzahl der Hebungen wechselt etwas in den Perioden der ägyptischen Sprachgeschichte, liegt aber im allgemeinen bei zwei bis vier in jeder Verszeile. In einigen ägyptischen Handschriften finden sich rote Punkte zum Abteilen von Versen, die diese Entdeckung etwas erleichtert haben — wenn sie auch, was sehr menschlich ist, bisweilen an falscher Stelle von einem schlafmützigen Schreiber gesetzt sind...

Gedichte bilden die Ägypter aus Verszeilen, Versen, Versgruppen und Strophen, oft in höchst kunstvollen Verschränkungen. Ob man besser von »Liedern« sprechen soll, ist letztlich belanglos. Es ist sehr wahrscheinlich, daß die Liebeslieder — wie andere Gedichte auch — vor Zuhörern bei Gastmählern oder auf Märkten mit Harfen- oder Lautenbegleitung vorgesungen wurden.

Nun sind Metrik und Ordnung der Verse bei weitem nicht die einzigen Kunstformen, welche die auf allen Gebieten der Kunst unerhört begabten Ägypter bei Gedichten verwandten. Am häufigsten ist das »Gedanken-Verspaar«, wobei die Aussage durch zwei Ansätze Schärfe und Tiefe erhält.[10] In unseren Gedichten sind sie immer wieder zu finden: bisweilen als genauere Umschreibungen oder als Gegensatzpaar zur Verdeutlichung wie im zweiten Gedicht, »Er ist ein Nachbar...«. Das Gedanken-Verspaar ist dem ägyptischen Denken besonders gemäß, weil der Ägypter von Anfang seiner Kultur an dazu neigt, eine Ganzheit durch zwei — ergänzende oder gegensätzliche — Ausdrücke zu fassen. So steht für Ägypten »Die Beiden Länder« oder »Die Beiden Ufer«, oder — für unser Denken am verblüffendsten — für das All, das gesamte Sein: »Alles, das ist und das nicht ist«.

Während das Verspaar von jedem Leser auch in der Übersetzung oder Nachdichtung nachempfunden werden kann, ist das bei einem anderen, außerordentlich beliebten ägyptischen Stilmittel kaum möglich: dem Wortspiel.

Schon wegen der Eigenart der ägyptischen Sprache und Schrift, in denen nur die Stammkonsonanten die Bedeutung bestimmten, ist ein Wortspiel sehr viel öfter möglich als im Deutschen. Vor allem aber gründete die Beliebtheit des

Wortspiels auf aus der Frühzeit überkommenem magischem Denken, wonach der Name, die Bezeichnung, ein Wesen bestimmte und also Lautgleichheit oder -ähnlichkeit auch Wesensgleichheit oder -ähnlichkeit bedeutete. Zur Zeit der Entstehung unserer Liebeslieder ist freilich das Wortspiel weitgehend nur noch eine Kunstform, durch die aber immer noch ein Hauch der magischen Bedeutung weht.

Seine Häufigkeit ist aus Übersetzungen gar nicht zu erkennen. Immerhin finden sich Beispiele in den Zahlenspielen am Anfang und Schluß der Gedichte 1 bis 5 sowie im ägyptischen Text von Gedicht 5, in dem das Wort »Arzt« (wörtlich: »Oberärzte«) und »nützlicher« (wörtlich: »wichtiger ist sie mir . . .«) sehr ähnlich gelautet haben: »worsenji«.[11]

Sehr häufig sind Zitate aus alten Weisheitslehren, Ritualsprüchen, Erzählungen und Fabeln, die nicht nur selbstverständlicher Bestandteil der Ausbildung der Schreibschüler waren, sondern deren Kenntnis sich durch reisende Erzähler und Sänger weit im Volk verbreitet hatte, so daß schon Andeutungen verstanden und in parodierender Form vom spottlustigen ägyptischen Zuhörer sehr genossen wurden. Da uns ja nur Teile auch dieser Literatur überliefert sind — übrigens nicht zuletzt gerade in Schülerabschriften mit entsprechenden Fehlern! —, werden uns viele dieser Zitate entgehen, auf die doch Dichterinnen und Dichter gerade so stolz waren, weil sie ihre Bildung zeigten.

Auch das Stilmittel des Anfangsreims, also das Gleichlauten von Anfangsbuchstaben oder -wörtern, fehlt nicht in der ägyptischen Verskunst. Am deutlichsten auch in der Übersetzung ist es in der zweiten Strophe von Gedicht 1 zu erkennen, in der vier Verszeilen mit »Nicht« beginnen. Aber sogar der Endreim ist in einigen wenigen Fällen, besonders in magischen Sprüchen, nachgewiesen worden.[12]

Diese kleine Auswahl der metrischen und stilistischen Möglichkeiten altägyptischer Texte und Gedichte, von denen unsere Liebeslieder reichen Gebrauch machen, mag uns eine Vorstellung davon geben, was für kunstvolle und komplizierte Gebilde Altägypten auch auf dem Gebiet der Poesie hervorgebracht hat.

Recht überraschend ist die Feststellung, daß wir Sammlungen von Liebesliedern nur aus einer verhältnismäßig kurzen Zeitspanne gefunden haben: Alle uns erhaltenen Handschriften stammen aus der Zeit nach Amenophis IV. bis Ramses V., also aus den zweihundert Jahren zwischen etwa 1360 bis 1160 v. Chr.[13] Sie wurden alle, soweit wir ihren Fundort kennen, im Westen der ehemaligen Hauptstadt Theben gefunden, meist im Bereich des »Dorfes der Gräberbauer«, dem heutigen Dêr-el-Medineh in der Westwüste. Hier lebten die Handwerker, Künstler und Schreiber, welche die Gräber der Pharaonen der XVIII. bis XX. Dynastie, ihrer Frauen und Kinder in die Felsen des »Tals der Könige« und des »Tals der Königinnen« trieben und mit den Bildern, Reliefs und Inschriften schmückten, vor denen wir noch heute mit Bewunderung stehen.

Sie waren nicht einfache Lohnarbeiter oder -handwerker, sondern hochgebildete Menschen. Die meisten von ihnen waren des Schreibens und Lesens kundig, nicht nur die »Schreiber« des Dorfes (das war eher ein Beamten- als ein Fähigkeitstitel), wie viele spontane Felsinschriften von ihnen noch heute beweisen. Sie waren als Künstler auch besonders empfänglich für Kunstwerke anderer Art als der bildenden Kunst, und so ist es nicht erstaunlich, daß sie auch gern Liebeslieder hörten und sammelten. Die Lage des Dorfes außerhalb des Fruchtlandes in der Wüste spielte gleichfalls eine Rolle bei der Erhaltung solch »weltlicher«

Literatur gerade an dieser Stelle, denn der Papyrus verdarb leicht, wenn er mit den alljährlichen Nilüberschwemmungen Feuchtigkeit aufnahm, und die als billiges Schreibmaterial beliebten Bruchstücke großer Krüge wurden im Wasser schnell wieder zu dem Nillehm, aus dem sie gemacht waren. Wenn man sich dazu vor Augen hält, daß fast alles, was in Hieroglyphen oder Hieratisch auf uns gekommen ist, aus Tempeln und Gräbern stammt und dort ja nach unseren Vorstellungen kaum Liebeslieder zu erwarten sind, so ist man geneigt, die zeitlich und örtlich enge Begrenzung der Liebesliedfunde auf die zufällige Erhaltung zurückzuführen. In dieser Meinung kann uns auch ein Fund bestätigen, der allerdings gerade aus einem Grab stammt, das in der frühen VI. Dynastie, also im vierundzwanzigsten Jahrhundert v. Chr., für den königlichen Zeremonienmeister Mereruka und seine Frau auf dem Residenzfriedhof von Saqqara geschaffen wurde. An einer Türwandung des Grabteils seiner Frau finden wir die Darstellung einiger Tänzerinnen bei einem uns akrobatisch anmutenden kultischen Begräbnistanz. Eine von ihnen hat ein Gedicht als Beischrift. Dies ist nun wirklich das älteste uns erhaltene Liebeslied nicht nur Ägyptens, sondern der gesamten Weltliteratur.

Der Text ist schwer lesbar und die Deutung mancher Einzelheiten noch unklar. Aber es ist in seiner Form ganz einwandfrei ein Gedicht, das eine Dame mit dem Rangtitel einer »Vorsteherin der Tänzerinnen« nennt, ihre Behendigkeit und ihre Fähigkeiten hervorhebt und mit der Verszeile schließt: »Wer sie sieht, entbrennt für sie!«[14]

Liebesgedichte hat es also in Ägypten nicht nur in den zwei Jahrhunderten gegeben, aus denen unsere Sammlungen stammen, sondern Liebe und Verehrung für eine Frau drückten sich schon früh in poetischer Form aus.

Daß dieses frühe Liebeslied nun gerade in Ägypten gefunden wurde, ist keineswegs einem Zufall der Erhaltung zuzuschreiben. Die Stellung der Frau in der Gesellschaft und ihr Verhältnis zum Mann bilden eine wesentliche Voraussetzung für diese Art der Liebesdichtung (es gibt auch völlig andere Liebesgedichte aus anderen geistigen Wurzeln), nämlich der Partnerschaft unter Gleichwertigen. Diese Rolle der Frau als gleichberechtigte Partnerin des Mannes zieht sich durch die ganze dreitausendjährige ägyptische Kultur in allen ihren Formen, in Recht und Sitte, in Beruf und Religion, in Ehe und Gesellschaft, wie uns auch die kommenden Kapitel noch zeigen werden. Dieser Partnerschaft in der Liebe verdanken wir unter anderem auch, daß die Stimme des Mädchens in der Liebesdichtung ebenso deutlich und bedeutsam zu uns spricht wie die des Jünglings.

Noch ein Zug des ägyptischen Volkscharakters ist bestimmend für Ausdruck und Gefühlslage in diesen Gedichten. Schon auf den Wandgemälden der Gräber aus dem Alten Reich, ab dem siebenundzwanzigsten Jahrhundert v. Chr., überrascht und bezaubert uns die Zärtlichkeit, welche die Ägypter Kindern und Tieren entgegenbringen. Es sind keineswegs nur Prinzen, hohe Beamte und andere Angehörige der Oberklasse, die sich da etwa einer überzivilisierten Gefühligkeit hingeben, sondern gerade auch einfache Leute — Hirten, Bauern, Handwerker —, die immer wieder, trotz ihrer schweren Arbeit, diese Zärtlichkeit zeigen; vor allem Kälbchen und andere Jungtiere werden auf vielen dieser Wandbilder geradezu verzärtelt.

Wie jedes Gefühl, das aus dem Wesen, dem Stil der Volksseele kommt, sich auch im Verhältnis zum Religiösen, zum Göttlichen ausdrückt, so findet diese Zärtlichkeit, die durch ihre Darstellung auf Grabwänden ohnehin schon in einem religiösen Bezug steht, ihren Ausdruck auch im ägyptischen Mythos: Hathor, Göttin der Freude, der Lieder, der Liebe und der Mutterschaft, wird seit sehr früher Zeit in einem Mythos als Kuh angesprochen und deshalb auch dargestellt, wie sie sich zärtlich zu ihrem saugenden Kälbchen umwendet und ihm damit nicht nur ihre Göttlichkeit, sondern auch ihre Liebe zubringt. Dieser Hathorsohn gilt unter seinem Namen Ihi als Gott der Musik, die wiederum Hathor entzückt und ihre Liebes- und Mutterkraft stärkt — ein für ägyptisches Denken ganz bezeichnender Kreislauf von Liebe, Zärtlichkeit und Weiterleben, der die Ordnung des Weltalls erhält und noch auf einem Wandrelief im Tempel von Medamud für uns sichtbar wird:

16

Komm, Goldene, die vom Gesange zehrt,
deren Herzenswunsch der Tanz ist,
die über Jubel zur Ruhezeit strahlt,
die über Tanz in der Nacht glücklich ist.

Komm und wandle an der Stätte der Trunkenheit,
in jener Säulenhalle der Ergötzung.
Ihre Ordnung bleibt, ihre Vorschrift steht.
In ihr gibt es keinen unerfüllten Wunsch.

Dich begütigen Königskinder mit dem, was du liebst.
Fürsten opfern dir immer wieder.
Dich preist der Festpriester mit Lobgesang.
Der Gelehrte liest dein Festbuch.

Dich rühmt der Musikant mit seiner Trommel
und die mit Tamburinen (mit ihren Fingern).

Über dich frohlocken Frauen mit Kränzen
und Mädchen mit Blumengebinden.

Dir lärmen Trunkene in der Nacht,
dir singen die, welche (am Morgen) wecken.
Dir springen die Beduinen mit ihren Gürteln
und Nubier mit ihren Stöcken.

Die Libyer klettern vor dir (am Kletterbaum).
Dich grüßen die Bärtigen (vom Gottesland).
Dir hüpfen die Meerkatzen mit Stöcken
und die Affen mit Stäben.

Für dich legen die Greife ihre Flügel an.
Zu dir heben die Füchse ihre Häupter.
Dich preisen die Nilpferde mit aufgerissenen Mäulern
und erheben vor dir ihre Tatzen.

Der schöne Gedanke von Hathor-Kuh und Ihi-Kälbchen
wird in diesem Hymnus auf die ganze Schöpfung übertragen, auf All und Erde, Götter und ihre Weltordnung, Menschen und Tiere. So kann in anderen Mythen der Welt- und
Sonnengott Rê als Ihi Sohn der Hathor sein, die doch
eigentlich seine Tochter ist, und als saugendes Kalb an der
göttlichen Kuh seine Göttlichkeit stärken.

Ebenso tritt auch der König an die Stelle Ihis und wird
von Hathor gesäugt, um mit der göttlichen Milch seine
Fähigkeit zur Bewahrung der Weltordnung zu stärken. Und
so gehören die vielen Darstellungen von Pharaonen, wie sie
am Euter der Hathor-Kuh trinken oder von Hathor in
Frauengestalt mit zärtlicher Geste ihren Halsschmuck zuge-
reicht bekommen — eine zugleich zart erotische Anspie-

lung —, gleichfalls in den Zusammenhang unserer Liebesgedichte.

Nicht nur das für die ägyptische Beziehung zwischen
Mann und Frau so wichtige Gefühl der Zärtlichkeit und das
der Schöpferkraft der Liebe wirkt von den Hathorhymnen
auf die Liebeslyrik ein, sondern sie sind auch Vorbilder für
die dichterische Form und Ausdrucksweise. In eine Zeit
sogar vor dem frühesten Liebeslied führt ein Pyramidentext,
der, in den Pyramiden der V. und VI. Dynastie eingemeißelt, als religiöses Spruchgut wahrscheinlich noch viel früher entstanden ist:

17
O du Große, Weitausschreitende,
die du Smaragd, Malachit und Türkis als Sterne streust,
gedeihst du, gedeihe ich,
gedeiht die Nahrung der Lebenden.

Die Formen dieser frühen kultischen Lyrik sind noch einfacher, archaischer als die späterer Zeit, aber die Metrik
folgt schon denselben Gesetzen, und die Vorstellung von
Hathor als die ganze Welt — und also auch den toten Pharao — am Leben erhaltende Göttin ist ebenfalls ganz deutlich. Bemerkenswert ist auch die Anrede der Göttin in der
zweiten Person, wie wir sie dann so oft in den Liebesliedern finden. Dieser Zusammenhang zwischen der Mutter-
und Liebesgöttin und dem Pharao als dem Repräsentanten
ganz Ägyptens bleibt in der ägyptischen Kultur bis in späte
Zeiten lebendig. Dies zeigt schließlich ein — nun auch in
der Form recht kompliziertes — Lied an den Wänden des
Hathortempels von Denderah, der im ersten Jahrhundert
v. Chr. gegen Ende der Ptolemäerzeit erbaut wurde, und in

dem der Pharao die lebenserhaltende Rolle des Hathor-Soh-
nes Ihi spielt:

18

Pharao kommt, zu tanzen.
Er kommt, zu singen.
 Gebieterin, sieh, wie er tanzt!
 Frau des Horus, sieh, wie er springt!

Pharao mit duftenden Händen,
mit reinen Fingern.
 Gebieterin, sieh, wie er tanzt!
 Frau des Horus, sieh, wie er springt!

Er opfert ihn dir,
diesen Weinkrug.
 Gebieterin, sieh, wie er tanzt!
 O Frau des Horus, sieh, wie er springt!

Sein Herz ist lauter, sein Inneres offen,
kein Dunkel ist in seiner Brust.
 Gebieterin, sieh, wie er tanzt!
 Frau des Horus, sieh, wie er springt!

O Gold! Wie schön sind diese Lieder,
wie das Lied des Horus selbst.
Pharao singt als Obersänger.
Er ist der Knabe, der das Sistrum schüttelt.

Zur Partnerschaft unter Gleichwertigen und zur formalen
und inhaltlichen Verwobenheit mit der religiösen Sphäre
sind aber noch zwei weitere Grundvoraussetzungen für die

Blüte und weite Verbreitung ägyptischer Liebespoesie zu jener Zeit nötig: Die Liebenden müssen sich selbst und den Partner als Individuum, ihre Liebe als persönliches Schicksal empfinden, und nur im gesellschaftlich-kulturellen Umfeld eines gewissen Wohlstandes breiter Volksschichten konnte eine kunstvolle Neufassung der wohl lange schon umlaufenden volkstümlichen Liebesreime Interesse finden. Denn selbst ein Blick auf Übersetzungen und Umdichtungen zeigt sofort, daß diese Gedichte keine »Volkslieder«, sondern hohe Kunstpoesie sind.

Beide Voraussetzungen sind zwar im einzelnen besonderer Art, aber doch miteinander verzahnt und durch gleiche geschichtliche Entwicklung verbunden oder verursacht. Das Bewußtsein der Eigenpersönlichkeit entwickelte sich in Ägypten aus der Auseinandersetzung mit Ursachen und Folgen des Zusammenbruchs des Alten Reichs, des Staates der Pyramidenbauer. Im Mittleren Reich setzt sich diese Entwicklung fort, begünstigt durch die Landgewinnung infolge innerer Kolonisation und damit einer Erhöhung des Wohlstandes. Mit dem erneuten Zerfall der Zentralregierung und der Fremdherrschaft der Hyksos in der 2. Zwischenzeit verfällt zwar der Wohlstand Ägyptens, aber der Widerstand gegen die Fremden, gipfelnd in deren Vertreibung und der Wiederherstellung des geeinten Reiches durch den Begründer der XVIII. Dynastie, Ahmose, bringt ein Gefühl der Verbundenheit aller Ägypter und der Bedeutung der persönlichen Taten wie der Persönlichkeit überhaupt hervor.

Mit der Eroberung Syrien-Palästinas sowie Nubiens bis weit in den Sudan hinein unter den ersten Herrschern dieser tatkräftigen und kunstsinnigen Dynastie strömte ein vorher nie gekannter Reichtum an Gold und Luxusartikeln, aber auch an kulturellen Anregungen und nicht zuletzt an Sklaven als Arbeitskräften nach Ägypten, die Wohlstand und Lebensqualität breiter Bevölkerungsschichten und zugleich das Selbstwertgefühl des einzelnen steigerten. Einen ersten Höhepunkt fand diese Entwicklung in der über zwanzigjährigen Regierungszeit der Pharaonin Hatschepsut (1489–1468 v. Chr.)[15]. Wenn auch aus ihrer Regierungszeit keine Liebeslieder gefunden worden sind (sehr viele ihrer oder ihren Namen tragende Schöpfungen wurden ja von späteren Nachfolgern auf dem Thron zerstört), so machen doch der delikate Kunststil der Hatschepsutzeit und der persönliche Ton ihrer eigenen, höchst kunstvollen Hymnen und Anreden an ihren Vater Amun und ihre Mutter Hathor es recht wahrscheinlich, daß in ihrer Zeit die ersten Liebeslieder als Kunstpoesie entstanden und uns durch den Zufall der Erhaltung bisher entgangen sind.

Unter ihrem Ururenkel Amenophis III. hatte der zivilisatorische und wirtschaftliche Aufschwung eine Höhe erreicht, die für Generationen anhielt – dies mag zwar für die Jahrtausende während ägyptische Geschichte als eine kurze Zeitspanne erscheinen, doch den Zeitgenossen mag sie als endloses goldenes Zeitalter vorgekommen sein. Sie stärkten das heitere, alle Schönheiten des Daseins bejahende Lebensgefühl, von dem noch heute die Wandbilder thebanischer Gräber aus jener Zeit Zeugnis ablegen.

Für unseren Zusammenhang sind aus dieser Epoche drei Entwicklungen besonders bedeutsam: In diesen Grabbildern spielt das heiter-festliche Beisammensein von Männern und Frauen eine große Rolle; zur Zeit Amenophis' III. finden wir zum erstenmal die zärtliche Benennung der Liebenden als »Bruder und Schwester« – die nicht das geringste mit inzestuöser Liebe zu tun hat, sondern als Zeichen der vertrauten Gleichwertigkeit von Mann und Frau gilt. Dazu kommt eine erstmals auf öffentlichen Darstellungen hervorgehobene Intimität zwischen König und Königin, wie etwa auf Darstellungen Amenophis' III. mit seiner (bürgerlichen) Gattin Teje, Amenophis' IV. und Nofretetes, Tutenchamuns mit seiner »Großen Königsgemahlin« Anchesenamun. Und es war damals nicht anders als heute: Das Vorbild des Königshauses wurde vom Volk begierig aufgenommen, und auch die ägyptischen »Frauen und Männer auf der Straße« folgten ihm begeistert.

So hat es über die reine Erhaltungsfrage hinaus doch eine gewisse Bedeutung, daß gerade aus den zwei Jahrhunderten nach Amenophis IV.-Echnaton die Sammlungen von Liebesliedern gefunden worden sind. Nach der Mitte der Ramessidenzeit, also etwa um die Mitte des zwölften Jahrhunderts v. Chr., nahmen mit dem Verlust der militärischen, außen- und innenpolitischen Stabilität der wirtschaftliche und kulturelle Reichtum ab. Besonders deutlich wird uns das wieder sichtbar in der schriftlichen Hinterlassenschaft in dem Dorf der Königsgrabbauer Dêr-el-Medineh, die ja keineswegs nur Liebeslieder, sondern eine schier unendliche Menge von Abrechnungen, Arbeitslisten und Notizen über den Fortgang der Arbeiten an den Königsgräbern bis hin zu Krankheiten und »Blaumachen« von Handwerkern enthält. Diese hier in der Wüste so gut erhaltene Hinterlassenschaft kann in vielem als beispielhaft für andere ägyptische Städte und Dörfer gelten. Grab- und Tempelräubereien nehmen zu, die ersten bezeugten Streiks der Weltgeschichte brechen aus, weil nicht einmal mehr die Gräberbauer genügend mit Nahrungsmitteln und Verbrauchsgütern versorgt werden, die Qualität der Reliefs und Malereien in Königsgräbern und Tempeln verschlechtert sich merklich. Und so ist es wohl kein bloßer Zufall, daß um diese Zeit Liebeslieder ebenfalls nicht mehr weitergesammelt werden.

Aber wie es vor diesen Sammlungen schon Liebeslieder in Ägypten gegeben hat, so finden wir auch in späterer Zeit noch einzelne Beispiele für Liebespoesie, wie etwa dieses Gedicht:

19

Die Süße, süß an Liebe, die Priesterin der Hathor'
   Mutirdis.
Die Süße, süß an Liebe, sagt König Menkheperrê.
Herrin der Süße, sagen die Männer.
Gebieterin der Liebe, sagen die Frauen...

Mit diesen Versen beginnt die Inschrift eines Gedenksteins, den etwa fünfhundert Jahre nach unseren Sammlungen ein Vater — vielleicht einer der Könige der aus Nubien stammenden XXV. Dynastie — seiner Tochter im Tempel der Göttin Mut setzte. Die Inschrift geht weiter mit allen Merkmalen des Beschreibungsliedes und macht so die Nachfolge der Liebeslieder besonders deutlich. Auch der Hinweis auf Thutmosis III., der mit seinem Thronnamen Men-kheper-Rê aufgeführt wird, macht wahrscheinlich, daß hier in einen alten und als klassisch empfundenen Text der Name der Gepriesenen nachträglich eingefügt wurde.

Und wiederum entspricht die Haltung in der Liebe der Haltung gegenüber Gott: Der Ton der Grabbilder wird ernster, die fröhlichen Bankette und Tänzerinnen der frühen XVIII. Dynastie, werden von neuen Grabinhabern als »frivol« empfunden und übermalt, und die persönliche Frömmigkeit, die innige Beziehung zwischen dem Einzelmenschen und »seinem« Gott neben und jenseits des offiziellen

Tempelkultes verstärkt sich, zugleich mit Gefühlen für »Sünde« und »Buße«, wobei auch religiöse und blutmäßige Einflüsse[16] aus Vorderasien eine bedeutende Rolle spielen.

Wie Persönlichkeitsbewußtsein, Partnerschaft, Zärtlichkeit und geschichtlich-gesellschaftliche Entwicklungen ägyptische Grundlagen dieser Liebesdichtung sind, so gründen auch Einzelheiten ihres Inhalts ganz im ägyptischen Denken, tragen den Stempel ägyptischer Kultur und unterscheiden sich von der Liebespoesie anderer Völker, Kulturen und Zeiten, soviele Anregungen sie in Form und Gattung auch geliefert haben mögen.

In allen ägyptischen Liebesliedern sind die Liebenden ungebunden. In keinem einzigen Fall ist einer der Partner verheiratet, wie dies etwa im Minnesang häufig vorkommt. Bisweilen wird angedeutet oder offen ausgesprochen, daß die beiden eine Ehe miteinander ersehnen. Aber oft ist die Liebe hier ein Gefühl, das nur erst bei einem der Liebenden besteht und dessen Gefährdung die Partner zwingt, sich ständig umeinander und um ihre Liebe zu bemühen.[17]

Im Unterschied zum Minnesang gehören die Liebenden nicht zum Adel, sondern zum Bürgertum. Beides sind freilich Begriffe, die im pharaonischen Ägypten keine genaue Entsprechung haben. Statt »Adel« sollte man hier besser von »Hofgesellschaft« sprechen. Beim altägyptischen Bürgertum fehlte, zumindest in dieser Zeit, ein Stand, der in Europa diese Schicht ganz wesentlich bestimmte: Die Kaufmannschaft. Es bestand vielmehr aus den mittleren und einfachen Beamten und Priestern (die höheren gehörten eher zum Hof), den Künstler-Handwerkern und einem Teil der Bauernschaft, die sich damals noch nicht nur aus Großgrundbesitzern und Kleinstbauern beziehungsweise Tagelöhnern zusammensetzte. Die Grenzen zwischen den

Schichten oder Ständen waren noch weitgehend fließend und der Aufstieg bis hinauf in unmittelbare Nähe des Königs war gar nicht selten; die fast ausschließliche Vererbbarkeit des Berufs und der Stellung von Vater/Mutter auf Tochter/Sohn gehört in Ägypten erst späteren Zeiten an.

In diesem für ein Agrarland recht breiten Bürgertum war die Entwicklung vom einstigen volkstümlichen Liedchen zur kunstvollen Poesie vor sich gegangen. Zu ihm zählten die Dichterinnen und Dichter, und zwischen den Angehörigen dieser Schicht spielten sich die Romanzen ab, die sie besangen. Vorbild war – damals wie heute – das Verhalten am Königshof. Ein »Prinz Mehi«, ein Königssohn also, mit der Koseform für Amenophis als Namen, spielt in manchen Liebesliedern eine Rolle als Vermittler oder Förderer der Liebe. Vielleicht ist das eine Anspielung auf einen der Pharaonen mit diesem Namen und den Hofklatsch um seine Affären als Kronprinz. Aber dieser Mehi ist selbst nie einer der Liebenden, und wenn ein Mädchen in seinem Liebesglück sich fühlt wie die »Herrin Beider Länder«, so ist das ebensowenig ein Hinweis auf ihre Zugehörigkeit zur Hofgesellschaft wie heute ein sehnsüchtiger Blick auf Lady Di oder eine Filmschauspielerin.

Recht häufig finden wir in den Gedichten Hinweise auf Berufe des Mädchens wie Gärtnerin oder Vogelfängerin, oder auf Wünsche des Jünglings, Türsteher oder Wäscher bei der Geliebten zu sein. Auch dabei ist nicht an die Festlegung auf einen bestimmten Beruf oder Stand gedacht, es sind vielmehr literarische Bilder. Wir müssen uns das Bürgertum jener Zeit sehr weitgehend verstädtert vorstellen, mit dichter Konzentration in den jeweiligen Residenzen wie Theben, Tell-el-Amarna, Memphis oder später Ramsesstadt. Hier waren Schulen am Königshof und an den großen Tempeln, hier waren die Vorbilder und das Zentrum der Kultur, hier waren aber auch die ganze Enge, der Muff und Tratsch der Großstadt, und so bot die ländliche Idylle zumindest in der Phantasie der Dichter Zuflucht für die Liebenden, Garten und Obsthain, die Lotos- und Papyrusdickichte des Nilufers wie die bergenden Höhlen am Wüstenrand. Ein Hauch von Schäferspielen und Aussteigermentalität ist unverkennbar.

Die Sehnsucht des Jünglings, der Geliebten recht nah zu sein und die Intimität der Zweisamkeit zu erhöhen, bringt ihn zu dem Wunschtraum, ihr persönlicher Diener zu sein. Wenn im arabischen Liebeslied der Sultan seiner Lieblingssklavin zuruft »Und bin ich auch ihr Herr, so bin ich doch in der Liebe ihr Sklave«[8] oder im Minnesang der Liebende die »hohe vrouwe« anbetet, so sind dies zwei Geisteshaltungen, die mit der ägyptischen und der daraus erwachsenen Liebesdichtung nichts zu tun haben: Selbsterniedrigung gehörte ebensowenig zum Liebesspiel wie die Unterwerfung unter den Willen einer kapriziösen Frau.

Das ägyptische Schönheitsideal der Frau, wie es sich in den »Beschreibungsliedern« zeigt, kennen wir von zahllosen Gemälden, Reliefs und Standbildern: Ein Kopf mit feinen Zügen, großen, ausdrucksvollen Augen und langen, schwarzen Haaren sitzt auf langem, zierlichem Hals auf einem sehr schlanken Körper, dem äußerst schmale Hand- und Fußgelenke und lange, graziöse Finger entsprechen; Brüste, Schamdreieck und mäßig schwellende Hüften werden keineswegs verborgen, ja sie zeichnen sich sogar unter dem feinen Linnen des Kleides deutlich ab; aber sie sind nie betont oder üppig hervorgehoben, wie etwa bei indischen oder vorderasiatischen Skulpturen. Hier sehen wir wieder ein besonders deutliches Beispiel dafür, daß Formen und Motive der

Kunst von Volk zu Volk, von Kultur zu Kultur übergehen können und doch etwas ganz anderes aussagen: »Beschreibungslieder« gibt es in den verschiedensten Kulturen und ihren Poesien, aber das Beschriebene, die Schönheit des Mädchens, folgt jeweils ganz unterschiedlichen Vorbildern.

Der Typus des Beschreibungsliedes ist jedenfalls sicher ägyptisch. Es entspricht völlig ägyptischer Denk- und Darstellungsart, ein Ganzes in seinen Einzelheiten zu schildern. In den Pyramidensprüchen des Alten Reiches finden sich schon die »Gliedervergottung« genannten Verse, in denen Glied um Glied eines Toten einem Gott angeglichen oder zugeschrieben wird, um die volle Göttlichkeit des Pharaos im Jenseits zu sichern. Ein Blick auf unser drittes Gedicht zeigt uns aber außerdem, daß nicht nur der Körper der Geliebten gepriesen wird, sondern auch ihre geistigen Gaben. »... mit Lippen, die süß sprechen. Sie hat kein Wort zuviel«, hat eine viel weitere Bedeutung, als daß sie nicht dummes Zeug plappert oder zuviel schwatzt. Es ist vielmehr ein allen ägyptischen Gebildeten sofort verständlicher Hinweis auf die »Weisheitslehren«, die seit dem Alten Reich das ägyptische Menschenbild geprägt haben, zu dem »die Kunst der schönen Rede« ebenso gehörte wie das Schweigen zur rechten Zeit. Beides ist Teil der geistigen und ethischen Haltung, die vorbildhaft war, solange die ägyptische Kultur lebte.[19]

Zu den weit verbreiteten Gattungen der Liebesdichtung gehört die »Türklage«, wie etwa in unserem Gedicht 13, die ebenfalls mit großer Wahrscheinlichkeit in Ägypten entstanden ist. Die Tür spielt seit früher dynastischer Zeit zu Beginn des dritten Jahrtausends v. Chr. im ägyptischen Denken wie in der Religion eine wesentliche Rolle. Sie ist als »Scheintür« im Grab die Begegnungsstätte zwischen Verstorbenen und Lebenden; an der Grabtür treten die Verstorbenen wieder ins Leben; die Tempeltore sind die am deutlichsten hervorgehobenen Bauteile des ägyptischen Gotteshauses, weil durch sie Gott und Menschheit Verbindung finden; in der Unterweltsliteratur wie im *Totenbuch* und dem *Pfortenbuch* ist die Kenntnis von den Toren des Jenseits, ihren Hütern und den Einlaß gewährenden Sprüchen entscheidend für das Vordringen des Verstorbenen zu Osiris und damit zur Überwindung der Krise des Todes. Wie lebendig diese Vorstellungen in doch zunächst ganz »weltlich« scheinenden Liebesliedern waren, zeigt die plötzliche Wendung in Form und Sprache bei unserem Gedicht 13 zur Opferlitanei.

Das Tageslied als dritte Gattung ägyptischer Liebeslieder ist wohl auch aus religiösen Vorstellungen erwachsen. Der Morgen, der Aufgang des Sonnengottes am Horizont, wird als Neubeginn der Schöpfung von allen Kreaturen bejubelt. Nur die Liebenden reißt der erste Morgenschein auseinander, und seine Boten, Turteltaube und Schwalbe, werden beklagt.

Natürlich hat die Liebe in Ägypten nicht nur poetische Formen hervorgebracht. Liebende steckten sich Botschaften zu oder schrieben glühende Liebesbriefe, wenn der Partner in dem weiten Reichsgebiet unterwegs war. Und wenn er oder sie nicht schreiben konnten oder kein geeigneter Bote zur Stelle war, so diktierte man seine Liebesgrüße einem Schreiber, einem Beamten also, der sie zudem mit seiner Dienstpost befördern konnte, wie etwa im folgen Brief:

»Der Schreiber Mehi grüßt den Schreiber Eje den Jüngeren, mit Leben, Glück und Gesundheit, mit Lob Amun-Rês, des Götterkönigs!« Dann werden einige dienstliche Angelegenheiten behandelt, um fortzufahren: »Die Sängerin des

Amun, Iset-Nofret (die Schöne Isis) sagt: ›Wie geht es dir???
Wie sehr sehne ich mich danach, dich zu sehen. Meine
Augen sind so groß wie Memphis, weil ich danach hungere,
dich zu sehen...‹«[20]

In der seligen Zweisamkeit der Liebenden spielt außer
Göttern und Prinzen nur eine Person noch eine bedeutende
Rolle: Die Mutter. Nie sind es der Vater, der Bruder oder die
Schwester, auf die man hofft, um die Ehe zu stiften oder
auch nur eine Begegnung zu ermöglichen. Das ist keineswegs ein Zufall, und wir werden die wichtige Rolle der Mutter in Familie und Gesellschaft Ägyptens noch oft zu erwähnen haben.

Erfreue
ihr Herz,
solange du lebst!

Ägyptologen und Kulturhistoriker haben sich oft darüber gewundert, daß in ägyptischen Quellen so gar keine Hinweise auf irgendeinen religiösen Akt bei der Eheschließung erhalten sind, und auch die öffentliche oder staatliche Notifizierung stammt, in der Form schriftlicher Eheverträge, erst aus (für Ägypten) später Zeit, etwa seit dem neunten Jahrhundert v. Chr.[1] Diese Verwunderung, wie wir sie auch gegenüber so manchen anderen Erscheinungen Ägyptens antreffen, beruht meist darauf, daß die Verhältnisse im heutigen Europa oder allenfalls noch in der Antike Griechenlands und Roms als selbstverständliche Voraussetzung für Hochkultur und humanes Verhalten genommen wurden. Ganz besonders gilt dies für die Beziehungen zwischen den Geschlechtern, so daß bisweilen die Frage anklingt, ob es denn ohne Sakrament und Standesamt oder wenigstens diesen ähnliche Einrichtungen im alten Ägypten überhaupt eine gültige, die Frau und die Kinder schützende, formelle Ehe gegeben habe.

Wir wissen heute viel mehr darüber — nicht nur durch neue Funde und modernere Deutungen, sondern vor allem durch Erkenntnisse der Völkerkunde und Völkerpsychologie.[2] Mehrere in Ägypten grundlegende Aussagen zu dem Thema Ehe haben wir bereits in den Liebesliedern kennengelernt:

1) Die Freiheit des Mädchens in der Wahl seines Partners; 2) seine Freiheit auch in sexueller Hinsicht. Jungfräulichkeit ist — zumindest in der Zeit, in der diese Lieder entstanden — keine Voraussetzung für Eheschließung; 3) Ehevermittlerin und -stifterin ist die Mutter; 4) Ziel der Liebenden ist, oft ausdrücklich genannt, eine Eheschließung. Sehen wir, ob und wieweit hier vielleicht poetische Verklärung oder eine nur zeitlich begrenzte gültige Aussage vorliegt, oder ob sich in den Liebesliedern auch anderweitig belegbare Tatsachen zur ägyptischen Haltung finden lassen.

Die freie Partnerwahl stellt eine der Voraussetzungen für eine Liebespoesie wie die ägyptische dar, und sie wird auch in anderen Quellen im pharaonischen Ägypten belegt. Im Alten und Mittleren Reich wird das zwar selten direkt ausgesprochen, ist aber deutlich zu sehen, wenn eine Königstochter oder ein Mädchen aus dem hohen Hofadel einen »bürgerlichen« Mann ohne hohen Titel heiratet, und das geschah gar nicht selten. Ein oft abgebildetes Beispiel ist der Zwerg Seneb aus der Zeit der beginnenden VI. Dynastie, also um 2300 v. Chr., der zwar ein sehr vermögender Mann mit großen Viehherden ist und als Totenpriester des längst verstorbenen und fast schon legendären Königs Cheops eine Pfründe, aber keine hohen Hoftitel besitzt und auch nicht aus der Königsfamilie stammt — im Gegensatz zu seiner Frau, die neben ihm sitzt und ihn liebevoll umarmt.[3] Schon von einer leiblichen Tochter von König Cheops namens Merit-Ites ist bekannt, daß sie mit einem nicht zum Königsclan gehörigen Expeditionsleiter Achti-Hotep verheiratet war[4], und so könnte man noch eine ganze Anzahl von Quellen nennen, die auf freie Partnerwahl der Mädchen hinweisen.

Nun wäre es weltfremd und entspräche nicht der ägyptischen Wirklichkeit, anzunehmen, diese Freiheit bei der Wahl des Ehemanns oder der Ehefrau hätte absolute Geltung gehabt. Da berichtet etwa ein Beamter einer Königin der XVIII. Dynastie, seine Herrin habe ihn mit einer ihrer Dienerinnen verheiratet, und als er Witwer geworden sei, mit einer anderen. Und der Bericht zeigt unverhohlen Stolz über diese Gunstbezeigung! Gar nicht selten rühmen sich zu allen Zeiten auch hohe Hofbeamte und Priester, daß sie vom König selbst mit einem Mädchen aus dem Frauenhaus des Pharao verheiratet worden seien. Wenn auch dieses Frauenhaus etwas ganz anderes war, als die häufige Bezeichnung »Harem« hierfür vermuten läßt, so ist es in diesen Fällen doch oft schwer zu entscheiden, ob es sich dabei um eine ehemalige Konkubine des Königs oder um eine Hofbeamtin handelte. In jedem dieser Berichte der Grabbiographien wird dies gebührend als Gnadenerweis hervorgehoben, und es gibt kein Anzeichen dafür, daß solche Ehen schlecht verlaufen seien oder zu einer hohen Scheidungsrate geneigt hätten.

Der Wille des Pharao war in solchen Fällen zwar wichtig und seine Erfüllung zudem gut für die Karriere, aber er war kein zwingendes Diktat. Oft hören wir, daß in solchen und anderen »Privatangelegenheiten« der König Wünsche äußerte, hinter denen seine Autorität stand. Aber er befahl dann nicht als gottgleicher Herrscher (und die Ägypter unterschieden recht genau, auch sprachlich, zwischen dem göttlichen Königsamt und dem König als Mensch), und so sind uns durchaus auch Ablehnungen bekannt, die für den oder die Betroffene gar keine schlimmen Folgen hatten.

Ein sehr hübsches Beispiel dazu ist die Geschichte von König Snofru, wie sie noch Hunderte von Jahren später im Volk mündlich erzählt wurde. Der Gründer der III. Dynastie und erste Bauherr echter Steinpyramiden, also ein besonders mächtiger Herrscher, ließ sich zur Unterhaltung von zwanzig jungen Mädchen in durchbrochenen Gewändern auf dem großen Palastteich rudern, als einer von ihnen der Türkisschmuck über Bord fiel und sie zu rudern aufhörte. »Rudere weiter!« befahl der König. »Ich werde dir den Schmuck ersetzen!« – »Ich habe meinen Topf lieber als sein Bild!« erwiderte das Mädchen schnippisch. Der gewaltige König ließ also durch einen berühmten Zauberer die eine Hälfte des Sees auf die andere legen, den verlorenen Schmuck vom Grund holen und verzichtete solange auf die Weiterfahrt.[5]

Sicher sah es in den Häusern der Mittelschicht oder der Bauern bei einer Ehevermittlung nicht anders aus. Gewiß haben Eltern nicht selten Heiraten ihrer Kinder zu arrangieren versucht, und je nach ihrer Autorität, dem Selbstwertgefühl der jungen Menschen oder der etwa schon gefaßten Zuneigung zu einem anderen Partner dafür auch Zustimmung gefunden. Kein Fund unter den sonst in Ägypten so zahlreich erhaltenen Prozeßakten belegt, daß Kinder wegen des Versuchs, eine Eheschließung zu erzwingen, gegen einen Elternteil geklagt hätten. Das ist nicht etwa zu hoch gegriffen: Obwohl wir uns eine solche Klage vor Gericht im alten Rom oder Griechenland, ja noch bis weit in dieses Jahrhundert bei uns, gar nicht vorstellen können, sind uns aus Ägypten Klagen von Kindern erhalten, so etwa eines Geschwisterpaares – Junge und Mädchen! – gegen ihren hartherzigen Vater, der sie mißhandelte und ihnen das Erbteil der verstorbenen Mutter vorenthielt – und diese Klage wurde vom Gericht angenommen und der Vater verurteilt![6]

Eine der Voraussetzungen, ohne die eine freie Partnerwahl

überhaupt nicht möglich ist, ist in Ägypten jedenfalls im Gegensatz zu vielen anderen antiken Gesellschaften erfüllt: daß nämlich Jungen und Mädchen sich auch nach dem Kleinkind-Stadium außerhalb des Elternhauses sehen und treffen konnten. Ganz gleich also, ob im Einzelfalle die Jugendlichen oder die Eltern die Initiative zur Eheschließung ergriffen: Die Ehepartner kannten einander vorher.

Die voreheliche Freiheit der jungen Mädchen auf sexuellem Gebiet ist wohl in den Liebesgedichten eher eine poetische Fiktion, als daß es der allgemeinen Moral und Sitte entsprach. Es bleibt aber auffällig, daß, entgegen den Vorschriften im alten Orient, in Hellas und Rom und noch im Christentum, von Jungfräulichkeit als Wert an sich nie die Rede ist, ja, daß es im Ägyptischen vor der griechischen Zeit kein Wort für Keuschheit im Sinn sexueller Enthaltsamkeit gibt.[7] Priesterinnen und Priester hatten zwar das Gebot der »Wêb«, der kultischen Reinheit zu befolgen. Dies bedeutete aber nur, den Tempel mit gewaschenem Körper, sauberer Kleidung und reinen, weißen Sandalen zu betreten und vor allem vor der Versorgung und also Berührung des Götterbildes alles zu vermeiden, was dem betreffenden Gott an Speisen oder anderen Dingen zuwider war.

Der Hauptgrund für diese von anderen Kulturen abweichende Beurteilung des Geschlechtsverkehrs wurzelt tief in der Art ägyptischen Denkens: Körper und Seele, »Fleisch« und »Geist« stehen sich nicht konträr gegenüber – wie es vor allem im hurritischen Denken[8], aber auch seit Platon[9] in Griechenland der Fall ist.

Eine Ausnahme, mit der wir uns noch ausführlicher zu beschäftigen haben, scheint es zu geben: Die »Gottesgemahlinnen des Amun« mußten in der Spätzeit (von etwa 750–525 v. Chr.) Jungfrauen sein und bleiben. Osorkon III.

hatte diese Vorschrift erlassen, als er seine Tochter mit dem sehr alten Titel belehnte und sie unter dieser Bezeichnung zu seinem kultischen und weltlichen Stellvertreter in Oberägypten machte. Ihre Nachfolge im Amt sicherten die Jungfrauen durch Adoption. Auch hier lag die Begründung für die Enthaltsamkeit kaum auf theologisch-kultischem Gebiet, denn frühere »Gottesgemahlinnen« waren verheiratete Königinnen, Königstöchter oder Gattinnen von Hohepriestern, sondern die Pharaonen der Spätzeit wollten in dem so wichtigen Gebiet Oberägyptens keinen Herd für Thron- oder Machtkämpfe schaffen.[10]

Außereheliche Liebesbeziehungen werden in Weisheitslehren und Gesetzen scharf verurteilt, jedoch eher aus praktischer Vernunft als aus ethischen Gründen. Prozeßakten beweisen freilich, daß dieses Ideal wie viele andere nie völlig eingehalten wurde, aber es hatte doch stark gesellschaftsprägende Kraft. In dem Brief eines Witwers an seine verstorbene Frau betont der Schreiber sogar: »Siehe, so habe ich (nach deinem Tod) drei Jahre allein gelebt und nicht geheiratet. Ich betrete kein anderes Haus, obwohl das ein Mann in meiner Lage tun dürfte. Ich bin zu keiner der Schwestern gegangen, die im Hause sind.«[11]

Über die Erotik im allgemeinen im alten Ägypten zu berichten ist gar nicht einfach. Einmal ist das Material nicht sehr reichlich — kein Wunder, da ja die allermeisten Funde in Ägypten aus Tempeln und Gräbern stammen. Zum anderen sind solche Funde oft unter dem Druck einer christlich-bürgerlichen Prüderie, wie sie zumal in der Entstehungszeit der Ägyptologie im vorigen Jahrhundert herrschte, verdrängt, gar nicht veröffentlicht oder in den Museen für Besucher und sogar Forscher unzugänglich aufbewahrt worden. So ist es nicht überraschend, daß es auch auf diesem

Gebiet — wie auf manchem anderen — in der Ägyptologie »Modeströmungen« gibt. Sie stellt in dieser Hinsicht freilich keine Ausnahme unter den anderen Wissenschaften, besonders den Geisteswissenschaften, dar. So folgte in der Ägyptologie auf die Verdrängung der Erotik in den letzten Jahrzehnten eine Überbetonung. Beides aber wird dem Ägyptischen nicht gerecht.

Die Ägypter waren in der pharaonischen Zeit ein durchaus lebenslustiges, ein lebensfreudiges Volk. So hatten sie auch keine religiös oder gesellschaftlich bedingte Scheu vor der Sexualität. Aber ihrem Wesen, das auf Maß und Geschmack gegründet war, entsprach eine eher zurückhaltende, verhüllende Sprache vor allem auf dem Gebiet der Kunst und Literatur, wie sie uns schon in den Liebesliedern begegnete. An direkten Anspielungen und Derbheiten fehlte es dennoch nicht.

Aber es gibt eben auch recht bezeichnende Ausnahmen von dieser allgemeinen Regel künstlerischer Zurückhaltung. Wie häufig und wie umfangreich diese Ausnahmen ursprünglich gewesen sein mögen, bleibt der Spekulation überlassen, denn die Zufälligkeit dessen, was uns erhalten blieb, beeinträchtigt gerade auf diesem Gebiet eine objektive Beurteilung. Und immer wieder kommt als zusätzliche Schwierigkeit — hier noch mehr als schon auf anderen Gebieten — die unterschiedliche Fundlage aus den verschiedenen Epochen der ägyptischen Kultur hinzu.

Immerhin, ein deutlicher Hinweis auf den unbefangenen Umgang mit der Leiblichkeit des Menschen bereits ganz am Anfang der ägyptischen Hochkultur findet sich in der Schrift. Die Hieroglyphen, die ja bis zum Untergang der altägyptischen Kultur in ihrer Bildform für Inschriften an Tempelwänden verwendet wurden, zeigen zum Beispiel als

Deutzeichen zur Unterscheidung gleichklingender Wörter den Phallus wie die Scham, oder beide ineinander, wenn das Wort »beischlafen« von anderen Bedeutungen abgegrenzt werden soll.

Götter mit aufgerichtetem Phallus als Zeichen ihrer Schöpferkraft werden verehrt, und eine wohl besonders alte Form der Entstehungsgeschichte der Welt läßt die ersten Götter aus der Masturbation des Urgottes Atum hervorgehen. In einer der wenigen und direkt überlieferten Göttergeschichten wird erzählt, wie der völlig alt und trübsinnig gewordene Sonnengott Rê durch die Göttin Hathor aufgeheitert wurde, indem sie ihr Kleid hochhob und ihm ihre Scham zeigte.[12] Im brieflichen Wettstreit zweier hoher Militärbeamter aus der Ramessidenzeit zieht der eine den anderen mit einem Abenteuer im damals von Ägypten besetzten Jaffa in Palästina auf, als ein Mädchen mit ihm anbandelte und ihm die »Reize ihres Schoßes gewährte«, während dem Weiberhelden die Waffen gestohlen wurden.[13]

Auch in der bildenden Kunst fehlt es nicht an sehr direkten Darstellungen. Terrakottafiguren zeigen den Geschlechtsakt ebenso deutlich wie Zeichnungen auf Kalksteintäfelchen, Krugscherben und Felsbildern. Ein großer Papyrus, unter der Bezeichnung *Erotischer Papyrus Turin* bekanntgewordenen und aus der Ramessidenzeit stammend, zeigt in einer Folge von Zeichnungen, die mit leichten, sicheren Strichen verewigt wurden, in allen Einzelheiten, wie ein Mädchen mit einem struppigen, ungepflegt wirkenden Mann geschlechtlich in den verschiedensten Stellungen verkehrt. Die wenigen begleitenden Texte sprechen von Lust und Vergnügen: »Komm hinter mich mit deiner Liebe« oder »O Sonne, du hast mein Herz getroffen, es ist eine angenehme Beschäftigung.«[14] Kein Wort, keine Geste enthält auch nur eine Andeutung von Zwang, Unnatürlichkeit oder Käuflichkeit. Und es ist das Mädchen, das in jeder Szene die Initiative ergreift, und somit haben wir in einer ganz anderen Kunstgattung erneut eine Bestätigung für die häufigen Hinweise in den Liebesliedern, in denen die ersten Schritte in der Liebe vom Mädchen ausgehen.

Ist also dieser Papyrus — wenn auch sanfte — Pornographie? So jedenfalls wird er von den meisten Ägyptologen gewertet, soweit sie ihn überhaupt erwähnen, und meist voller moralischer Entrüstung, wenn ihm auch hin und wieder ein widerwilliges »künstlerisch hervorragend« zuteil wird.

Wir sollten uns aber zuerst die Frage stellen, ob denn für die Ägypter dieser Papyrus Pornographie enthielt. Zunächst: In der ägyptischen Sprache gibt es kein Wort, das dem Begriff Pornographie auch nur im weitesten Sinne entspräche. Wenn wir diesen Papyrus mit anderen altägyptischen Zeichnungen vergleichen, dann fällt auch dem Laien die Ähnlichkeit des Aufbaus mit Papyri auf, die religiös-rituellen Inhalt haben, vor allem mit den Vignetten im *Ägyptischen Totenbuch*: deutlich voneinander abgehobene Einzelbilder, zu deren Abgrenzung bisweilen ein Kiosk dient, dessen Stelle im Turiner Papyrus ein Bett oder ein Streitwagen einnimmt. Den linken Abschluß bildet bei den Totenbuchpapyri eine Diagonale, die den westlichen Wüstenrand bezeichnet und damit das ganze Geschehen in die Unterwelt verlegt. Im Totenbuchpapyrus liegt freilich auf dieser Diagonale des Westgebirges der zum Leben erweckte Osiris (und daher meist mit aufgerichtetem Phallus dargestellt), auf dem erotischen Papyrus aber das fröhlich zum Beischlaf bereite Mädchen. Ähnlich steht auf dem Streitwagen nicht der siegreiche Pharao, wie auf unzähligen Darstellungen auf

Tempel- und Palastwänden, sondern wiederum das Mädchen, das den Liebhaber von hinten erwartet.

Ist also der Turiner Papyrus etwa eine Satire auf die Jenseitsgläubigkeit und den Pharao? Spott über »das Große Haus«, wie Pharaos Titel wörtlich lautete, war unter den Ägyptern bei allem Respekt durchaus im Schwange. Erzählungen, in denen der König in recht peinlicher Lage erscheint, und Zeichnungen, in denen eine Maus in der typischen Pharaonenhaltung mit Pfeil und Bogen auf einem hundegezogenen Wagen eine Katzenburg angreift, nehmen im Ägypten des Neuen Reiches und der Spätzeit etwa die Stelle unser politischen Witze, Anekdoten und Karikaturen ein. Auch Priester wurden verulkt. Aber die Götter? Davon ist uns kein Fall bekannt.

Der erotische Papyrus müßte nicht gut ägyptisch sein, wenn er nicht über die ins Auge fallende Handlung hinaus noch andere, dem Zeitgenossen durchaus einsichtige, vielschichtige Bedeutung gehabt hätte. Dabei muß man sich vor jeder Mystifizierung, vor dem Hineingeheimnissen ungeheurer Weisheit hüten, die schon die Griechen in jeder ägyptischen Äußerung witterten — nicht anders, als wir heute in der indischen Kultur.

Zunächst einmal haben Zeichner und Betrachter einfach ihr Vergnügen daran gehabt, die Stellungen des Liebesspiels so meisterhaft wie möglich darzustellen und anzuschauen. So ist also seine Bezeichnung als »Kopfkissenbuch« zutreffend.[15] Nur: Sie trifft nicht alles, was ein Ägypter und erst recht ein gebildeter Ägypter mit Schmunzeln darauf entdeckte. Die Satire ist auch von uns noch durchaus nachzuempfinden, zumal unter anderem Tierdarstellungen auf einem kleineren Teil (etwa ein Drittel des Papyrus) eine verkehrte Welt spiegeln, wie die auf einer Leiter mühsam einen

Fruchtbaum erklimmende Amsel, an dessen Früchten sich ein gemütlich in den Zweigen weidendes Nilpferd gütlich tut.

Die Anspielung auf das Jenseits, das »Land im Westen«, berührt eine noch tiefere Bedeutungsebene: Für Frau wie Mann war auch im Jenseits die Zeugungskraft zur Erhaltung des jenseitigen Lebens sehr wichtig; daher die noch vor Einführung der Mumifizierung in der Frühzeit und am Anfang des Alten Reiches sorgfältig aus leimhaltigen Binden geformten »lebensechten« Kunstmumien mit den betonten Geschlechtsteilen; daher bei der späteren Entwicklung der eigentlichen Mumifizierung die Bemühungen um eine gute Erhaltung von Phallus und Vulva; deshalb die Sprüche im *Totenbuch*, um magisch das volle Leben − »Essen, Trinken, Atmen und Begatten« − im Jenseits zu sichern; und von daher auch die kleinen, »Konkubinen« genannten Frauenfiguren mit betonter Scham, bisweilen auf einem Bett mit einem Kind liegend, in den Gräbern schon seit der Frühzeit. Diese Bezeichnung ist aber wieder einmal nur vom ersten Eindruck auf uns Europäer des zwanzigsten Jahrhunderts bestimmt, denn solche Figürchen fanden sich nicht nur in Männergräbern, sondern auch bei Bestattungen von Frauen, ja von jungen Mädchen. Sie sollten zusätzlich das volle Leben im Jenseits sichern.[17]«

Und daher rührt auch die Anspielung auf die Totenwelt in unserem erotischen Papyrus. Sie hat nichts Satirisches, geschweige Makaberes, sondern soll ebenfalls die Macht der Liebe zur Wiederbelebung nach der Krise des Todes verewigen. Wenn wir uns dabei erinnern, daß Hathor, die Göttin der Liebe, zugleich als Schutzgottheit des thebanischen Westgebirges die Toten aufnahm, dann mag hinter den Bildern des erotischen Papyrus sogar eine theologische Aussage stecken.

Wie Hathor gleich allen ägyptischen Göttern eine dunkle Seite hatte, weil dem Ägypter bewußt war, daß zum Göttlichen Helligkeit und Dunkelheit zugleich gehörten, so sind unter den Fabelbildern von Tieren, die den Papyrus ergänzen, nicht nur lustige Illustrationen zu Märchen und Parodien zu finden, sondern auch recht unheimliche Gesellen. Affe und Krokodil, Löwe und Esel bilden da ein auf den ersten Blick sehr lustiges Orchester, das in Instrumentierung und Haltung an die beliebten »Damenorchester« erinnert, die über die Grabwände der XVIII. Dynastie tänzelten. Für den Ägypter war aber hier Hintergründiges, ja Schreckenerregendes dargestellt: Der Esel als Tier des bösen, die Weltordnung bedrohenden Gottes Seth, die Löwin als Sakhmet »die Mächtige«, die einst die Menschheit beinahe ausgelöscht hätte, das Krokodil als gefährlichstes, menschenfressendes Untier im Nilstrom, sie alle, wie auch der Affe des geheimnisvollen Gottes Thot, mögen das erste Lachen eines ägyptischen Betrachters erstickt haben.

So barg für den Ägypter auch die körperliche Liebe neben aller Lust und allem Vergnügen Gefahr, die freilich nichts mit Leibfeindlichkeit zu tun hatte. Vielleicht ist auch die Darstellung des Liebhabers als struppiger, kahlköpfiger Alter, der in einigen Szenen eher vor den Anforderungen der Schönen zurückzuschrecken scheint, mehr und Tieferes als nur eine Satire auf den abenteuerlichen Stadtausflug eines biederen Landmannes.

Zwiespältig wie die modernen Ägyptologen waren in ihrem Urteil über die ägyptische Erotik auch schon die Aussagen der Zeitgenossen. Im Alten Testament wird neben der Bewunderung der sprichwörtlichen »Fleischtöpfe Ägyptens« wiederholt vor der Sinnlichkeit der Ägypter gewarnt (»... denn sie haben groß Fleisch«, wie Luther übersetzte), und ähnlich lauten manche griechischen und römischen Urteile. Andere Berichte der Antike wieder können sich gar nicht genugtun, die Frömmigkeit und Zurückhaltung der Ägypter zu preisen. Und sie alle verlegen doch nur ihre eigene Moral, ihre Ansichten und Vorurteile in die alten Ägypter, meist in einem logisch erscheinenden, aber ganz unägyptischen Entweder—Oder. Mir scheint, daß der geringe Umfang erotischen Materials aus Ägypten im Vergleich zu den wesentlich häufigeren griechischen, römischen oder auch indischen Darstellungen, Erzählungen und Lehrbüchern nicht nur der zufälligen Erhaltung zuzuschreiben ist, sondern daß vielmehr die Ägypter über etwas, das ihnen ganz natürlich und selbstverständlich schien, wenig berichteten — so hielten sie es ja auch auf vielen anderen Gebieten, von den Göttermythen bis zur Technik (zum lebhaften Bedauern der Fachleute; die Religionsgeschichte stößt hierdurch genauso an Grenzen wie etwa die Bauforschung, denn über Einzelheiten des Pyramidenbaus oder über die präzise Errichtung der riesigen, aus nur einem gewaltigen Granitblock bestehenden Obelisken gibt es nur widersprüchliche Vermutungen).

Zu den von den Ägyptern kaum geschilderten Vorgängen gehört auch der konkrete Ablauf der Eheschließung. In den Liebesliedern ist es die Mutter der Braut, die bei der Anbahnung der Ehe die Hauptrolle spielt. Aber es sind nicht wenige Urkunden überliefert, nach denen der Bräutigam beim Brautvater um die Tochter warb.[18] Ob es eine Verlöbniszeit im heutigen Sinne gab, wissen wir nicht. Die ersten Hinweise auf schriftliche Eheverträge haben wir aus dem elften und vollständig erhaltene seit dem neunten Jahrhundert v. Chr. Aber es ist sehr wahrscheinlich, daß solche Verträge — ob mündlich oder schriftlich — auch schon in früheren Zeiten eine ägyptische Ehe besiegelten. Sie zählten auf, was die Frau mit in die Ehe brachte und was der Mann; was als Sicherheit für den Fall einer Scheidung hinterlegt wurde und wie der »Zugewinn« während der Ehe auf die Ehegatten und deren gemeinsame Kinder verteilt werden sollte. Der früheste auf uns gekommene Bericht über ein mütterliches Erbe — das einen vorausgegangenen Ehevertrag voraussetzt — stammt aus dem Grab eines Beamten namens Metjen zu Anfang der IV. Dynastie, also aus der Zeit um 2500 v. Chr. Von seinem für die damalige Zeit mit 220 Aruren (= 60,3 ha) recht umfangreichen Landbesitz waren ihm 50 Aruren, also etwa ein Viertel, von seiner Mutter Nebes-Neith vermacht.[19] Dieser Absatz der langen Grabinschrift ist ein wichtiger Schlüssel für die Stellung der Ägypterin als Frau und Mutter schon in früher Zeit und zudem in seinen bürokratischen Formulierungen so amüsant, daß ich ihn dem Leser nicht vorenthalten möchte. Es ist die sorgfältige Kopie eines königlichen Dekrets an den zuständigen Aufsichtsbeamten im 6. oberägyptischen Gau, wo Metjens Mutter wohnte:

»Er (Metjen) hat gekauft gegen Entgelt 200 Aruren Feld bei mehreren Königsbauern. Er hat dafür gegeben 50 Aruren (offenbar wesentlich besserer Bodenqualität) der Mutter Nebes-Neith, da sie eine Vergabe-Urkunde darüber gemacht hat für die Kinder, indem ihre Anteile eingetragen wurden zu den kgl. Akten eines jeden (zuständigen) Büros.«[20]

Rechts- und Bürokratensprache haben sich also über viereinhalbtausend Jahre hinweg kaum geändert, bis hin zur Verteilung von Kopien an alle Amtsstellen, die je damit zu tun haben könnten. Aber nur durch diese weite Verbreitung sind uns wenigstens einige wenige Besitzurkunden aus dem Alten Reich erhalten, und ihre umständlich genaue Formulierung (übrigens immer in gleicher äußerer Form – es gab also schon Formulare!) läßt eine recht genaue Analyse zu, auch hinsichtlich der erbrechtlichen und juristischen Stellung der weiblichen Familienangehörigen. Die Ehefrau verfügte also schon zu Beginn des Alten Reiches über Eigentum, das im Fall der Nebes-Neith recht umfangreich gewesen sein dürfte, denn es ist die Rede von mehreren Kindern, die offenbar alle im gleichen Umfang geerbt haben wie Metjen. Was uns heute selbstverständlich erscheinen mag, ist für die damalige Zeit und andere Kulturen völlig einmalig: Die Frau kann über ihr Eigentum ganz frei verfügen; der Name ihres Ehemannes kommt in der Urkunde nicht einmal vor! Nach dem Wort »Kinder« als Erben folgen als hieroglyphische Deutzeichen die Figuren eines Knaben und eines Mädchens – Töchter waren also genauso erbberechtigt wie Söhne.

Von der Vielzahl der Kopien, die nach den Inschriften des Metjen von dieser und drei anderen Urkunden gefertigt worden sein müssen, ist nicht eine einzige auf uns gekommen. Gewiß ist viel Schriftmaterial auf Papyrus, Holz oder Ton in der langen Zeit auf natürliche Weise, durch Wasser, Feuer und Zerfall, vernichtet worden. Aber bei den Urkunden des Alten Reiches muß auch angenommen werden, daß sie gewaltsam und absichtlich vernichtet wurden. Über die Vorgänge in der Revolutionszeit, in der der Staat des Alten Reiches um 2150 v. Chr. sein Ende fand, klagte der weise Ipu in seinen *Mahnungen*:

»Es ist doch so:
  Die Akten des Hohen Gerichts sind weggeschleppt,
  die Geheimarchive sind bloßgelegt ...«[21]
Vieles spricht also dafür, daß es schon im Alten Reich Eheverträge gegeben hat, die nur nicht erhalten sind. Um so rei-

cher sind die Funde aus der Spätzeit seit dem neunten Jahrhundert v. Chr., so daß man einen guten Einblick in die gesellschaftlichen Verhältnisse jener Zeit bekommt. Da gibt es kaum einen Stand, der in diesen Urkunden nicht als vertragschließende Partei auftauchen würde: Schiffer und Hirten, Bauern und Handwerker, Hohepriester und Beamte, Krämer und Fürsten, wobei gerade der untere Mittelstand stark vertreten ist. Und es fehlen auch nicht Frauen als urkundende Personen. Sehen wir uns drei jeweils sehr typische Beispiele an, bei denen ich die Texte um die endlosen bürokratischen Wiederholungen gekürzt habe:

In einem mit Dezember/Januar 364/363 v. Chr. datierten Vertrag heißt es: »Regierungsjahr 15, 2. Monat der Überschwemmungszeit des (Pharaos) Nektanebos. Es hat gesagt der Offizier im ›Krokodil‹-Regiment von Edfu namens Osir-An, Sohn des Nes-Chons, seine Mutter ist Ta-meh, zur Frau Ta-Bast, Tochter des Nes-Chons, ihre Mutter ist Ta-Amun:

Gemacht habe ich dich zur Ehefrau.

Gegeben habe ich dir Silberkite 5 (etwa 45,5 Gramm Silber), macht Statere 2 1/2, macht Silberkite wiederum 5 als deine Frauengabe. Entlasse ich dich als Ehefrau und hasse ich dich und mache mir eine andere Frau zur Ehefrau als dich, so werde ich dir geben Silberkite 5 ... außer diesen Silberkite 5, welche oben geschrieben sind, die ich gegeben habe dir als deine Frauengabe, um voll zu machen Silberlinge 1 (20 griechische Drachmen) ... Und ich gebe dir das eine Drittel von allem und jedem, was ich erwerben werde uns. Indem die Kinder, welche du mir gebären wirst, die Herren sind von allem und jedem, was mir gehört und dem, was ich erwerben werde.

Siehe das Verzeichnis der Sachen, die du gebracht hast in mein Haus mit dir: ...« Es folgt eine längere Liste, von der Perücke über Kleider, Spiegel und Schmuck, jedes Stück sorgfältig mit seinem Wert in Silbergewicht, so daß es weiter heißt: »Wertsumme deiner... Sachen, die du gebracht hast in mein Haus mit dir, in Silberwert: Silberlinge 1 Kite 4, macht Statere 7 (ca. 127,4 Gramm).« Dann folgt die für die Frau sehr wichtige Klausel: »Bist du drinnen, so sind sie (die Frauensachen) drinnen mit dir. Bist du draußen, so sind sie draußen mit dir. Wenn du es bist, die geht, indem du mich als Ehemann entläßt, so wirst du geben mir Silberkite 2 1/2... aus diesen Silberkite 5, welche oben geschrieben sind, die ich dir gegeben habe als deine Frauengabe.«[22] Der Vertrag endet mit dem Namen des ausfertigenden Schreibers; auf der Rückseite stehen acht Namen von Zeugen.

Doch auch die zukünftige Ehefrau konnte einen solchen Vertrag ausstellen:

»Regierungsjahr 1 Monat 3 der Überschwemmungsjahreszeit des Pharaos Chabbasch (Januar/Februar 337 v. Chr.). Es hat gesagt die Frau Setat-Iret-Bin, Tochter des Pa-Ti-Hor-Pa-Cheret, ihre Mutter ist Ta-Scheri-Min, zum Schreinöffner des Amun von Luxor im Westen von Theben (Priester, der den Schrein mit dem Götterbild des Amun von Luxor bei den häufigen Prozessionen durch die Totenstadt von West-Theben trug) Djed-Hor... Gemacht hast du mich zur Ehefrau.« Und dann folgt ihre Frauengabe und was sie daraus dem Mann geben wird, wenn sie ihn entläßt. Es fehlt die Klausel über die mitgebrachten Frauensachen.[23] In unserem letzten Beispiel können wir erkennen, daß Standesunterschiede kein Ehehindernis darstellten, denn hier heiratet eine sehr wohlhabende Frau einen einfachen Soldaten:

»Regierungsjahr 8 erster Monat der Überschwemmungsjahreszeit des Pharaos Ptolemaios (V.) und der Arsinoe, der vaterliebenden Götter (12 Okt. 198 v. Chr.) ... Es hat gesagt der Mann (Soldat) aus (der Festung) Afnatj, Pa-Ti-User ... zur Frau Ta-Scheri-Nis, ihre Mutter ist Ta-Merih: Gemacht habe ich dich zur Ehefrau. Gegeben habe ich dir Silberlinge 3, macht Statere 15 ... (ca. 273 Gramm Silber) als deine Frauengabe.« Der Soldat muß also sehr sparsam mit seinem Sold gewesen sein oder reiche Eltern gehabt haben, um eine für damalige Zeit recht große Frauengabe aufbringen zu können. Im Scheidungsfall verpflichtet er sich zur Zahlung von vierzig Stateren.

Darauf folgt eine schier endlose Liste von »Frauensachen, die du gebracht hast in mein Haus mit dir« mit Gold- und Silberschmuck, Mänteln und Kleidern, Krügen und Kupferkesseln sowie allein an barem Silber- und Kupfergeld 439 Statere (auch die zur Ptolemäerzeit umlaufenden griechischen Münzen wurden also in die altvertrauten Silbergewichtseinheiten umgerechnet). Fast ebenso hoch ist der Wert der anderen Frauensachen, folglich war Frau Ta-Scheri-Nis recht reich.[24] Damit steht sie unter ihren Zeitgenossinnen aber nicht allein – andere Verträge listen bis zu 6050 Stateren auf.

Zeigen uns diese Verträge die ägyptische Ehefrau als selbständige Rechtsperson, die ohne männlichen Vertreter oder gar Vormund Verträge abschließen kann, über ihr Eigentum frei verfügt, und für die der Ehemann auch nach einer Scheidung zu sorgen hat, so ist dies nur eine, wenn auch im Vergleich zu anderen Kulturen nicht unwesentliche Seite der ägyptischen Ehe. Ganz deutlich wird auch wieder in diesen Verträgen die schon aus viel früherer Zeit belegte Tatsache, daß hier keine Rede von einer Kaufehe sein kann, weder wirtschaftlich noch juristisch – altägyptische Kaufverträge

sehen ganz anders aus.[25] Die Eheverträge wurden in einem
Tempel oder einem staatlichen Archiv hinterlegt, und damit
waren die Eigentumsverhältnisse von Mann und Frau gegenüber jedermann geregelt. Kein Wunder also, daß Großmut-
ters Ehevertrag oder seine Kopie generationenlang sorgfältig
aufbewahrt wurden, und das nicht nur aus Pietät, denn sie
galten auch vor Gericht als Beweis für die Rechtmäßigkeit
des Eigentums.[26]

Die Eheverträge bestätigen noch etwas: daß die Einehe in
Ägypten durchaus die Regel war, und zwar nicht nur aus
wirtschaftlichen Gründen. Die Persönlichkeit der Frau, vor
allem aber die gegenseitige Achtung, Zuneigung und Liebe,
die uns aus so vielen ägyptischen Kunstwerken und literarischen Äußerungen entgegentreten, machte die Mehrehe
überaus selten, wenn sie auch nicht ausdrücklich verboten
war. Ausnahmen bildete das Königshaus, schon aus dynastischen und diplomatischen Gründen, aber auch aufgrund
der Königstheologie, und nach seinem Vorbild zu manchen
Zeiten die Häuser höchster Beamter. Im Fall der Kinderlosigkeit der Ehefrau scheint es hin und wieder vorgekommen
zu sein, daß eine zusätzliche Heirat des Mannes von der
Ehefrau ausdrücklich gutgeheißen wurde, wenn auch
direkte schriftliche Zeugnisse darüber fehlen. Eine häufige
Klausel in den Eheverträgen bestimmte, daß diese nur mit
urkundlicher Zustimmung der Ehefrau geändert werden
konnten.

Häufig findet man in Urkunden und Inschriften vor dem
Namen einer Ehefrau den Titel »Herrin des Hauses«. Das
ist nicht nur Höflichkeitsanrede oder ein Ehrentitel, sondern meinte ganz wörtlich, daß sie über das Haus zu bestimmen hatte – und »Haus« beinhaltete im Ägyptischen weit
mehr als nur Wohnung und Möbel; es umfaßte alle im Haus

lebenden Menschen, Verwandte wie Dienstboten und Skla- ven, aber auch Garten-, Land- und Viehbesitz. So schreibt ein »Truppenoberst und Schreiber« an seinen nubischen Pächter: »Ferner teile ich dir mit, daß ich zur Stadt (The- ben) zurückgekehrt bin. Nun hatte ich dir gesagt, ich werde dich nicht mehr wirtschaften lassen. Doch siehe, meine Ehefrau, die Herrin meines Hauses, sagte mir: ›Nimm ihm das Feld nicht weg, sondern überweise es ihm wieder und laß ihn wirtschaften.‹« Und so geschah es.[27]

Ihrer Partnerschaft entsprechend gingen Mann und Frau gemeinsam zu Gesellschaften, wie uns die vielen Bankettsze- nen an Grabwänden verraten; sie besuchten gemeinsam an Festtagen den Tempel und kauften zusammen auf dem Markt ein. Immer wieder müssen wir uns vor Augen halten, daß Verhaltensweisen, die uns ganz selbstverständlich erscheinen, dies eben gar nicht sind. In der klassischen Zeit von Hellas etwa war die Agorà, der Markt, nicht nur als Debattier- und Versammlungsort ausschließlich männliche Domäne, sondern vom weisen Sokrates bis zum einfachsten Bürger durften nur die Männer dort einkaufen. Ja, ägypti- sche Frauen begleiteten ihre Männer beim ersten bezeugten Streik der Weltgeschichte als Streikposten, als die Gräber- bauer von Dêr-el-Medineh dieses soziale Kampfmittel im 29. Regierungsjahr Ramses' III. 1155 v. Chr. zum erstenmal an- wandten.[28]

Die Achtung der Frau und die Liebe zu ihr gehörten so tiefgehend zum ägyptischen Wesen, daß sie nicht nur in Kunst und Literatur, sondern auch in den »Weisheitslehren« über die Jahrhunderte und Jahrtausende hinweg immer wie- der gefordert und gepriesen werden. Diese Lehren, stets von neuem abgeschrieben, zitiert und in Schulen als Schreibvor- lagen kopiert, haben Ethik und Verhalten des ägyptischen

Menschen geprägt, und ihre Verfasser standen bis in späte Zeiten in höchstem Ansehen. Ihre Namen wurden immer wieder ehrfurchtsvoll genannt; es sind fast die einzigen Autorennamen, die uns von altägyptischen Literaturwerken überliefert sind. Der Weise, der mit seinen Lehren die Ordnung von Gesellschaft und Staat, das rechte Leben des einzelnen und damit den Bestand der Weltordnung sichert, war das Idealbild ägyptischen Menschentums, nicht der Kriegsheld.

Bereits in der ersten uns vollständig erhaltenen Lehre, der des Ptahhotep, der in späteren Handschriften als »Wesir des Königs Isosi« (um 2350 v. Chr.) bezeichnet wird, bildet die Eheschließung und Gründung eines »Hauses« selbstverständliche Voraussetzung eines ordentlichen Lebens. »Liebe deine Frau, wie es sich gehört, fülle ihren Leib und kleide ihren Rücken. Medizin für ihre Glieder ist Salböl. Erfreue ihr Herz, solange du lebst!« verdeutlicht der Weise des Alten Reiches seine Forderung.[29]

Fast tausend Jahre später, zur Zeit der hohen XVIII. Dynastie, unterstreicht die *Lehre des Anii* ebenso:

»Nimm dir eine Frau, solange du jung bist...
Plage nicht die Frau in ihrem Hause,
wenn du weißt, daß sie tüchtig ist.
Sage nicht: ›Wo ist das? Hole es uns!‹,
wenn sie es an die richtige Stelle tat...
Du kennst ihren Wert, die Freude,
wenn deine Hand bei ihr ist...
Jeder verheiratete Mann soll Ungeduld beherrschen.
Überwache Frauen nicht!«[30]

Speise, Kleidung und Salböl sind bei Ptahhotep nicht nur als Fürsorge für das leibliche Wohlergehen gemeint, sondern vor allem für das seelische, das »Fröhlichkeit und Liebe« fördert, wie es in einem späteren Vers heißt. Jedem Ägypter — vor allem aus den Kreisen der hohen Beamten und Priester, an die sich Ptahhotep in erster Linie wendet, während Anii eher den Mittelstand anspricht — war die Anspielung deutlich, die in diesem Vers auf die tägliche Versorgung des Götterbildes im Tempel mit Opfer, Kleidung und Salbung ausgesprochen wurde, als Forderung also nach Achtung und Verehrung für die Ehefrau.

Die Forderung des Anii an den Mann, den Wert seiner Frau zu erkennen und ihr dementsprechend freie Hand zu lassen, zeugt nicht nur von der Bedeutung liebender Eintracht in der ägyptischen Eheethik, sondern beweist auch großes psychologisches Einfühlungsvermögen — und das vor etwa dreitausendvierhundert Jahren. Und wiederum tausend Jahre später in der demotisch geschriebenen Lehre des Ankh-Scheschonk finden wir die gleiche positive Einstellung zur Frau, die Warnungen vor Untreue und den Lobpreis der guten Ehefrau und ihres Wertes für Haus und Familie.[31]

All diesen Lehren fehlt aber auch eines: die uns aus europäischen Tugendlehren und Predigten vom Mittelalter bis in die neueste Zeit nur allzu gewohnten Ermahnungen der Ehefrau zum Gehorsam gegenüber ihrem Mann oder gar Straf- und Prügeldrohungen gegen sie. Ratschläge, die auch nur entfernt denen Reimars von Zweter entsprächen, wären im Ägypten der pharaonischen Zeit völlig undenkbar gewesen, obwohl sie sich gegen andere grob frauenfeindliche Äußerungen der vergangenen Jahrhunderte geradezu milde ausnehmen:

»Du sollst dir deine Güte entlaufen lassen,
und sollst nach einem großen Knüttel fassen,
den sollst du ihr auf den Rücken messen,
je mehr, desto besser, mit aller Kraft,
damit sie erkennt deine Meisterschaft:
heiß sie dir schwören, sie wolle ihren Übelsinn vergessen!«[32]

Die ägyptischen Lehren zeigen aber auch deutlich, daß für
den Ägypter die Ehe nicht — wie man nach den Eheverträgen und nach römischem Vorbild glauben könnte — in
erster Linie ein Rechtsverhältnis war, sondern eine ethisch-
soziale Bindung, eine verwirklichte Lebensgemeinschaft
von Mann und Frau.[33] Wie stark und innig die persönlichen Bindungen von Ehepartnern empfunden wurden,
verdeutlichen die Klagen von Witwern und Witwen. Der
Schreiber des Gräberbaudorfes Dêr-el-Medineh namens
Buteh-amun spricht den Geist seiner Frau Achtaj über
deren Sarg an, zu dessen Fußende er eine Steinplatte mit der
rührenden Aufschrift legte:
»O edle Truhe des Osiris mit der Sängerin Amuns Achtaj,
die in dir ruht. Höre auf mich und übermittle ihr diese Bot-
schaft. Frage sie, da du ihr am nächsten bist, ›was tust du?
Wie geht es dir?‹ Berichte ihr, daß ihr Liebhaber, ihr
Gefährte sagt: ›Ach, daß es dir nicht gut geht. Ach, du
Schöne ohnegleichen, du, die du das Vieh nach Hause
brachtest, dich um unsere Felder kümmertest, während alle
Arten schwerer Lasten auf dir ruhten, obwohl es für sie
keine Stützpfosten gab, sie abzusetzen... O Achtaj, du
anmutsvolle Frau.‹«[34]
Gerade der ganz persönliche Ton, der in diesen Worten
fern aller magisch-religiösen Formeln anklingt, läßt aufhor-

chen, wie auch in jenem Brief eines Witwers an seine tote Frau, der auf Papyrus geschrieben in ihrem Grab gefunden wurde und aus dem wir schon einmal einen Satz über »Treue über den Tod hinaus« zitiert haben:

»Ich habe dich zur Frau genommen, als ich ein junger Mann war... Alles, was ich erwarb und was mir zukam, nahm ich es nicht um deinetwillen, weil ich sagte: ›Ich handele nach deinem Wunsch‹. Ich habe alles beschafft, dein Öl, dein Brot und deine Kleider... Als du krank warst, sandte ich dir den Oberarzt.«[35]

In diesem Totenbrief stechen die Ausdrücke persönlicher Zuneigung besonders vom übrigen Text ab, denn auch das darf man nicht verschweigen: Der Witwer fühlt sich verängstigt und bedroht vom Geist seiner verstorbenen Frau und will diesen magisch beschwören, ihn künftig in Ruhe zu lassen.

Und ebenso sprechen aus den Worten von Frauen am Grabe, über die allgemeinmenschliche Klage über den Verlust hinaus, die Liebe und Achtung, die sie in der Ehe empfingen und gaben, wie in einem thebanischen Grab:

»Ich bin deine Gattin Merit-Rê.
Mein Gemahl, verlasse nicht Merit-Rê
mit deiner guten Art...
Ich gehe, statt mit dir, (jetzt) hinter dir.
Du, der du dich mit mir (gemeinsam) zu vergnügen
    liebtest,
du schweigst und redest nicht.«[36]

Man könnte vielleicht einwenden, daß Nachrufe immer idealisieren und daß Lebenslehren ethische Forderungen als Tatsachen hinzustellen pflegen. Aber die Ägypter mit ihrem

ausgeprägten Realitätssinn haben auch in ihren Weisheitslehren die Gefährdungen der Ehe und die Schwächen der
Menschen nicht verschwiegen, und nicht erst aus den Eheverträgen, sondern bereits aus viel früheren Epochen wissen
wir von Ehescheidungen, die von beiden Seiten ausgehen
konnten. Nicht nur sexuelle Untreue konnte dazu führen,
sondern auch Entfremdung und Zank, »Haß«, wie es in den
Urkunden oft heißt, oder »du liebst eine(n) andere(n).«
Selbst Griechen, die aus ihrer eigenen Welt eine ganz andere
Ehevorstellung mitbrachten, nach der ein Mann jederzeit
einseitig seine Frau verstoßen konnte, schlossen während
der Ptolemäerzeit nicht selten Eheverträge nach ägyptischem Recht mit Ägypterinnen ab, in denen es dann wie
etwa in dem des Paschi mit der Frau Na-Nakhte heißt: »Zu
dem Termin des Dich-Verlassens als Ehefrau ... oder bist du
es, die beliebt, zu gehen«[37], immer mit der uns schon
bekannten Festlegung, daß die Frau in jedem Fall ihre
»Frauengabe« und ihre »Frauensachen« mitnimmt. Die Zahlung einer Summe an den Mann bei eigenem Scheidungsbe-
gehren von Seiten der Frau wird dagegen nur in wenigen
Fällen festgelegt, meist in solchen, in denen die Frau offensichtlich die erheblich Wohlhabendere ist.

Auch zum Thema Scheidung dürfen wir nicht vergessen,
daß das Fehlen von ähnlichen Verträgen in früheren Zeiten
nicht zu dem Schluß verführen darf, der Mann habe seine
Frau jederzeit formlos verstoßen können. Die leider nur
wenigen Fälle, die wir aus früheren Epochen kennen und
die dagegen sprechen, können nicht als Ausnahme erklärt
werden. Es ist immer wieder reizvoll, die Geistes- und Ge-
fühlshaltung der Ägypter in Fragen der Ehe und gegenüber
der Frau mit den Vorstellungen und Idealen der Griechen
zu vergleichen — der Griechen, die auf den ersten Blick gar

nicht wenig Gemeinsames mit den Ägyptern verbindet: eine auf Landwirtschaft und Viehzucht basierende, in städtischen Zentren blühende Hochkultur; eine ausgebildete Schrift, die ausgiebig für Literatur jeder Art, für Inschriften und religiöse wie Verwaltungszwecke verwendet wurde; hohe künstlerische Begabung, wenn auch mit einem ganz anderen Stilgefühl; und auf polytheistischer Grundlage eine Kult-, keine Buchreligion; bei allen Unterschieden im einzelnen also so viel Gemeinsames, daß ein Vergleich nicht unfair erscheint. Und uns stehen die Griechen doch zumindest in den Kenntnissen und Vorstellungen, die wir von ihnen haben, so nahe, daß ein Vergleich mit ihnen interessanter ist als etwa mit Sumer, Assur oder Babylon oder noch weiter entfernten antiken Hochkulturen.

Um den Vergleich recht stimmig zu machen, stellen wir neben die ägyptischen Weisheitslehren eine griechische, die des Philosophen Demosthenes (384–322 v. Chr.): »Wir haben Hetären, um uns zu vergnügen, außerdem gekaufte Dirnen, um unseren Körper zu befriedigen, und endlich Frauen, die uns rechtmäßige Söhne schenken und für unsere häuslichen Angelegenheiten sorgen sollen.«[38] Diese Äußerung steht keineswegs allein da unter denen griechischer Philosophen. Schon Platon (427–347 v. Chr.), der größte und berühmteste Philosoph Griechenlands, machte aus seiner tiefen Verachtung für die Frau keinen Hehl. In seinem *Timaios* werden zunächst aus dem von der Götterzeugung übriggebliebenen Material die »Menschen des überlegenen Geschlechts, das in der Zukunft den Namen ›Mann‹ führen werde«, geschaffen. Wer von den Männern ein vom Verstand gezügeltes Leben verfehlt habe, werde nach dem Tode wiedergeboren als Weib und bei fortgesetzter Schlechtigkeit als Tier.[39]

Auch in Griechenland, besonders im hochgebildeten, zivilisierten Athen mit seinem starken Einfluß auf die anderen griechischen Städte und Stämme, waren diese Äußerungen der Weisen, der Philosophen, nicht bloße Literatur, sondern ein fast noch geschöntes Bild der rauhen Wirklichkeit: Die Frauen, vor allem die Ehefrauen, waren`fast völlig im Haus eingeschlossen. Die Mädchen wurden, oft noch im Kindesalter, mit ihnen bis dahin völlig unbekannten Männern verheiratet und zahlten für diese Ehre auch noch hohe Summen. Sie traten mit der Eheschließung von der Vormundschaft des Vaters in die des Mannes über, konnten selbst keinen Prozeß führen und waren von Gesellschaften, an denen Männer teilnahmen, völlig ausgeschlossen, selbst im eigenen Haus.[40] So ist es ganz verständlich, daß selbst weitgereiste griechische Gelehrte nur kopfschüttelnd die ägyptischen Sitten betrachten können und sie dabei mißverstehen. Herodot (etwa 500–424 v. CHR.), der längere Zeit in Ägypten geweilt hat, erstaunt sich: »Fast alle Sitten und Gebräuche der Ägypter sind der Lebensweise anderer Menschen entgegengesetzt. Bei ihnen sitzen die Weiber zu Markt und handeln, die Männer aber bleiben zu Hause und weben...«[41] Und bei Diodorus Siculus, der auch persönlich Ägypten bereiste, ist gar deutliche Mißbilligung nicht zu überhören, wenn er – kurz nach der Zeitenwende – schreibt: »Das Weib ist (bei den Ägyptern) Herrin über den Ehemann, wie schon in der Eheurkunde die Männer zustimmen müssen, dem Weib in allem zu gehorchen.«[42] Vergleicht man die partnerschaftliche Stellung der Ehefrau in Ägypten mit dem kläglichen Los der Griechin, ist solche Übertreibung wohl verständlich.

Trage sie,
wie sie dich trug

Verdoppele das Brot, das dir deine Mutter gab.
Trage sie, wie sie dich trug.
Sie hatte Mühe und Last mit dir. Sie endete nicht,
als du geboren wurdest nach deinen Monaten.

Ihr Nacken trug dich.
Ihre Brust war in deinem Mund drei Jahre lang.
Sie hegte keinen Ekel vor deinem Kot
und sagte nicht aus Ekel ›was soll ich tun?‹

Sie brachte dich zur Schule.
Nachdem du zum Schreiben erzogen warst,
sorgte sie täglich für dich
mit Brot und Bier aus ihrem Hause.

Du bist ein Jüngling und nimmst dir eine Frau.
Du richtest dich ein in deinem (eigenen) Haus.
Sei eingedenk dessen, daß du geboren wurdest,
und aller Sorge, mit der dich deine Mutter aufzog.

Verhüte, daß sie sich von dir wendet,
daß sie ihre Arme erhebt vor Gott,
und daß er ihre Klage hört![1]

Diese Worte des weisen Anii in seiner Lebenslehre aus der Mitte des zweiten Jahrtausends v. Chr. gehören zu den schönsten Lobpreisungen der Mutter, die wir in der Weltliteratur finden. Es gibt keine Kultur und kein Volk in der Menschheitsgeschichte, das die Mutter nicht ehrte und verehrte.

Das tiefe Gefühl, das uns hinter diesen Versen über die Jahrtausende hinweg ganz unmittelbar anspricht, ist um so bemerkenswerter, als diese Lehre sich nicht, wie die aus noch früheren ägyptischen Epochen, vorwiegend an die höchsten Kreise der Beamten und Priester richtet, sondern an die Mittelschicht, also die in jenen Jahrhunderten des Neuen Reiches recht zahlreichen Menschen, welche lesen konnten (die Mutter zur Schule gebracht hatte) und die als Handwerker und Künstler, kleine und mittlere Beamte (»Schreiber« ohne weiteren Titel) und niedere Priester den Staat und seine Kultur trugen und erhielten. Damit formt diese Lehre nicht nur die Gesinnung recht breiter Volksschichten, sondern spiegelt sie zugleich wider. Wiederum verbindet diese Lehre auf typisch ägyptische Weise Gefühl und Ethik mit ganz realen Tatsachen, über die wir sonst wenig wüßten. Nur zwei davon will ich hervorheben, weil sie für das besondere Verhältnis von Mutter und Kind in Ägypten eine bedeutende Rolle spielen. Die Stillzeit dauerte − in jener Zeit und im Mittelstand − drei Jahre und war damit erstaunlich lang; hierin liegt gewiß einer der Gründe für das außerordentlich enge Verhältnis zwischen Mutter und Kind in Ägypten. Die Mutter war es auch, die entschied oder zumindest mit entschied, ob das Kind zur »Schule« geschickt wurde und also die schwierige Kunst des Lesens und Schreibens lernte.

Über das Schulwesen an sich wissen wir merkwürdig

wenig, obwohl Übungstexte von Schülern, oft mit Verbesserungen durch Lehrerhand, in großen Mengen gefunden wurden. Aufgrund einiger besonders ergiebiger Fundstellen können wir jedoch wenigstens drei Arten von Schulen unterscheiden: die in Orten mit besonders dichter Handwerker- und Künstlerbesiedelung, wie im »Gräberbauerdorf« Dêr-el-Medineh; die in den Höfen großer Tempel wie dem Totentempel Ramses' II. und die am Königshof, wo besonders begabte Kinder zusammen mit den Königskindern, den Kindern der Hofgesellschaft und »Geiseln« aus fremden Ländern erzogen wurden.[2] Nicht an jedem Ort gab es solche Möglichkeiten, die Kinder auszubilden, und da auch die als Lehrer amtierenden Schreiber bezahlt werden mußten (in Lebensmitteln), bedeutete die Entscheidung für den Schulbesuch eine erhebliche Belastung für den Haushalt und also für die Mutter.

Doch vor Stillzeit und Erziehung liegen Zeiten, die auch von den Ägyptern – sichtbar bereits in den Versen des Anii – als gleichermaßen gefährlich und wichtig für die Mutter betrachtet wurden.

Aus einigen medizinischen Papyri, aber auch aus religiösen Hymnen zum Preis Gottes, »der die Frauen aus dem Samen des Mannes empfangen läßt«, können wir entnehmen, daß die Ägypter über Zeugung und Empfängnis genauere Vorstellungen hatten als andere alte Völker. Das bezeugen unter anderem einige Mittel zur Empfängnisverhütung, von denen zwar manche magischer Natur sind, aber andere doch ganz rationale Überlegungen verraten, etwa die mit Gummiarabikum getränkten Scheidentampons, wie sie im medizinischen *Papyrus Ebers* angeraten werden.[3] Auch Mittel zur Herbeiführung und zur Verhütung von Aborten werden beschrieben.[4]

Eine bedeutende Rolle spielten Empfängnisverhütung wie Abtreibung allerdings weder für die Sexualethik noch für die Familienplanung in Altägypten. Weit häufiger werden sehr vielfältige Mittel erwähnt, welche Empfängnisfähigkeit der Frau und Zeugungskraft des Mannes stärken sollten. Diese medizinischen oder auch magischen Mittel werden begleitet von den oft rührenden Gebeten und Gelöbnissen, die von der Gottheit das so sehnlich erwartete Kind erflehen. In den meisten dieser vielen, auf uns gekommenen Gebete ist von »Kind« ohne Unterschied des Geschlechts die Rede; selten sind die Fälle, in denen nur ein »Sohn« erbeten wird. Mit dieser Bestimmung muß man freilich sehr vorsichtig sein, denn »der geliebte Sohn« war ein seit ältesten Zeiten feststehender Ausdruck aus dem Totendienst, und dieser »geliebte Sohn«, der für die Versorgung des Vaters und der Mutter im Jenseits verantwortlich war, konnte auch eine Tochter sein, wie wir später noch genauer sehen werden. In keinem einzigen Fall ist aus Ägypten bekannt, daß neugeborene Mädchen ausgesetzt oder auch nur für unerwünscht erklärt worden wären. Von Kinderlosen wurde erwartet, daß sie zumindest ein Waisenkind adoptierten; wer das nicht tat, wurde als »wunderlicher Geizhals« verachtet.[5]

Man kannte auch schon Schwangerschaftstests. Einer bestand darin – wie heute in Europa noch bisweilen praktiziert –, mit Gerste und/oder Weizen gefüllte Säckchen mit dem Harn der Frau zu tränken; keimten sie, dann lag nach ägyptischer Überzeugung (die in modernen Hormonlehren unterschiedlich beurteilt wird) eine Schwangerschaft vor, und sogar das Geschlecht des Embryos wollte man aus dem schnelleren Keimen dieses oder jenes Getreides vorhersagen können. Aber auch ganz wissenschaftliche Methoden wurden angewandt: Das Ausbleiben der Regelblutung, die Vergrößerung der Brüste und Hautverfärbungen gehörten zur ärztlichen Schwangerschaftsdiagnose. Die normale Schwangerschaftsdauer war genau bekannt, und man umgab die Schwangere mit aller Fürsorge, um Früh- oder Fehlgeburten zu verhindern. An erster Stelle stand hierbei die gegenüber anderen Völkern jener Zeit besondere Wertschätzung der Hygiene. Nicht nur badete groß und klein regelmäßig im Fluß, Kanal oder Gartenteich, es gab sogar in nicht wenigen Häusern (auch der Mittelschicht) Badestuben und Toiletten.

Als weitere Vorsichtsmaßnahme behandelte die Frau ihre Bauchdecke mit pflegenden Ölen und die Scheide mit Räucherwerk. In schwierigen Fällen zog man Arzt oder Ärztin hinzu. Gynäkologie und Geburtshilfe waren bedeutende Zweige der in der ganzen alten Welt berühmten ägyptischen Heilkunst, und noch Herodot bewunderte in seiner Geschichte die Spezialisierung der ägyptischen Ärzte auf die verschiedenen Krankheiten und Organe.[6] Vier der wenigen erhaltenen medizinischen Papyri aus dem pharaonischen Ägypten, deren frühester aus dem Mittleren Reich stammt, befassen sich auch mit gynäkologischen Fällen[7] und belegen nicht nur die beachtlichen Kenntnisse, über die ägyptische Ärzte schon vor viertausend Jahren verfügt haben, sondern auch die besondere Beachtung, welche die ägyptische Gesellschaft der Frau und Mutter angedeihen ließ.

Neben den wissenschaftlichen Methoden, die der Schwangeren zu Hilfe kamen, gab es eine Vielzahl magischer Praktiken. Die Grenzen zwischen Religion, Wissenschaft und Magie verlaufen natürlich an anderen Stellen als in unserer angeblich so aufgeklärten Zeit. Manche Bräuche, wie Haare und Kleidungsstücke der Schwangeren fest zu binden, um eine Fehlgeburt zu verhindern − und dann entsprechend bei der Geburt zu lösen –, betrachtete der Ägypter wohl gar nicht als Magie, sondern als dem »gesunden Menschenverstand« entsprechende Maßnahme, und bei vielen bildhaften Handlungen war es gewiß ähnlich. Dabei müssen wir »Bild« in sehr weitem Sinn verstehen, von Zeichnung und Plastik bis zum Wortinhalt, und uns das ägyptische Denken vergegenwärtigen, nach dem »Bild« nicht nur Abbild bedeutet, sondern das Gezeigte, Geschriebene und Gesagte auch bewirkt. Solchem Schutzzauber verdanken wir auch die Vielfalt der in großen Mengen gefundenen Amulette aus jedem nur denkbaren Stoff, von Ton und glasierter Fayence über Holz, Elfenbein und Stein bis zu Bronze und Edelmetallen, von denen besonders die knoten- und schleifenförmigen – wie das »Isisblut« oder das Lebenszeichen »Ankh« – und Figürchen der trächtigen Nilpferdgöttin Thoëris (»die Große«) und des Zwerges Bês als besonders wirksamer Schutz für Mutter und Kind galten.

Die Geburt fand möglichst nicht im Hause statt, wie wir aus vielen Darstellungen wissen, sondern in einer »Wochenlaube« aus Latten und bunten Matten, die im Hof oder auf dem Dach des Hauses aufgeschlagen wurde und oft mit Blumen geschmückt war. Ob diese Wochenlaube ursprünglich eher der Annehmlichkeit der Wöchnerin diente, damit sie im heißen ägyptischen Klima sich »des kühlenden Nordwindes erfreuen« konnte, der in so vielen Geschichten und Gebeten gepriesen wird, oder ob der Gedanke von der Sauberkeit der Frau und des Hauses im Vordergrund stand, ist aus früheren Zeiten nicht belegt, und es ist für Ägypten wahrscheinlich, daß beides eine Rolle spielte. Eine kultische »Unreinheit« der Wöchnerin, wie sie etwa im *Alten Testament* bezeugt ist[8], gibt es in ägyptischen Texten nicht.

Bei den späten Tempeln aus der Griechen- und Römerzeit, die zugleich am vollständigsten erhalten sind, etwa in Edfu, Denderah und Philä, ist die Wochenlaube für die Geburt des Götterkindes in Stein umgesetzt und wird »Mamisi« genannt. Dem alten Brauch in jedem ägyptischen Haus folgend, steht dieses Gebäude außerhalb und abgesetzt vom eigentlichen Tempel, jedoch innerhalb der umgrenzenden Mauer und wird durch Priesterinnen und Priester voll in den Kult einbezogen.

Eine der lebhaftesten und deutlichsten Schilderungen einer Geburt in der ägyptischen Literatur wird im *Papyrus Westcar* (geschrieben um 1600 v. Chr.) erzählt, einer Sammlung von sehr viel älteren Volkserzählungen, die sich um die inzwischen schon legendären Könige des Alten Reiches ranken und von denen wir bereits die Erlebnisse des Königs Snofru bei seiner Lustfahrt auf dem See kennengelernt haben. Hier nun wird geschildert, wie ein berühmter Zauberer und Weiser dem König Cheops, Sohn des Snofru, vorhersagt, daß eines Tages seine, die IV. Dynastie ausstirbt, und wie die ersten Könige der nachfolgenden V. Dynastie als Söhne des Sonnengottes Rê geboren werden:

»An einem von diesen Tagen geschah es, daß Reddjedet, die Frau des Rê-Priesters Ramose, die Wehen bekam, und ihre Niederkunft war schwierig. Da sagte die Majestät des ›Rê zu Sachebu‹ (berühmter Verehrungsort für den Sonnengott) zu (den Göttinnen) Isis, Nephtys, Mesechenet, Heqet und dem (Schöpfergott) Chnum: ›Geht doch und entbindet die Reddjedet von den drei Kindern, die in ihrem Leibe sind und die dieses treffliche Amt (des Königtums) in diesem ganzen Lande ausüben werden...‹ Da machten diese Göttinnen sich auf den Weg, nachdem sie sich in Tänzerinnen verwandelt hatten. Chnum begleitete sie mit dem Gepäck. Sie gelangten zu dem Haus des Rawoser und fanden ihn, wie

92

er dastand mit verdrehtem (also gelöstem) Schurz. Sie führten ihm ihre Menits und Sistren (Kultinstrumente zur Besänftigung der Götter) vor.

Da sagte er zu ihnen: ›Meine Damen, es ist wegen der Frau, die in den Wehen liegt, und ihre Niederkunft ist schwierig!‹ Da sagten sie: ›Laß sie uns sehen! Denn wir verstehen uns auf das Entbinden!‹ ... Und sie traten bei Reddjedet ein. Dann verschlossen sie die Tür hinter sich und ihr.

Isis stellte sich vor Reddjedet, Nephtys hinter sie. Heqet (krötengestaltige Geburtsgöttin) beschleunigte die Geburt. Und Isis sagte: ›Sei nicht zu stark (ägyptisch: user) in deinem Namen Userkaf (Wortspiel mit dem Namen des ersten Königs der V. Dynastie)!‹ Da glitt dieses Kind in ihren Arm, ein Kind von einer Elle (52 cm) Länge und mit festen Knochen ... Sie wuschen es, nachdem sie seine Nabelschnur abgeschnitten und es auf ein Bett aus Ziegelsteinen gelegt hatten. Dann ging Mesechenet zu ihm und sagte: ›Ein König, der das Königtum in diesem ganzen Lande ausüben wird ...‹ Und Chnum verlieh seinem Leib Gesundheit ...« In der gleichen Weise wird die nun folgende Geburt der künftigen Könige Sahurê und Neferirkarê beschrieben, und dann heißt es: »Dann kamen diese Götter heraus, nachdem sie Reddjedet von diesen drei Kindern entbunden hatten, und sagten: ›Freue dich, Rawoser, siehe, dir sind drei Kinder geboren worden!‹«[9]

Die typisch ägyptische Verbindung zwischen genau beobachteten Tatsachen und religiös-mythischem Hintergrund findet sich auch in dieser Erzählung, die über das geschichtliche Interesse für das Königsdogma ihrer Entstehungszeit hinaus, welches den Dynastiewechsel durch göttliche Zeugung des Erben legitimiert, klare Aussagen über den Ablauf einer Geburt macht. Schon der Ausgangspunkt spricht für eine genaue und nicht nur auf Mehrlingsgeburten zutreffende Beobachtung: »Ihre Niederkunft war schwierig.« Das als Schönheitsideal geltende schmale Becken der Ägypterinnen, das wir auch an nicht wenigen Frauenmumien feststellen können, verursachte gewiß häufiger Probleme bei der Geburt. In den medizinischen Papyri finden wir verschiedene Mittel und Kunstgriffe, um die allein als normal betrachtete Kopflage bei der Geburt zu sichern, die Wehen zu verstärken (»Medizin, um die Gebärmutter zusammenzuziehen«) und zu erleichtern. »Den Atem in den Leib drängen, ohne zu schreien!« war ein Rat an die Kreißende[10], und gegen starke Schmerzen gab es einen Rauschtrank. Gräber junger Frauen mit Neugeborenen sind verhältnismäßig häufig, so daß wir die Sterblichkeit von Mutter und Kind bei der Geburt und im Wochenbett recht hoch ansetzen müssen. Die übliche Haltung der Gebärenden war eine Hocklage, wobei sie sich auf Ziegel stützte, eine Helferin stand hinter ihr und die Hebamme vor ihr, ganz wie es unsere Erzählung schildert.

Die Göttinnen, die hier in diese Rolle schlüpfen, sind nicht nur ein Gegenbeweis dafür, daß der Beruf der Hebamme als unrein gegolten hätte. Ihre kultischen Musikinstrumente zeigen, daß sie als »Musikantinnen und Tänzerinnen des Gottes« in priesterlicher Rolle aufgetreten sind, denn die zur Unterhaltung der Bevölkerung von Dorf zu Dorf ziehenden Tänzerinnen führten Laute, Tamburin, Leier und Flöte bei sich. Es scheint also nicht ausgeschlossen zu sein, daß zu jener Zeit und bei Hofe die Hebammen im »Lebenshaus« ausgebildet wurden, einer den großen Tempeln angeschlossenen Lehrstätte, in denen neben Mythen und Ritualen und der Schreibkunst auch Wissenschaften wie Astronomie, Mathematik und Medizin gelehrt wurde, wie wir später bei dem Beruf der Ärztin noch genauer erfahren werden. Freilich, im Haus des Bauern und Fischers, des Handwerkers und Arbeiters werden erfahrene Frauen aus der Nachbarschaft der Gebärenden Hilfe geleistet haben. Als ihre besondere Schutzgöttin galt Nekhbet, »die mit dem festhaltenden Daumen«, die dieser Tätigkeit ihren Namen verdankt.[11]

Nach der Geburt wurde sorgfältig die Vollständigkeit der Nachgeburt geprüft[12], und das Kind nach Abnabelung und Waschung auf ein vorbereitetes Bettchen gelegt, das in der Königserzählung aus Ziegelsteinen gemauert und natürlich mit weichen Decken und Matten bedeckt vorzustellen ist. Meist ist es aber eine Wiege gewesen, in die das Neugeborene gelegt wurde und das schon in sehr früher Zeit. Ein sehr alter Titel der Königin lautet »Wiege der Königskinder«, und Mesechenet, die zu dem Göttinnenquartett unserer Erzählung gehört, ist eine Wiegengöttin.

So wundert es nicht, daß nach ägyptischer Auffassung selbst Götter geboren wurden, genauso wie sie – wenn auch nach langer Zeit – altern und sterben. Eine Ausnahme bildet allein der Ur-Schöpfergott, der »aus sich selbst entsteht« oder »sich selbst erschaffen« hat. »Nachdem die Welt wieder in das Urgewässer zurückkehrt, in die Urflut (des Chaos), wie bei ihrem Anbeginn, bin ich es, der übrigbleibt, zusammen mit Osiris, nachdem ich mich wieder in eine Schlange verwandelt habe, welche die Götter nicht kennen und die Menschen nicht sehen.« So spricht der Schöpfergott Atum im Spruch 175 des *Totenbuches.*[13]

Aber für andere Götter gilt diese dauernde Existenz in wechselnden Formen nicht; Osiris zum Beispiel ersteht ja nicht wieder auf Erden, sondern bleibt im Totenreich, wenn auch als dessen Herrscher. Auf Geburten von Göttern verweisen neben den Mamisi der Tempel auch Malereien an den Wänden von Königsgräbern und von Särgen, auf denen der Sonnengott Rê »zwischen den Beinen der Nut«, der Himmelsgöttin, an jedem Morgen neu geboren wird, oder der Mythos von der Geburt des Königs- und Himmelsgottes Horus durch Isis.[14]

Gleich nach der Geburt erhielt das Kind von Vater und Mutter gemeinsam seinen Namen. Dabei zeigten die Ägypter nicht sehr viel Phantasie. Zwar ist natürlich über die Jahrtausende hinweg die Anzahl von Namen recht erheblich und ihre Erklärung füllt dicke Bände, aber jede Zeit hat ihre Modenamen, wie es ja noch bei uns nicht viel anders ist, die sich meist auf den besonders verehrten Gott oder den Namen Pharaos beziehen und gar nicht selten mehreren Kindern derselben Eltern gegeben werden, so daß sie mit Zusätzen wie »Wer« (der Ältere) oder »Tascheri« (die Jüngere) oder mit Kosenamen unterschieden werden müssen.

Der Name hat im alten Ägypten im Zusammenhang mit dem Weiterleben nach dem Tode eine besonders wichtige Funktion. Er bildete mit dem Körper, dem Abbild und den Seelenkräften die Ganzheit der Person, und seine zufällige oder nicht selten beabsichtigte Auslöschung machte aus dem Betroffenen eine »Unperson«.[15] Um das zu verhindern, brachte man den Namen so oft wie nur irgend möglich an und fügte meist dem Rufnamen, um den Träger unverwechselbar zu machen, den Elternnamen hinzu. Dabei drücke ich mich ganz bewußt undeutlich aus, denn wir finden bisweilen nur den Namen der Mutter, bisweilen nur den des Vaters oder schließlich die Namen beider Eltern. Was bedeutet das, ist es jeweils völlig in das Belieben des Grabherrn oder Statueninhabers gestellt, oder gibt es gewisse Regeln?

Vorhergehende Seite:
Granatäpfel als Liebeszei-
chen von Merit-Aton für
Semenchkarê. Bemaltes
Kalksteinrelief, 24 cm
hoch, um 1350 v. Chr.
Ägyptisches Museum,
Staatliche Museen Preußi-
scher Kulturbesitz, Berlin

Rechts: Ihi als Kalb und
ein Menschenkind trinken
am Euter der Hathorkuh.
Grabmalerei in Beni
Hasan, 12. Dynastie

Unten: Schwimmendes
Mädchen mit Wildgans.
Holz, teils bemalt und
eingelegt, Neues Reich,
18./19. Dynastie, um
1300–1250 v. Chr. Ägypti-
sches Museum, Kairo

Links: Mein Bett ist schon
bereit . . . Ostrakon aus
Dêr-el-Medina, 19. Dyna-
stie. Privatsammlung

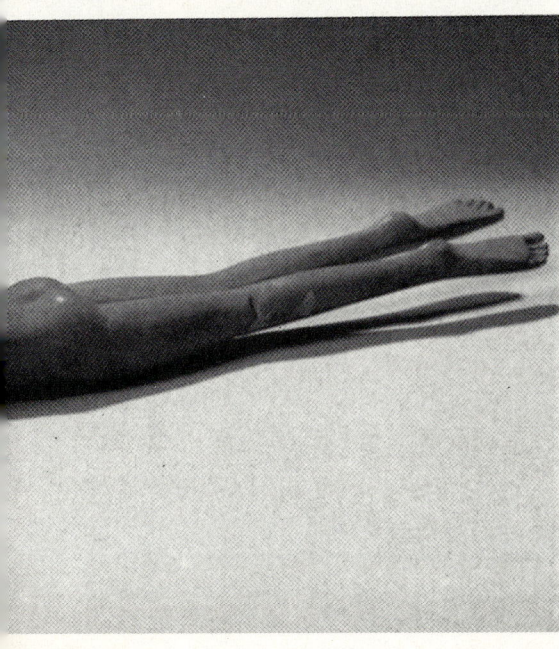

Links: Herrin des Hauses
(mit Perücke und Rock)
braut im Jenseits. 4. Dynastie, Saqqara

Unten: Paar beim Liebes-
spiel. Terrakotta der Spätzeit aus Edfu (?)

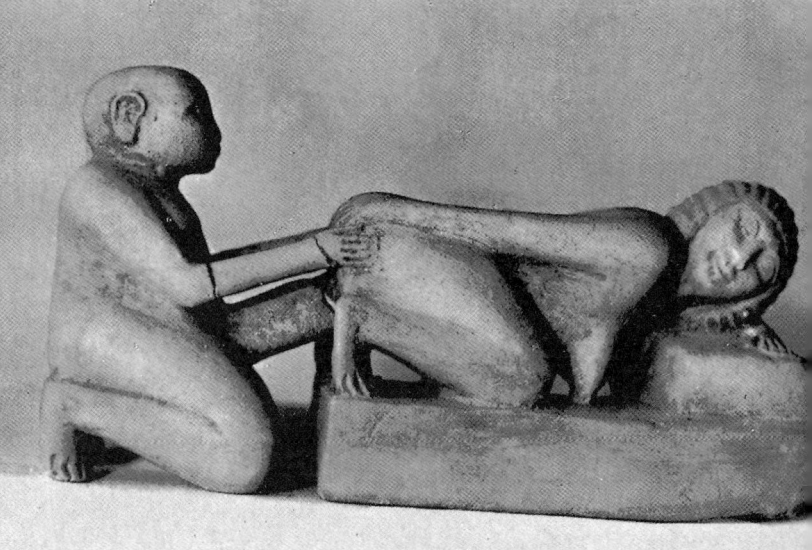

Unten: Geschlechtsverkehr ohne Tabu. Tinte auf Kalkstein, 13,5 x 17,8 cm, Ramessidenzeit, um 1305–1080 v. Chr. British Museum, London

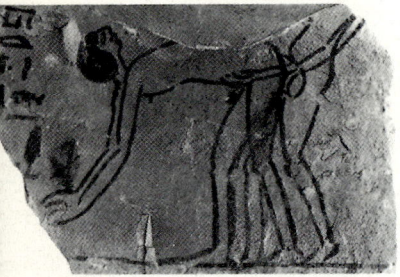

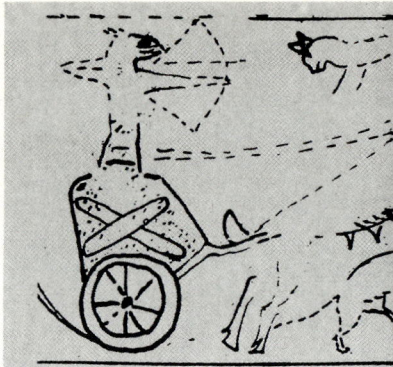

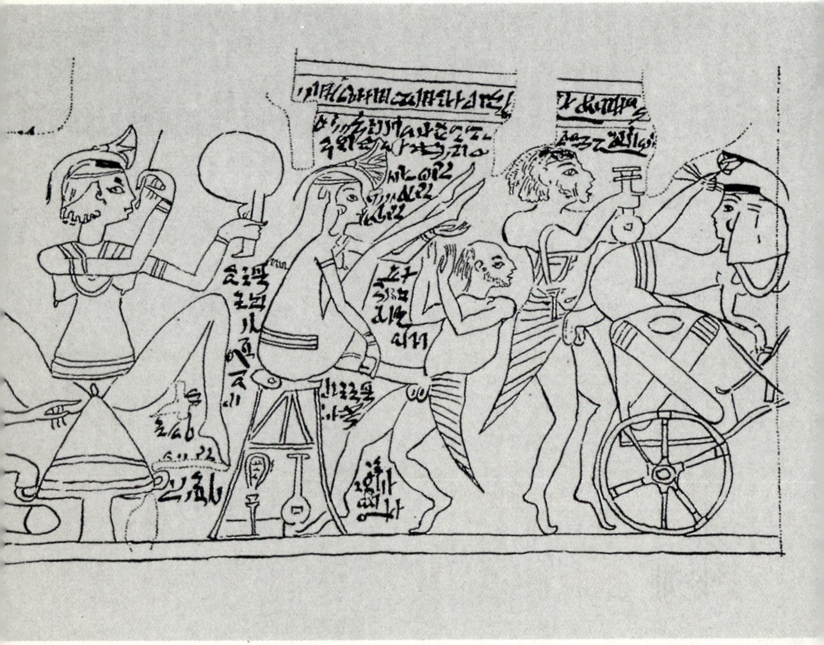

Oben: Erotische Darstellung aus dem Papyrus 55001. Museo Egizio, Turin

Unten: Satire war sehr beliebt: Mäusepharao er- stürmt Katzenburg. Szene aus dem Märchenpapyrus der 19./20. Dynastie. Ägyptisches Museum, Turin

Links: Wöchnerin mit Säugling. Aufgelöste Haare sollen Geburt und Nachgeburt erleichtern. Bemaltes Ostrakon aus Dêr-el-Medina, 19./20. Dynastie

Nächste Seite: Familiengruppe. Frau in der Mitte mit leichter Schrittstellung; sie ist größer dargestellt als ihr Mann. Kalkstein, 44 cm hoch, 27 cm breit, 16 cm tief, Altes Reich, späte 5./frühe 6. Dynastie, um 2350 v. Chr. Pelizaeus-Museum, Hildesheim

Da wird wacker gestritten in der Ägyptologie und in den zur Lösung des Problems herangezogenen Nachbarwissenschaften wie Soziologie, Völkerkunde und Rechtsgeschichte. Mit großem Scharfsinn beweisen die einen eine »Matrilinearität«, ein Überwiegen des Mutternamens und Muttererbes, andere gerade ein solches des Vaters, also eine »Patrilinearität«. Die einen weisen darauf hin, daß auf der ältesten zum Teil erhaltenen Königsliste, den nach ihrer heutigen Aufbewahrung »Palermostein« genannten Bruchstücken aus der V. Dynastie, gerade die ältesten noch lesbaren Königsnamen der ersten Dynastien jeweils nur den Namen der Mutter aufführen. Danach wird dann bisweilen geschlossen: Alt ist ursprünglich, und also war die ägyptische Gesellschaft »wohl aus afrikanischem Erbe«[16] matrilinear. Das klingt sehr einleuchtend, ist aber kein zwingender Beweis. Die Verhältnisse im Königshaus liegen auf so manchen Gebieten anders als in den übrigen Familien. Aus der Frühzeit haben wir leider recht wenig Abstammungsangaben von Privatpersonen, und aus dem frühen Alten Reich auch fast nur von Prinzessinnen und Prinzen, die ihre Abstammung von einer Königsmutter oder Königsschwester oder gar von einem König natürlich betonten, ohne daß man daraus auf irgendeine Linearität schließen könnte.

Wenn wir die ältesten Zeugnisse betrachten, auf denen mit wachsender Häufigkeit auch von Privatleuten Elternnamen erwähnt werden — etwa seit Mitte des Alten Reiches —, so überwiegt bis in den Beginn des Mittleren Reiches, bis in die XI. Dynastie, die Angabe des Vaters. Auf den Grabsteinen der XII. bis XVII. Dynastie wird dagegen häufiger der Name der Mutter genannt[17] — es sei denn, der Vater hatte einen hohen Titel. So geht es denn fort in den weiteren Jahrtausenden der ägyptischen Geschichte: Auf Perioden mit vorwiegender Angabe der Vaterabstammung oder fast ausschließlicher Nennung beider Elternteile folgen wieder Zeiten mit weit überwiegender Angabe allein der Mutter, und letzteres auffällig oft in der letzten, der XXX. Dynastie, auffällig besonders angesichts des schon deutlichen Einflusses von Griechenland, wo ja die väterliche Abstammung bevorzugt wurde. Oder war dieses abweichende Verhalten der Ägypter zu jener Zeit ein mindestens kultureller nationaler Protest, wie ja eine fast museal wirkende Rückbesinnung auf die ältesten Züge der eigenen Kultur auch auf anderen Gebieten in der Spätzeit festzustellen ist?

Die Dinge werden nicht einfacher dadurch, daß man in allen Werken, die sich mit dieser Frage befassen, nur mit »vorwiegend«, »besonders«, »auffällig häufig« und ähnlichen unbestimmten Begriffen sich ausdrückt, wie ja auch ich es getan habe – eine Statistik der ägyptischen Abstammungsangaben fehlt noch. Sie wäre bei der ungeheuren Fülle des Materials an Grab- und Tempelwänden, Särgen und Statuen, Urkunden und Schreibtafeln und bei der Notwendigkeit, die verschiedenen Epochen aus dreitausend Jahren, den jeweiligen Verwendungszweck und das soziale Umfeld zu bestimmen, außerordentlich aufwendig und zudem doch nur beschränkt aussagefähig, denn der Zufall der Erhaltung läßt sich nur schwer abschätzen.

Immer wieder treffen wir in Ägypten auf Verhältnisse, die mit dualistischen Begriffen wie hier »matrilinear« und »patrilinear«, des »Entweder-Oder« nicht zu beschreiben oder zu klären sind und schon gar nicht, wenn man sie, wie in manchen Schulen moderner Soziologie oder Ethnologie, noch mit Erbschafts- und Erbfolgefragen verknüpft.

Detlef Franke hat in seiner verdienstvollen Untersuchung der ägyptischen Verwandtschaftsverhältnisse gewiß recht, wenn er sie »bilinear« nennt[18], aber das ist auch nicht sehr hilfreich für die Beantwortung unserer Frage, wie denn die Rolle der Frau als Mutter in Altägypten aussah. Auch ohne Statistiken und Theorien wird jedenfalls aus den Kindschaftsangaben deutlich, daß diese Rolle über die in zeitgleichen orientalischen und mittelmeerischen Kulturen mit ihren fast ausschließlichen Vatersangaben weit hinausging.

Ein völlig anderer Bereich bestätigt diesen Eindruck, nämlich die Jenseitsvorstellungen. Eine ganz zentrale Bedeutung für diese vielschichtigen, für die Ägypter seit der Vorgeschichte so ungemein wichtigen Glaubensinhalte spielt das Totengericht, das in der am häufigsten in Bild und Wort bezeugten Form etwa seit Ende des Alten Reiches entstanden ist. Da muß sich der Tote vor dem Gott Osiris, dem Herrscher im Jenseits, und seinen zweiundvierzig Beisitzern in der »Halle des Gerichts« verantworten für alles, was er in seinem Leben getan hat, und als Beweis für seine Aussagen nehmen die Totenrichter eine mächtige Waage, auf deren einer Schale das Herz des Toten liegt, das für die Ägypter Sitz von Wille, Verstand und Erinnerungsvermögen war. Auf der anderen Waagschale lag eine kleine Figur der Göttin von Wahrheit, Recht und Weltordnung, der Rê-Tochter Ma'at, oder gar nur ihr Namenszeichen, eine Feder. Gespannt beobachteten Osiris und die Richtergötter, der Wägemeister-Gott Anubis, der protokollierende Thot und der Verstorbene selbst, ob der Waagebalken sich etwa senkt. Denn dann fällt das Herz der gierig lauernden »Verschlingerin«, einem Höllenungeheuer aus Nilpferd, Krokodil und Löwe, zum Opfer, und der Verstorbene stirbt den so gefürchteten zweiten Tod, nach dem kein Fortleben, sondern nur völlige Vernichtung für ewig bleibt.

Wie stets in solchen wahrhaft existentiellen Fragen haben

die Ägypter nach Wegen gesucht, auf denen sie sich vorbereiten und ihren verstorbenen Angehörigen helfen konnten. Immer wieder wird die Bedeutung eines sittlichen Lebens hervorgehoben. Im Totengericht liegt eine ganz wesentliche Quelle ägyptischer Ethik, die für den allmächtigen Pharao ebenso gilt wie für den einfachen Bürger, für Frauen ebenso wie für Männer.

»Das Kollegium (von Richtern), das den Schuldigen richtet – du weißt, daß sie nicht milde sind am Tage des Richtens des Unglücklichen... Allein gelassen wird der Mensch nach seinem Tod, und seine Übeltaten werden neben ihn als Haufen gelegt. Das Dortsein ist ewig, und wer sich darüber beklagt, ist dumm. Wer es aber erreicht, ohne Unrecht zu tun, der wird wie ein Gott sein, ungehindert wie die Herren der Ewigkeit!« So ermahnt der König der X. Dynastie Achthoes seinen Thronfolger Merikarê.[19] Und er schließt seine Lehre: »Angenommen (beim Totengericht) wird das Wesen des Gerechten mehr als das Rind des Sünders...«

Die Ägypter müßten aber nicht Ägypter sein, wenn sie nicht voller Selbsterkenntnis nach Möglichkeiten gesucht hätten, den fatalen Konsequenzen des Gerichts aus dem Wege zu gehen. Ihre ausgefeilten Methoden dafür bezeichnen wir heute als Magie oder als Zauber; sie selbst nannten es: Wissen über das, was ihnen bevorstand; Wissen über die richtige Handlungsweise in jeder Phase des Jenseits; Wissen schließlich über die Sprüche, die die Kenntnisse und Handlungen zusammenfügen und wirksam machen. Dieses umfangreiche Wissen konnte zu Lebzeiten gelernt, aber es konnte auch in Bild und Schrift dem Toten mitgegeben werden. So entwickelten sich aus den zunächst für die Pharaonen bestimmten Sprüchen in den Pyramiden der Könige seit Ende der V. Dynastie bis zum Ende des Alten Reiches, über die Sargsprüche der 1. Zwischenzeit und des Mittleren Reiches, seit dem Beginn der XVIII. Dynastie im sechzehnten Jahrhundert v. Chr. die 193 Sprüche des *Ägyptischen Totenbuches*, die sich in verschiedenen Zusammenstellungen auf Inschriften und Papyri, auf Holz- und Tontafeln, auf den »Uschebti« genannten Tonfiguren und Herzskarabäen, ja selbst auf der Rückseite der goldenen Totenmaske Tutenchamuns (wie viele andere bis heute unveröffentlicht, geschweige denn übersetzt!) finden.[20] In diesem Totenbuch steht immer wieder das für den Verstorbenen entscheidende Geschehen vor und bei dem Totengericht im Mittelpunkt. Einer der Sprüche mit der Nummer 30 beschwört das Herz des Verstorbenen, während des Prozesses nicht gegen seinen Träger auszusagen. Die beiden leicht voneinander abweichenden Versionen 30 A und 30 B beginnen mit demselben, um seiner rituellen Wirkung willen wiederholten Anruf:

>»Mein Herz meiner Mutter,
>mein Herz meiner Mutter«,

der dann in 30 B fortfährt:

>»mein Herz meiner wechselnden Formen —
>stehe nicht auf gegen mich als Zeuge,
>tritt mir nicht entgegen im Gerichtshof,
>mache keine Beugung gegen mich vor dem Wäge-
>   meister!«[21]

In diesem hochdramatischen, für den Ägypter über Sein oder Nichtsein auf ewige Zeiten entscheidenden Augenblick spricht er sein Herz an als das »Herz seiner Mutter«. Das Herz und alles, was es verkörpert an Verstand und Willen, Vernunft und Gefühl, empfindet er also als Erbgut, das nicht von Gott in ihn hineingelegt ist und nicht von seinem Vater, sondern von seiner Mutter stammt. Einen bedeutsameren Beweis für die Stellung der Mutter im pharaonischen Ägypten kann es nicht geben, worauf schon der deutsche Ägyptologe Hellmut Brunner hingewiesen hat.[22] Die Wucht dieser Aussage wird noch verstärkt, wenn in dem (häufigeren) Spruch 30 B diesem »Erbgut« ausdrücklich das während eines langen Lebens Erworbene, Gelernte, Angeeignete in wieder ganz ägyptischer Zusammenschau vieler Aspekte beigefügt wird mit dem Satz: »du Herz meiner wechselnden Formen«, der die verschiedenen Entwicklungsphasen des Lebens meint.[23]

Während der dreijährigen Stillzeit und noch viele Jahre danach ist die Mutter für das Kind und seine Betreuung die hauptsächliche Bezugsperson. Ammen finden wir nur am Hofe und in sehr reichen Häusern. Die Erziehung der größeren Kinder hing natürlich weitgehend vom sozialen Stand der Eltern ab. Auf dem Lande wurden Kinder von schwerer Arbeit befreit, aber halfen überall mit, die Mädchen beim Ährenlesen wie beim Geflügelhüten und Vogelfang, bei der Pflege der Wöchnerin wie beim Betreuen von Gästen; die Jungen bei leichter Feldarbeit wie beim Viehhüten – alles das aber nur, soweit es ihnen Spaß machte.

Gerade das scheint uns doch recht eigenartig zu sein bei allem, was wir über frühes Bauerntum und noch dazu im Orient zu wissen glauben. In Wirklichkeit ist das sehr wenig, selbst aus dem in vielen Dingen so überaus gesprächigen Ägypten. Zwar kommen Bauern bei der Arbeit gar nicht selten auf Grabmalereien vor, sogar – wie bei Comics – mit einzelnen Reden, Rufen und Liedchen, welche die Arbeit begleiten. Nur: Das sind ausschließlich Gräber von hochgestellten Hofbeamten, die sich solche Malereien leisten konnten, und zwar nicht aus dekorativen Gründen, sondern um im Jenseits diese Menschen und den Erfolg ihrer Handlungen wie Aussaat, Ernte, Viehzucht, Geflügelmast und dergleichen zur Verfügung zu haben, und so ist es wahrscheinlich, daß unsere Vorurteile über Leben und Erziehung auf dem Lande eher noch durch altägyptische verstärkt werden.

Vor etwa fünfundzwanzig Jahren wurden durch Zufall beim sorgfältigen Ausräumen eines Grabes bei Theben einige Briefe gefunden, die ein Bauer, ein kleiner Grundbesitzer aus einem Dorf bei Theben und zugleich Totenpriester während der XI. Dynastie, also etwa um die Wende vom dritten zum zweiten Jahrtausend, von einer Reise an seinen ältesten Sohn geschrieben hat, der ihn sowohl bei der Bewirtschaftung der Felder als auch als Totenpriester vertrat. Ich habe über diesen Heqanachte, so hieß der Briefschreiber, in einem anderen Buch ausführlich berichtet.[24] Er war offensichtlich ein oft mißmutiger und höchst mißtrauischer Mann, der seinem Sohn Merisu bis in Kleinigkeiten vorschrieb, was er auf den Feldern zu tun hatte, wann und zu welchem Preis er dazupachten und wie er und die Dienstboten die Konkubine Heqanachtes, die sich wohl bei ihm beschwert hatte, zu behandeln hätten — offenbar ist die Frau Heqanachtes und Mutter seiner Kinder seit längerem verstorben. Nur zwei Gruppen seiner Hausbewohner nimmt er von seinen dauernden, mit Drohungen vermischten Nörgeleien aus, und da beides für einen Bauern seiner Zeit und noch dazu einen solchen Paschatyp recht bezeichnend ist, bringe ich die beiden Stellen aus verschiedenen Briefen gleich hier. Zu den Ausnahmen gehören nämlich einmal die weiblichen Verwandten, seine Mutter an der

Spitze, und außerdem seine kleinen Söhne Anupu und Snofru.

»Achte sehr auf Anupu und Snofru«, ermahnt er da seinen Ältesten. Und in einem anderen Brief heißt es: »Wenn
Snofru gern mit den Bullen arbeitet, laß ihn! Er wollte wohl
nur nicht bei Euch beim Ackern sein, immer hin- und her-
laufend, noch wollte er hierher zu mir kommen; was immer
er sonst möchte, laß ihn sich darüber freuen!« Ganz am
Anfang dieses Briefes aber steht: »Ein Sohn spricht zu seiner
Mutter; der Totenpriester Heqanachte zu seiner Mutter Ipi
und zu Hetepet (einer Tante): Wie geht es Euch? Seid Ihr
lebendig, wohl und gesund? In der Gunst des Month, des
Herrn von Waset!« (der alte Gaugott von Theben; Amun
war in der XI. Dynastie noch nicht zum Götterkönig aufge-
stiegen).

Ob aber Bauern- oder Mittelstand: Jungen wie Mädchen
nahmen schon früh an Opferhandlungen der Eltern für die
Götter oder die Verstorbenen der Familie teil.[25] Hier und
bei Hofe sah es kaum anders aus. Wenn wir so oft von Worten des Vaters an seinen Sohn und über dessen Ausbildung
lesen, so dürfen wir dabei nicht vergessen, daß »Vater« auch
die allgemeine Bezeichnung für Lehrherr oder Lehrer war
und »Sohn« im Sinn von Schüler oder Lehrling durchaus
ebenso ein Mädchen sein konnte. Jedenfalls ist die Bedeutung auch der Mutter für Erziehung und Ausbildung von
Töchtern und Söhnen gar nicht zu übersehen.

Der Mutter stand frei, ihr Eigentum — was sie selbst
erworben oder was sie von Eltern oder Ehemann geerbt
hatte — nach eigenem Willen weiterzuvererben. Von einem
solchen Fall im Alten Reich hatten wir schon bei dem
Beamten Metjen gehört. Unter den Urkunden aus dem
Neuen Reich haben wir ein solches Muttererbe aus einer

ganz anderen gesellschaftlichen Gruppe. Es betrifft eine Frau aus dem Dorf Dêr-el-Medineh, der Heimat der Erbauer der Königsgräber, das uns schon so viele aufschluß-reiche Texte hinterlassen hat. Ihr Lebensschicksal ist für eine Frau aus der unteren Mittelschicht wohl nicht untypisch:

Sie hieß Naunachte und wurde Ende des dreizehnten Jahr-hunderts v. Chr. als Tochter eines der Handwerker im Dorf geboren. Mit etwas über zwölf Jahren heiratete sie den höch-sten Beamten des Ortes, den Schreiber Kenhirchopschef. Das war nicht nur nach damaliger Meinung eine gute Partie, sondern die Ehe scheint auch recht glücklich gewesen zu sein, obwohl der Schreiber zur Zeit der Eheschließung bereits nahe der Siebzig gewesen sein muß. Jedenfalls pflegte Naunachte ihn so gut, daß dies ausdrücklich erwähnt wurde, und nach seinem Tod nannte sie ihren ersten Sohn aus einer zweiten Ehe nach dem Verstorbenen. Wahrschein-lich hat Kenhirchopschef die junge Naunachte bei der Ehe-schließung adoptiert und damit zur Alleinerbin seines Ver-mögens gemacht.[26] Jahre später, während ihrer zweiten Ehe, erscheint Naunachte vor dem Gerichtshof der Sied-lung, der unter Vorsitz des Schreibers und mit den Dorfälte-sten als Beisitzern für Straf- wie für Zivilangelegenheiten zuständig war und gibt zu Protokoll, welche ihrer acht Kin-der von ihr erben sollen: »Siehe, ich bin alt geworden, und siehe, die Kinder sehen nicht mehr nach mir. Demjenigen, der für mich sorgte, dem gebe ich von meinem Eigentum. Aber der es nicht tat, dem werde ich nichts von meinem Eigentum geben.« Und in einer beigefügten Liste werden die Kinder aufgeführt, von denen sie sagt: »Sie sollen nicht teilhaben an der Teilung meines Drittels (aus der zweiten Ehe). Sie sollen nur teilhaben an den zwei Dritteln ihres Vaters.«[27]

Das wertvollste Stück, das sie ihrem Sohn Kenhirchopschef vermacht, ist ein Waschgeschirr aus Bronze. Weiter gehören zur Erbschaft, sorgfältig aufgelistet, Kupferwerkzeuge mit insgesamt fast 3,6 Kilogramm reinem Kupfer, Mengen an Weizen und Fett (da es keine Geldwährung im Ägypten des Neuen Reiches gab, wurden die Löhne in Naturalien bezahlt) und schließlich verschiedene Haushaltsgeräte, von Mahlstein und Mörsern bis zu Kisten und Truhen. Das war für die damalige Zeit ein ganz umfangreiches Vermächtnis, und wenn es uns auch vielleicht gering oder gar ärmlich erscheint, so genügt ein Blick auf den kärglichen Besitz der Bevölkerungsmehrheit in den heutigen Entwicklungsländern, um bescheidener in unserem Urteil zu werden.

Wenn der Ehemann vor seiner Frau verstarb, so konnte sie die Vormundschaft über ihre Kinder übernehmen, und das galt für alle Epochen und alle Schichten, denn wir haben zum Beispiel aus frühester Zeit Berichte über Königsmütter, die für ihre unmündigen Söhne die Regentschaft übernahmen, und ebenso über Mütter von Gaufürsten. Die Einsetzung eines anderen Vormunds für die Kinder mußte vor dem Tod des Gatten und mit ausdrücklicher Zustimmung der Frau bestimmt werden. Wie tief ist auch in diesem Fall der Unterschied zu anderen Kulturen, in denen nicht nur die Kinder, sondern gar die Frau selber in jedem Falle der Vormundschaft eines männlichen Verwandten unterstellt wurden.

Starb die Mutter nach dem Vater, so hatten die Kinder – Sohn oder Tochter – die Pflicht, für sie ein Grab zu errichten und beim Begräbnis und danach »an allen Festen des Himmels und der Erde«, wie die rituelle Formel lautete, alle Zeremonien zu vollziehen und Opfer zu bringen, gleich wie für den Vater. In der Tat sind aus allen Abschnitten der ägyptischen Geschichte zurück bis weit in die vorgeschichtliche Zeit Frauengräber nicht anders ausgestattet als Männergräber derselben Bevölkerungsschicht. Über die Jahrtausende hinweg sprechen noch heute die Gräber, in denen Söhne sich zusammen mit ihrer Mutter darstellen ließen, von der Liebe und Verehrung, welche der Mutter in Ägypten entgegengebracht wurden.

Vorsteherin
der Ärztinnen

Ihr Name war Irtu-iru, sie lebte Ende des siebten Jahrhunderts v. Chr., und in ihrem Grab in Westtheben findet sich eine für Frauen des alten Orients auffallende Berufsbezeichnung: »Weiblicher Schreiber, Große Gefolgsdame der Gottesverehrerin, Gottesgemahlin, Gotteshand Nitokris«. Dazu trägt sie den hohen Hofrangtitel einer »Königsbekannten« und wird gepriesen als »die die Zornesflamme löscht im Haus der Gottesanbeterin des Amun«. Sie sei »Auge der Gottesverehrerin, Ohren der Gottesverehrerin« gewesen.[1]

Das Auffallende an dieser Inschrift sind weniger die hohen Titel und Rangbezeichnungen, welche die Dame Irtu-iru führt. Solche gibt es an jedem Königshof vom grauen Altertum bis in die heutige Zeit, und da es sich hier um den Hof der Gottesgemahlin Nitokris handelt, der Stellvertreterin des Pharaos und wirklichen Regentin in Oberägypten, ist es nicht verwunderlich, daß auch an ihrem Hofe hochrangige Frauen auftauchen. Selten und darum überraschend ist aber die Berufsbezeichnung »weiblicher Schreiber«, die noch vor allen Titeln und Rängen aufgeführt wird. Jedenfalls können wir noch heute in jeder ägyptischen Kulturgeschichte lesen, daß »das Schreiben Männersache« war und allenfalls ganz vereinzelt sich einmal eine Frau finde, die zur Erlernung dieser schwierigen Kunst zugelassen worden sei.[2]

Auf den ersten Blick scheint sich diese Meinung zu bestätigen. Zu den Grundmustern ägyptischer Menschendarstellung in der bildenden Kunst, vom Alten Reich bis in die Spätzeit, gehört der hohe Beamte als Schreiber; aber die Figur einer Schreiberin suchen wir unter den Statuen vergebens. In den Biographien auf den Grabwänden gehört die Bezeichnung »Schreiber« oft zu den Titeln des Grabherrn und führt diese an, während die Grabherrin andere Titel bevorzugt. Allerdings machen uns dann doch einige genaue Beobachtungen stutzig.

An der Spitze der Schreibkunst steht als Patronin die Göttin Seschat und das bereits auf den ältesten Schriftdenkmälern, noch bevor der Gott Thot auftaucht[3], der zudem wohl ursprünglich ein Mondgott war und erst über seine Bedeutung für die Zeitmessung und das Rechnen seine spätere »Zuständigkeit« für die Schrift erhielt. Seschat erscheint dagegen von Anfang an als Herrin der königlichen Archive, beim Ausmessen und Abstecken von Tempelbauplätzen und beim Festlegen der Regierungsjahre und Sed-Feste der Könige. Noch in der Spätzeit ist sie »die zuerst geschrieben hat.«[4]

Daß ihr Kult nicht schon in der Vorgeschichte entstand, sondern erst mit der Entstehung der Hochkultur und damit der Schrift in Ägypten, zeigt sich darin, daß sie von Anfang an in Menschengestalt auftritt. Fast alle alten Götter, deren Verehrung in die Vorzeit zurückreicht, erscheinen auch in geschichtlicher Zeit noch in Gestalt ihres Fetischs oder einer Tiermacht. Menschengestalt erhielten die ägyptischen Götter erst in den wenigen Generationen der entstehenden Hochkultur mit dem gesteigerten menschlichen Selbstbewußtsein.[5] Und so, wie der Gott von Memphis, Ptah, in seiner von Anbeginn menschlichen Gestalt als Gott der Hersteller von Steingefäßen die Entstehungszeit seines Kultes anzeigt als gleichzeitig mit der hohen Kunst und den Werkzeugen der Steinbohrer, so ist es auch mit Seschat. Es ist bezeichnend für ägyptisches Denken, daß man schon in der Frühzeit nicht nur Tätigkeiten wie Schreiben, Messen und Archivieren oder die Bauplanung nicht für »unweiblich« hielt, sondern eine weibliche Gottheit als Schöpferin und Hüterin dieser Fähigkeiten verehrte.

Aber auch ohne die Mythologie zu bemühen, finden wir in allen Epochen Hinweise auf Frauen, die lesen und schreiben konnten. Wenn wir planmäßig danach suchen, gibt es dafür gar nicht so seltene Beweise: die Berufsbezeichnung »Schreiberin«, die Darstellung von Frauen mit Schreibpaletten, die Funde solcher Paletten mit Frauennamen und die recht zahlreichen Titel höherer Beamtinnen und Priesterinnen, von denen die allermeisten des Schreibens kundig sein mußten, um überhaupt ihre Ämter ausüben zu können. Die Bezeichnung »weiblicher Schreiber« begegnet uns zum erstenmal im Mittleren Reich; dort kommt sie immerhin dreimal vor[6], und zwar immer in Verbindung mit Königinnen, so daß man den Eindruck gewinnt, daß es sich um eine Art Privatsekretärinnen gehandelt hat. Für die Berufsbezeichnung »Schreiber«, ob männlich oder weiblich, genügte nicht die Kenntnis einiger oder nur der häufigsten Hieroglyphen, obwohl schon dies einigen Fleiß voraussetzte. Wenn diese Schrift auch vierundzwanzig Zeichen für Einzelbuchstaben, vor allem zum Schreiben fremdsprachlicher Namen, verwendete, taten doch die Ägypter bis zum Ende ihrer Kultur nie den Schritt zu einem Alphabet, sondern die meisten Hieroglyphen blieben eine Kombination mit mehrkonsonantischer Bedeutung. Vokale wurden nicht mitgeschrieben. Dazu kamen Deutzeichen, um im Konsonantenbestand gleichlautende Worte zu unterscheiden; und schließlich für besonders häufige Begriffe, wie »Sonne« oder »Haus«, das Bild allein.

Von Beginn der Schrift bis zur letzten Hieroglypheninschrift auf einem Tempel um 310 n. Chr. ergibt eine vollständige Liste aller Zeichen und Kombinationen ungefähr fünftausend Hieroglyphen!

Eine Schreiberin oder ein Schreiber im Mittleren Reich, von denen wir ja ausgegangen waren, kamen in ihrer Ausbildung mit »nur« etwa siebenhundert Zeichen aus. Dazu kam aber noch etwa die gleiche Anzahl von Zeichen für die »Hieratisch« genannte Schreibschrift, die gerade für den häufigsten Gebrauch, für Listen, Rechnungen oder Briefe, kurz, für alles, was nicht auf Tempel- oder Grabwände eingemeißelt wurde, Verwendung fand. Wenn unsere Abc-Schützen schon Mühe haben, Druck- und Schreibschrift mit Groß- und Kleinbuchstaben zu lernen und auseinanderzuhalten und das bei nur sechsundzwanzig Buchstaben, kann man sich wohl vorstellen, welche Anstrengungen es ein ägyptisches Mädchen oder einen ägyptischen Jungen kostete, schon allein diese beiden Schriften zu lernen. Zum Lernpensum gehörten außerdem Kenntnisse in Briefstil und von Formularen, in Literatur und der von der Umgangssprache erheblich weiter, als es im Deutschen Dialekte und Schriftsprache tun, abweichenden Literatursprache, ehe man den begehrten Titel weiblicher oder männlicher Schreiber führen durfte.

Die Mädchen haben das Schreiben nicht anders als die Jungen erlernt. Im Alten Reich unterrichtete der Vater Sohn oder Tochter, wie es auch in allen Handwerken und Künsten der Brauch war. Daraus entwickelte sich bald eine Gleichsetzung von »Sohn« mit »Lehrling« oder »Schüler«, wobei der Sohn durchaus auch eine Tochter sein konnte, oder ein fremdes Kind, das dann wohl meist adoptiert wurde. Im Mittleren Reich, nach den Kämpfen der Revolutionszeit und der Gaufürsten um die Vorherrschaft[7], reichte dieses Familiensystem nicht mehr aus, um die vielen für den Neuaufbau nötigen Beamtenstellen neu zu besetzen. Darum wurden jetzt einem Ausbilder mehrere Schüler unterstellt – die »Schule« war geboren.

Aber außer der Lehre durch den Vater oder in einer Schule gab es für ein Mädchen noch eine Möglichkeit, schreiben zu lernen: im Königspalast als Gefährtin der Königstöchter. Diese nämlich, das steht ganz außer Zweifel, mußten ebenso wie die Prinzen die schwere Kunst erlernen, schon um ihre kultischen Pflichten erfüllen zu können, und es ist mehr als wahrscheinlich, daß sie Freundinnen – Hofdamen oder Töchter hoher Beamter – am Unterricht teilnehmen ließen, ganz wie die Prinzen das auch taten. Gewiß mag der Unterrichtserfolg je nach Begabung und Fleiß recht unterschiedlich ausgefallen sein; aber es gab Königstöchter, die sich ganz besonders für diese Kunst interessierten. Dicht bei der wegen ihrer hervorragend erhaltenen Hieroglyphensprüche im Inneren berühmten Pyramide des Königs Unas aus der V. Dynastie (bis etwa 2320 v. Chr.) auf dem Residenzfriedhof von Saqqara liegt das Mastabagrab seiner Tochter Idut.

Auf einem Wandgemälde steht sie als große Figur vor ihrer Amme Nebet auf einem Nilboot, und sogar auf diesen Ausflug hat sie ihr Schreibgerät mitgenommen, die Palette mit Farbnäpfen und einem Fach für die Schreibbinsen, die auf einem Kästchen, nach der ägyptischen Art der Perspektive also darinliegend vorzustellen, dargestellt ist. Da kein anderer Name in dem Grab genannt wird, hat es wohl ihr königlicher Vater errichten lassen mit der Beischrift zu ihrem Bild: »Die Tochter des Königs, die von seinem Fleisch ist und nach ihm allein verehrt wird, die Hathor täglich verherrlicht, verehrt neben Anubis auf seinem Berg, Seschseschet (Kosename), mit ihrem erhabenen Namen Idut.«[8]

Die Schreibpaletten waren bei Angehörigen des Königshauses meist aus Elfenbein und Ebenholz gefertigt und sind deshalb wegen ihres Wertes schon früh aus den Gräbern geraubt worden. Eine besonders schöne ist uns zum Glück erhalten geblieben und muß nun als Beispiel und Beweis für viele gelten: Im Grab des frühverstorbenen Königs Tutenchamun fand sich eine solche Palette, die nach ihrer Inschrift Eigentum seiner Schwägerin Merit-Aton war, die sie entweder selbst für das Grab des Schwagers gestiftet hatte, oder die (wir kennen ihr Todesdatum nicht genau) wie andere Stücke als Erinnerung und zur Wiederbelebung verstorbener Familienmitglieder mitgegeben worden ist. Welche Rolle diese Merit-Aton in dem einem Kriminalroman gleichenden Geschehen zwischen den königlichen Frauen gegen Ende der Amarnazeit gespielt hat, werden wir im siebten Kapitel erfahren.

Wenn also vorauszusetzen ist, daß die Königstöchter die Schreibkunst erlernten, so ist ganz selbstverständlich, daß die Königsgemahlinnen, soweit sie Königstöchter waren, und das gilt für die meisten von ihnen, schreiben und lesen konnten. Für sie — wie erst recht für die regierenden Pharaoninnen — gibt es freilich dafür keine unmittelbaren Beweise, aber ebensowenig für die Schreibkunst der regierenden männlichen Könige.

Wir sehen die Pharaoninnen und Pharaonen auf den Tempel- und Grabwänden stets nur bei Vollziehung einer heiligen Handlung. Selbst geschichtliche Taten, wie Kriege, waren so Rituale, und sogar die uns ganz familiär anmutenden Szenen von Echnaton, Nofretete und ihren Töchtern hatten religiöse und nicht sentimentale oder gar dokumentarische Bedeutung. Daß alle diese Königinnen und Könige Altägyptens handfeste Außen- und Innenpolitik betrieben, oberste Richter und Rechtsquelle waren und nicht zuletzt ein sehr wachsames Auge hatten auf ihre »Erbfürsten und Grafen, Schatzmeister und oberste Domänenverwalter«, oder wie je nach Zeit und Stellung die Titel der für den Besitz des Pharaos wie für die Wirtschaft des ganzen Landes zuständigen Beamten lauteten, ist selbstverständlich. All das hieß aber auch, lesen und schreiben zu können, um Anweisungen zu geben und Kontrolle auszuüben. Doch keines der vielen ägyptischen Dokumente spricht davon, daß ein König zumindest die Urfassung selbst geschrieben hätte. Der Vermerk auf manchen von ihnen »Gesiegelt neben mir selber, dem König« ist schon das Äußerste an Authentizität, was uns überliefert ist.

In Geschichte wie Kulturgeschichte ist ein Beweis aus dem Nichtvorhandenen immer mißlich. Viel leichter wäre eine Beweisführung für ihre Schreibkenntnisse, wenn etwa die Königin Hatschepsut-Makarê einen handschriftlichen Papyrus hinterlassen hätte, oder auf einer der vielen Statuen und Reliefs mit einer Schreibpalette dargestellt wäre. Aber zumindest haben wir gerade von dieser Herrscherin den sehr ausführlichen Bericht ihrer Expedition in das weit in Afrika liegende Weihrauchland Punt, in dem es nach der Wiedergabe eines »Befehls« des Gottes Amun zu dem Unternehmen heißt: »Im Regierungsjahre 9 in der Thronhalle« und ihre Befehle an genau benannte Beamte erfolgen. Wir können ganz sicher sein, daß solche Befehle nicht nur in einer Ratssitzung »vom Goldthron« aus mündlich verkündet wurden, sondern daß die Königin sie auch schriftlich festgelegt hat. Da wir aus dieser wie anderen Inschriften der Königin wissen, daß sie bis in alle Einzelheiten Einfluß auf ihre Bauten, deren Ausschmückung und die Formulierung der Texte nahm, und da diese in besonders reinem Mittelägyptisch, der zu Hatschepsuts Zeiten nicht mehr gesprochenen Literatursprache des Mittleren Reiches, abgefaßt sind, ist auch dies ein wichtiger Hinweis auf ihre literarischen Kenntnisse.

Aus der Spätzeit Ägyptens sind uns viele Urkunden und Verträge erhalten, auf die wir schon wiederholt Bezug genommen haben. Und hier endlich finden wir, was wir im Fall Hatschepsut vermißt haben: Nicht wenige handschriftliche Unterschriften auch von Frauen sind eindeutige Beweise dafür, daß Frauen im Alten Ägypten schreiben konnten.[9]

Mit Sicherheit können wir Schreib- und Lesekenntnisse auch voraussetzen bei den gar nicht so seltenen weiblichen Beamten, deren Titel uns überliefert sind. Schon das Vorhandensein dieser Titel ist etwas Überraschendes. Wir brauchen gar nicht erst in der Antike oder im Alten Orient zu suchen − da treffen wir ohnehin auf keine höheren, also aufsichtführenden Beamtinnen −, sondern nur an unsere eigene Sozialgeschichte zu denken. Noch Anfang dieses Jahrhunderts gab es im Deutschen Reich höhere Beamtenstellungen für Frauen überhaupt nicht, und noch heute müssen Frauenverbände und muß jede Frau um die Beförderung in Behörden kämpfen und mehr leisten als männliche Kollegen, um in die höheren Rangstufen zu gelangen.

Das Verblüffende an Ägypten ist, daß wir solche Titel, die meist in Form von »Vorsteherin von…« oder »Aufseherin von…« auf eine höhere Beamtin hinweisen, während der ganzen Geschichte, von der Früh- bis in die Spätzeit, in zwar sich wandelnden Formen und Funktionen, aber immer wieder finden. Gewiß dürfen wir vor Begeisterung nicht in Übertreibungen verfallen; von einer auch nur annähernd gleichen Häufigkeit weiblicher wie männlicher Beamten oder gar von einer Quotenregelung kann gewiß in Altägypten keine Rede sein. Aber ihre Zahl ist doch immerhin so groß gewesen, daß ihre Titel und Namen sich durch die Jahrtausende hindurch in statistisch relevanter Anzahl erhalten haben. Und vor allem: Trotz der Spottlust der Ägypter, die sich in vielen erhaltenen Literaturwerken oft recht beißend über Berufe lustig machen und ihre Träger karikieren, ist es niemals eine Frau, die man so auf den Arm nimmt. Man findet auch keine Bemerkungen, die sich gegen eine weibliche Berufsausübung oder gegen Beamtinnen richten und darin etwas Ungewöhnliches sähen. Eine auch nur einigermaßen erschöpfende Aufzählung der Tätigkeiten von Beamtinnen im pharaonischen Ägypten würde etwa dem literarischen Charme eines Telefonbuches entsprechen. Aber einige bezeichnende oder amüsante Beispiele aus verschiedenen Epochen will ich Ihnen doch nicht vorenthalten. Dabei soll Sie nicht stören, daß es sich fast immer um Titel und Ränge aus dem Bereich des Königshofes handelt, denn von Anfang an war Ägypten ein zentralistischer, auf den Pharao ausgerichteter Staat, und so gehören alle Verwaltungszweige wie ihre Beamten und Beamtinnen zu seinem Hof.

Es beginnt schon in der Frühzeit, also während der I. und II. Dynastie, als Staat und Verwaltung sich überhaupt erst herausbildeten und ihre Strukturen fanden.

Von den nicht allzu vielen erhalten gebliebenen Steinen oder Stelen auf Privatgräbern dieser Epoche, die außer Namen auch noch einen Titel tragen, gehören allein sechsundzwanzig zu Frauen.[10] Darunter sind so bedeutende –

für die damalige Zeit — wie eine »Vorsteherin der Weberinnen«. Die Weberei war ein Wirtschaftsunternehmen des Palastes, das für die in der Frühzeit besonders bunte und vielfältige Kleidung[II] ebenso bedeutend war wie für die Versorgung des verstorbenen Pharaos und seiner Angehörigen im Jenseits.

Eine besondere Vertrauensstellung nahm eine Frau ein mit dem Titel »die den Horus schmückt«, also den König als Erscheinung des Weltgottes mit den Ornatteilen bekleidet, die zugleich seine Göttlichkeit schufen und zeigten. Die »Große des Hauses« führte die Aufsicht über Angestellte und Arbeiter des Palastes, wohl vor allem über das weibliche Dienstpersonal.

Wenn ich hier bewußt die Bezeichnung »Beamtin« benutze, so ist das nur auf die Funktionen bezogen. Etwas wie unseren heutigen Beamtenstatus hat es gewiß im alten Ägypten kaum gegeben, aber doch eine sorgsam abgestimmte Rang- und Reihenfolge von Titeln, deren Trägerinnen und Träger, wie wir aus ihren Grabbiographien wissen, im Laufe ihres Lebens allmählich in der Hierarchie aufstiegen. Bei manchen dieser Tätigkeiten ist es für uns nicht ganz einfach, zwischen Beamten in unserem Sinne und Priestern zu unterscheiden. Für die Ägypter selbst hat es, vor allen in frühen Zeiten, diese säuberliche Unterscheidung gar nicht gegeben. So überwog für sie etwa bei »der, die den Horus schmückt«, wohl eher der kultische Aspekt. Über Frauen als Priesterinnen werden wir in einem späteren Kapitel noch genauer sprechen. Die Vielfalt weiblicher Beamtentitel setzt sich im Alten Reich verstärkt fort. Auch weiterhin fehlen nicht die »Vorsteherinnen der Weberinnen«. Oft hat man den Eindruck, daß im Palast ein regelrechter Manufakturbetrieb bestand. Die Wertschätzung des Pharaos für dieses zum Bereich der Königsgemahlin gehörige Handwerk und dessen Leiterin wird aus einem Zufallsfund in einem Beamtengrab auf dem Pyramidenfriedhof von Gise deutlich. In einer Inschrift wird hervorgehoben, daß der König die Weberinnen »mit Goldschmuck ausgezeichnet« hat[12], eine Gunst, die der Pharao im Alten Reich nur selten und allenfalls höchsten Beamten wie dem Wesir zu gewähren pflegte.

Aber auch andere Zweige der Palast- und Staatsverwaltung haben bisweilen weibliche Leiterinnen. So kennen wir eine »Leiterin der Speisehalle«, eine »Vorsteherin der Perückenwerkstätten«, und in der V. Dynastie unter König Userkaf konnte sich eine Dame Hadschetheknu in ihrem Grab gar als »Aufseherin des königlichen Eigentums« bezeichnen.[13] Es ist kaum denkbar, daß alle diese Leiterinnen, Aufseherinnen und Vorsteherinnen nicht hätten lesen können. Sowohl die ihnen obliegende Personalkontrolle wie die täglichen Berichte an Wesir oder Schatzmeister über Materialeingänge und -ausgänge wären ohne diese Fähigkeit ja unmöglich gewesen und das in einem Staat, in dem die kleinsten Vorgänge, besonders wirtschaftlicher Art, in endlosen Listen festgehalten wurden. Vielleicht beherrschte nicht jede dieser Beamtinnen die Kunst des Schreibens sehr vollkommen, aber bei ihren männlichen Kollegen war das ebensowenig der Fall, wie häufige Schreibfehler in so manchen erhaltenen Listen zeigen. Zur Ausübung der Kontroll- und Berichtspflichten einer aufsichtsführenden Beamtin haben sie offensichtlich ausgereicht.

In der IV. Dynastie hat ein hoher Königsbeamter seine Mutter namens Peseschat mit in seiner Mastaba begraben und sie auf der Scheintür zwischen Opfer- und Grabraum auf dem Ehrenplatz sich gegenüber am Speisetisch abgebildet. In den Inschriften kann man deutlich den Titel der Mutter dreimal lesen: »Vorsteherin der Ärztinnen«.[14] Die Feminin-Endung dieses Beamtentitels ist deutlich erhalten; bei »Ärztinnen« ist sie nicht ganz so sicher. Es könnte also möglich sein, daß die Dame Peseschat Vorgesetzte auch der männlichen Ärzte war. Sie trägt dazu noch hohe Rangtitel wie »Bekannte des Königs« (in der IV. Dynastie noch eine seltene Auszeichnung) sowie »Priesterin der Königsmutter« und »Aufseherin aller Totenpriester der Königsmutter«.[15]

Ob man aus dieser Inschrift schließen kann, daß es zu allen Zeiten und in größerer Zahl Ärztinnen in Ägypten gegeben hat, ist nicht eindeutig zu beantworten, denn die nächsten mit Namen benannten kennen wir erst wieder aus der Spätzeit. Hier mag wieder einmal die Zufälligkeit dessen, was auf uns gekommen ist, gegen uns und die Frauen spielen. Auf jeden Fall steht der außergewöhnliche Rang der Dame Peseschat fest, zumal sie ja nicht etwa der Königsfamilie angehörte.

An dieser Stelle müssen wir noch einen weiblichen Beruf erwähnen, der für uns einige Ähnlichkeit mit dem ärztlichen hat, während für den Ägypter wahrscheinlich die priesterliche Seite im Vordergrund stand: Die Taricheutin. Mit diesem Wort, zu deutsch »Einpöklerin«, bezeichneten die spottlustigen Griechen die ihnen ebenso unbekannte wie unheimliche Tätigkeit der mit der Mumifizierung und Balsamierung beschäftigten ägyptischen Priesterinnen und Priester. Über diese Tätigkeit haben die Ägypter selbst sehr wenig berichtet. Wenn Mumien dargestellt werden, dann sind sie immer schon fertig bandagiert, wie auch Statuen immer im vollkommenen Zustand dargestellt werden, selbst bei Szenen aus Bildhauerwerkstätten. Bei beiden Vorgängen gab es die gleichen magischen Gründe dafür: Sie sollten die

Lebensfähigkeit des Verstorbenen im Jenseits sichern, und jede Unvollkommenheit, auch nur in der bildlichen Wiedergabe, hätte die erstrebte Wirkung ins Gegenteil verkehren können.

Im langen Verlauf ägyptischer Geschichte haben sich nicht nur Art und Formen der Mumifizierung geändert, sondern auch der Titel und Rang der damit Beschäftigten. Immer aber waren diejenigen, welche die eigentliche Mumifizierung vornahmen, im Gegensatz zu den von den Griechen »Paraschisten, Aufschneider« genannten Leichenarbeitern hochangesehen und übten oft hohe Priesterämter aus. Bei der absichtlich von den Ägyptern geübten Verschwiegenheit über diese Tätigkeit ist es kein Wunder, daß wir über Einzelheiten allenfalls aus dem Zustand der Mumien Rückschlüsse ziehen können. Seit der allmählich, von der III. Dynastie an, sich vom Königshaus über Beamte auf weitere Bevölkerungskreise entwickelnden Mumifizierung ist keinerlei »Qualitätsunterschied« bei männlichen und weiblichen Mumien aus der gleichen Zeit festzustellen.

Die ersten Erwähnungen weiblicher Balsamierungspriester, also der erwähnten Taricheutinnen, finden wir erst in der Spätzeit.[16] Ob sie allein für die Balsamierung von Frauen zuständig waren, und ob und seit wann es diese Aufgabe für Frauen auch schon in früheren Epochen gegeben hat, wissen wir nicht − die Quellen lassen uns einmal mehr im Stich. Sicher ist nur, daß die Taricheutin, wo sie erwähnt wird, das gleiche hohe Ansehen wie ihre männlichen Kollegen und die entsprechenden priesterlichen Titel besitzt.

Unter den aufsichtsführenden Beamtinnen wollen wir auch jene »Vorsteherin der Tänzerinnen« nicht vergessen, an die das älteste uns bekannte Liebeslied Ägyptens gerichtet ist, das wir im 1. Kapitel kennengelernt haben.

Aber die höchsten Titel und Ränge waren selbst im Alten Reich, das oft als besonders männlich oder »nur von Männern bestimmt« gilt, den Frauen nicht verschlossen. So hat König Pepi I. aus der VI. Dynastie die Mutter seiner beiden Gemahlinnen sogar zur »Wesirin« ernannt.[17] Diese zweifache Schwiegermutter des Königs, deren dynastische Bedeutung noch dadurch erhöht wurde, daß sie durch ihre Töchter auch zur Großmutter der beiden folgenden Pharaonen wurde, hieß Nebet und war die Gattin eines Gaufürsten von Abydos namens Chui. Die Verbindung König Pepis I. mit der nichtköniglichen Familie erfolgte gewiß auch zur Stützung der wankenden Königsmacht in Mittel- und Oberägypten. Wir wissen nicht genau, ob und welche Aufgaben mit diesem Titel »Wesirin« verbunden waren, oder ob es sich »nur« um einen Ehrenrang gehandelt hat. Für unseren Zusammenhang ist das auch nicht entscheidend: Entweder war Nebet einer der – in jener Zeit der VI. Dynastie ohnehin mehreren – Wesire und übte ihr Amt wie ihre männlichen Kollegen regional oder in den Zuständigkeiten begrenzt aus. Oder sie hatte diesen höchsten Rang »nur« protokollarisch inne, dann wäre das für eine Frau in der Alten Welt ebenso einmalig und das besonders für die Ägypter, denen ja ein solcher Rang für das Leben im Jenseits genauso gültig erschien.

Der höchste Rangtitel im Alten Reich war »Iripât, Fürst«, der damals allerdings Angehörigen des Königshauses vorbehalten war und erst in späteren Epochen auch höchsten Beamten verliehen wurde. Er ist schon in der Frühzeit für den Stellvertreter des Königs bezeugt, und auch von ihm gibt es die weibliche Form »Fürstin«, den einzelne Königsgemahlinnen und Erbtöchter des Alten Reiches trugen.[18]

Zu allen Zeiten ägyptischer Geschichte hören wir von

Beamtinnen, von denen wir nur noch einige wenige erwähnen wollen: Seit dem Mittleren Reich gewinnt die Tätigkeit des Truchsesses am Königshof wachsende Bedeutung. Zunächst führt dieser »Mundschenk« die Oberaufsicht über Küche und Keller des Palastes, und als Inhaber dieses Amtes sind uns Frauen wie Männer bekannt.[19] Im Neuen Reich dehnen sich diese Aufgaben noch erheblich aus und können an Bedeutung die des Wesirs übertreffen.

Nach dem Ende des Neuen Reiches, als in der XXI. Dynastie (etwa 1080–946 v. Chr.) schwache Pharaonen im Delta residierten und die Macht über Oberägypten in den Händen des Hohenpriesters des Amun lag, spielten deren Gemahlinnen eine besonders herausgehobene Rolle. Ihnen unterstand nicht nur das gesamte weibliche Personal des Tempels an Priesterinnen, Musikantinnen und Tänzerinnen, sondern sie kontrollierten auch das gesamte Eigentum des Tempels, das trotz der Verluste in der späten Ramessidenzeit noch immer die bedeutendste Wirtschaftsmacht in Ägypten darstellte.[20]

Einen besonderen Aufschwung nimmt die höhere weibliche Beamtenschaft unter den »Gottesgemahlinnen des Amun«, die von der XXII. Dynastie an bis zur Perserzeit Oberägypten für den fernen Pharao beherrschten. Es ist gewiß nicht erstaunlich, daß wir unter der großen Zahl weltlicher wie priesterlicher Beamter am Hof dieser Gottesgemahlinnen viele weibliche Titel antreffen – erstaunlich ist es eher, daß dies bisher so wenig beachtet worden ist. Neben den uns schon vertrauten Titeln der »Vorsteherinnen« und »Aufseherinnen« kommen hier auch völlig neue Ränge vor, wie die »Gefolgsdamen«, denen wieder nach bürokratischer, über die Jahrtausende gleichgebliebener Sitte »Große Gefolgsdamen« und schließlich eine »Oberste

Gefolgsdame« vorstanden.[21] Daß es sich bei ihnen nicht nur um reine Gesellschafterinnen gehandelt haben kann, zeigt schon die Kombination mit dem Titel einer Schreiberin, mit der wir unser Kapitel begonnen haben.

Eine ehrende Rangbezeichnung vornehmlich für Frauen und Töchter verdienstvoller Beamter war die eines »Königsschmucks«, auf ägyptisch »Chekeret-nesut«. Von der V. Dynastie bis zum Ende des Neuen Reiches stoßen wir immer wieder auf Trägerinnen dieses Titels. Sie führen ihn voller Stolz und noch vor etwaigen anderen. Auch Väter, Gatten oder Kinder, die ihnen Gräber errichtet haben, vergessen nicht, ihn hervorzuheben. Aber wieder müssen wir feststellen, daß die recht zahlreichen Belege aus über fünfzehnhundert Jahren uns nicht ganz klar sehen lassen, was dieser Titel jeweils im Einzelfall bedeutete. Oft scheint dieser hochangesehene und begehrte Rang etwa unserer »Hofdame« zu entsprechen, bisweilen aber auch für Nebenfrauen oder Konkubinen des Pharao zu gelten.[22] Andererseits trägt aber keineswegs jede Konkubine des königlichen Harems diesen Titel.

Wenn ich bisher Frauenberufe in leitenden Stellungen hervorgehoben habe, so will ich damit den besonders deutlichen Abstand zu anderen zeitgleichen Kulturen bei der Bewertung der Frau in Altägypten unterstreichen. Es gibt dafür aber noch einen ganz praktischen Grund: Es sind nun einmal die Angehörigen der führenden Klasse, die — zumindest im Alten und Mittleren Reich — ihre Gräber mit Bildern und Biographien versehen, und so haben wir über sie das reichhaltigste Material. Vor zwei Fehlschlüssen muß man sich allerdings hüten: Die beeindruckende Zahl weiblicher Titel und Ränge sagt nicht etwa, daß alle Frauen auch nur der Oberklasse solche trugen, oder daß die Mehrzahl von ihnen berufstätig gewesen sei. Und ein weiterer Irrtum wäre, anzunehmen, daß nur die Frauen der Oberklasse die Möglichkeit zu selbständiger Berufsarbeit hatten und Frauen anderer Schichten, wie etwa im klassischen Griechenland, nur Tätigkeiten als Sklavin oder als Hetäre geblieben wären. Auch Frauen, die nicht zum Hof oder zum höheren Priesterstand gehörten, hatten in Ägypten eine erstaunliche Vielfalt beruflicher Möglichkeiten, wenn sie nicht den Status einer »Herrin des Hauses« vorzogen, was, daran darf man nicht vorbeisehen, die bei weitem überwiegende Mehrheit tat. Freilich ist Beruf und Haushalt bei genauer Betrachtung auch in Ägypten nicht immer eine Alternative. Es gibt gar nicht so wenige Hausfrauen, die als »Herrin des Hauses« noch andere Ämter versehen oder Titel tragen, ja, zu unserer Verblüffung können wir feststellen, daß es in Ägypten schon vor über viertausend Jahren das gab, was wir »Teilzeitbeschäftigung« nennen. Manche Tätigkeiten wurden nur jeweils eine Dekade lang im Monat ausgeübt oder auch in unregelmäßigen Zeitabständen. Dies werden wir vor allem bei den weiblichen Ämtern im Tempeldienst sehen, über die wir natürlich am besten unterrichtet sind, weil nun einmal die meisten unserer Quellen aus Tempeln stammen.

Der Begriff »Teilzeitarbeit« ist natürlich ein Anachronismus und kann uns nur dazu dienen, ungefähr zu verstehen, was da vor so langer Zeit vorgegangen ist. Irgend etwas Ähnliches wie Tarifverträge, Arbeitszeitverordnungen oder dergleichen hat es zur Zeit der Pharaonen selbstverständlich nicht gegeben.

Völlig fließend ist der Übergang zwischen Hausarbeit und Beruf in Ägypten bei den Bauern, wie ja im Grunde auch heute noch bei uns. Man darf nie vergessen, daß die überwiegende Mehrheit der Bevölkerung Altägyptens Bauern waren, die aus dem durch Nilüberflutung und Schlammablagerungen höchst fruchtbaren Boden des Niltales und des sich breitenden Schwemmlands im Delta schon in der Frühzeit zwei Ernten im Jahr herausholten. Das aber bedeutete harte Arbeit, an der die Bäuerin ihren Anteil hatte. Auf den Wandgemälden der Gräber sind sie immer wieder abgebildet beim Säen und Ernten, beim Hacken und Pflügen, beim Worfeln und Dreschen – die Bäuerin und der Bauer. Sie, von denen man sonst in der Stadtgesellschaft der Hofleute und Beamten, Priester und Künstler-Handwerker wenig sprach, waren mit ihrer Arbeit auf den Grabwänden dringend erforderlich, um die Versorgung von Grabherrin und Grabherrn auch im Jenseits sicherzustellen, auch wenn einmal das Totenopfer der Familie wegfallen sollte. Da die erwünschte magische Wirkung aber nur von einer alles Wesentliche wiedergebenden Darstellung ausgehen konnte, verdanken wir die schönsten und deutlichsten Einblicke in alle Einzelheiten eines Berufes – die schier unendliche Folge von Wandbildern und Reliefs über die Landarbeit, von der wir sonst wahrscheinlich wenig wüßten – dem ägyptischen Jenseitsglauben.

So können wir immer wieder sehen, daß die Partnerschaft zwischen Mann und Frau sich nicht nur auf die Hof- und Stadtgesellschaft erstreckt, sondern in Ägypten bei den Bauern ebenso selbstverständlich ist. Alle schweren Arbeiten, wie Hacken, Pflügen, Getreideschneiden mit der Sichel und ähnliches, übernehmen jeweils die Männer; Aussaat, Ährenlese, Worfeln oder Flachsraufen und Vogeljagd sind eher Frauensache. Eine ähnliche Aufgabenverteilung ist auch in der Viehzucht zu beobachten, in der allerdings zumindest bei der Großviehhaltung Frauen nur sehr selten abgebildet sind.

Über sich selbst haben ägyptische Bauern kaum einmal gesprochen, und was etwa einst an Material vorhanden gewesen sein mag, ist vernichtet — bis auf zwei recht bedeutende Ausnahmen. Die eine ist die sogenannte *Bauerngeschichte*, die zwar gewiß nicht von einem Bauern geschrieben worden ist, aber tiefe Kenntnis der bäuerlichen Mentalität verrät.

> »Es gab einen Mann, Khuin-Anup mit Namen,
> das war ein Bewohner der Salzoase (Wadi Natrun)
> und er hatte eine Frau namens Merit ...«

So beginnt die Geschichte, die wohl aus der 1. Zwischenzeit stammt und aus der ich ausführlich in meinem Buch *Der Sturz des Göttlichen Falken* erzählt habe.[23] Der Held dieser Erzählung ist ein kleiner Bauer und Händler, aber in seinen Abenteuern zeigt er sich selbstbewußt und vor allem höchst redegewandt und duckt sich weder vor Königsbeamten noch vor Richtern. In unserem Zusammenhang ist daraus nur wichtig, wie er in allen Nöten und Schwierigkeiten immer wieder an seine ja gleich zu Beginn der Geschichte genannte Frau und die Kinder in der fernen Oase denkt und sich um ihre Nahrung und ihr Wohlergehen sorgt. Das ist zweifellos richtig beobachtet; eine übergroße Kinder- und Familienliebe ist für den ägyptischen Bauern noch heute typisch.

Die zweite Ausnahme erhaltener Dokumente von ägyptischen Bauern sind die von mir schon erwähnten Heqanachte-Papiere. Sie haben den einzigartigen Vorzug, von einem Bauern und seinen Angehörigen selbst verfaßt zu sein. Der Absender, nach dem diese Briefsammlung genannt ist, Heqanachte nämlich, ist ebenso selbstbewußt wie der

Held der *Bauerngeschichte* und lebte etwa in der gleichen Zeit, zu Beginn des Mittleren Reiches.

Die 1. Zwischenzeit und das frühe Mittlere Reich waren eine der Blütezeiten selbständigen kleinen und mittleren Bauerntums in Ägypten, und wir müssen hier gleich eine Beobachtung einfügen, die für alle Epochen und Stände in Ägypten gilt: Die jeweilige und im Wandel der Geschichtsperioden unterschiedliche soziale Lage und Rechtsstellung der verschiedenen Stände wirkte sich auf Frauen ebenso aus wie auf Männer aus der gleichen Schicht.

Zu den Heqanachte-Papieren gehört auch eine Liste derjenigen Nahrungsmittel, die als Lohn an alle Haushaltsangehörigen aus den Vorräten des Gutes zu liefern sind, und aus dieser Liste erfahren wir etwas höchst Wichtiges, dessen Bedeutung weit über den Bauernstand hinausgeht, denn wir haben dafür noch eine zusätzliche Bestätigung aus Handwerkerkreisen: Männer und Frauen erhielten gleichen Lohn für gleiche Arbeit! Diese Forderung, um deren Durchsetzung Frauen heute noch viel zu oft hart kämpfen müssen, war im Alten Ägypten also längst erfüllt.

Ein weiterer, zu unserem Thema sehr wichtiger Brief gehört zu dem Heqanachte-Fund an Papyri, der uns das ganze, ihrer Bedeutung gewisse Selbstgefühl auch der Frauen einer damaligen Bauernfamilie zeigt. Ein Mädchen namens Sit-neb-sekhtu schrieb ihn an ihre Mutter gleichen Namens — auf die für Übersetzer, Forscher wie Leser gleich mühsame Phantasielosigkeit der Ägypter bei Namen waren wir schon öfter gestoßen; sie wird uns bei einer Königsfamilie noch fast zur Verzweiflung bringen —; sie schrieb also an ihre Mutter: »Eine Tochter spricht zu ihrer Mutter, Sit-neb-sekhtu spricht zu Sit-neb-sekhtu: Tausend Grüße an Dich mit Leben, Wohlergehen und Gesundheit. Dir soll es immer gut und glücklich gehen. Möge Hathor Dich für mich erfreuen! Keine Sorge über mich — siehe, mir geht's gut!... Und grüße Gereg (Männername) mit Leben, Wohlergehen und Gesundheit... Laß Gereg nicht nachlässig sein bei dem, was ich ihm auftrug!...«[24]

Mit derselben Selbstverständlichkeit, mit der die Tochter sich um die Durchführung ihrer Geschäfte durch einen Mann kümmert, der wohl ihr Verwalter ist, fügt sie diesem Brief noch eine genaue Aufstellung der Arbeiten, Löhne und Vorräte auf ihrem Land bei.

Ebenso differenziert wie die der Männer waren die Berufszweige der Frauen, und in ebenso hohem Ansehen wie die männlichen standen auch die weiblichen Handwerker. Von des Pharaos Achtungserweis gegenüber den tüchtigen Weberinnen des Palastes sprachen wir schon; das feine »Königsleinen« gehörte in der ganzen Alten Welt bis zur römischen Kaiserzeit zu den beliebtesten Exportartikeln Ägyptens. Schmuckhandwerkerinnen, welche die beliebten Steinperlen herstellen konnten und der Göttin Seschat zugeordnet wurden, sind schon aus der III. Dynastie bezeugt.[25] Auf anderen Grabbildern sehen wir die Parfümherstellung als weibliches Handwerk dargestellt, wobei duftende Blüten ausgepreßt und die Essenzen, mit Salben vermischt, zu den Salbkegeln geformt wurden, die zum gesellschaftlichen Auftreten von Damen gehörten wie heute der Parfümtupfer hinter dem Ohr. Diese Liste der Handwerkerinnen läßt sich noch weit verlängern.

Neben den Friseuren fehlen auch die Friseusen nicht. Oft sehen wir sie bei der sorgfältigen Morgenfrisur einer Dame, und zwar bisweilen sogar auf Sarkophagen, so daß die Vermutung naheliegt, daß die Tätigkeit der Friseuse mit dem Hathorkult in Verbindung stand.[26]

Eine angesehene Stellung in Tempel und Palast hatten die Musikerinnen und Tänzerinnen. Musik und Tanz gehörten zur Verehrung nicht nur der Göttin Hathor, sondern aller Götter. Der Pharao selber hatte an hohen Festen den »Opfertanz des Königs« zu zelebrieren, und als Sänger und Musikant im Tempel hatten wir ihn schon im ersten Kapitel in einem Hymnus angetroffen. So ist es nicht verwunderlich, daß diese Künste in einer sorgfältigen Ausbildung erlernt werden mußten (wir kennen Hof-Musikmeister schon aus dem Alten Reich!) und nicht nur im Kult, sondern auch bei Gesellschaften eine große Rolle spielten. Die beliebtesten Fraueninstrumente neben den nur im Tempeldienst verwendeten Sistren (Metallrasseln) und kastagnettenähnlichen Klanghölzern, von denen wir Exemplare mit Prinzessinnen-Namen bereits aus der 1. Dynastie kennen [27], waren Flöte, Harfe und eine Art Gitarre.

Zu den typisch weiblichen Berufen Ägyptens zählen ferner die Ammen wie die bei den Begräbnissen auch einfacher Menschen im Orient bis heute unumgänglichen Klagefrauen. Auf dem Land haben wohl vornehmlich Angehörige und Nachbarn diese Aufgaben übernommen, aber in größeren Siedlungen und Städten war beides ein offenbar gut besoldeter Beruf. [28] Die Rolle der Klagefrauen war besonders deshalb hochangesehen, weil sie an der Grenze zum priesterlichen Dienst stand und zur rituellen Wirksamkeit des Begräbnisses gehörte. Wie einst Isis und Nephtys klagend die Wiederbelebung des Osiris bewirkten, wie in der Frühzeit Königsgemahlin und Erbtochter als »die Beiden Weihen« im Drama der Verklärung des Königs eine entscheidende Rolle spielten [29], so wurden bei der nach dem Alten Reich schnell zunehmenden »Demokratisierung« des Begräbnisses die Klagefrauen zu den »Beiden Weihen« und damit zu Isis und Nephtys.

Wenn wir nun noch die zahlreichen verschiedenen Tätigkeiten als Dienerinnen, von der Gärtnerin bis zur Müllerin, uns vor Augen führen, dann haben wir ungefähr eine Vorstellung davon, wie vielfältig diese Möglichkeiten für Frauen in Ägypten waren. Denn die Stellung als Dienerin hebt sich soziologisch wie im Ansehen deutlich von der einer Sklavin ab, die es noch dazu in Frühzeit und Altem Reich in Ägypten kaum gegeben hat. Eine Dienerin verfügte frei über sich selbst; wenn sie sich schlecht behandelt fühlte, konnte sie kündigen und ihre Arbeitsstelle wechseln; sie war frei in der Wahl des Ehemannes und erhielt den gleichen Lohn wie männliche Diener. Am geringsten war wohl das Sozialprestige der Müllerinnen, denn die im Knien ausgeführte Arbeit mit dem Reibstein über dem gehöhlten Mahlstein war Knochenarbeit. Und doch waren sie keineswegs mißachtet. Schon der weise Wesir Ptahhotep hebt sie in seiner Lehre aus der V. Dynastie als vorbildlich hervor:

> »Sei nicht stolz auf dein Wissen,
> berate dich mit dem Unwissenden wie mit dem Weisen.
> Eine gute Rede ist verborgener als ein Edelstein,
> und doch kann man sie finden bei den Mägden über den
> Mühlsteinen.«[30]

Die Sklavinnen heben sich in ihrer rechtlichen Stellung deutlich von den Dienerinnen ab. Entgegen der sehr weit verbreiteten Annahme, in den finsteren früheren Zeiten seien Menschen, soweit sie nicht Könige oder Priester waren, ohnehin nur Sklaven gewesen und das Alte Ägypten habe in allen seinen Leistungen ebenso nur auf Sklavenarbeit beruht wie die Wirtschaft Griechenlands und Roms, finden wir gerade im ersten Jahrtausend der ägyptischen

Kultur Sklaven überhaupt nicht[31], im Mittleren Reich allenfalls auf den großen königlichen Domänen und denen der Tempel, wobei es im Einzelfall oft schwer zu entscheiden ist, ob es sich wirklich um Sklaven oder eher um an die Scholle gebundene Landarbeiter handelt, die zwar auf den Feldern ihrer Landbesitzer arbeiten mußten, aber nirgendwo sonst, und ihm auch außer der Feldarbeit nicht dienstbar waren.

Einen großen Umfang nahm die Sklaverei in Ägypten erst mit den Eroberungen des Neuen Reiches in Vorderasien und Nubien an mit der ungeheuren Beute an Männern und Frauen, die von den siegreichen Armeen nach Ägypten gebracht wurden. Die Männer wurden zum großen Teil an die Tempel als den größten Wirtschaftsbetrieben ihrer Zeit verteilt, während die Frauen oft in privaten Haushalten als Haussklavinnen landeten.

Der in breiten Bevölkerungskreisen wachsende Reichtum im Neuen Reich hatte daran doppelten Anteil: Einmal wuchs der Bedarf an Dienstpersonal zur Steigerung der »Lebensqualität«, und zugleich waren immer weniger Ägypter und Ägypterinnen bereit, schwere Arbeit auszuüben.

So mißlich Vergleiche in der Geschichte auch sind und so wenig die zahlenmäßige Größenordnung auch zutrifft, ist doch das Phänomen als solches nicht viel anders zu erklären, als die Anwerbung von Gastarbeitern bei uns in den sechziger und siebziger Jahren. Natürlich war der Status kriegsgefangener Sklaven in Ägypten ganz anders als der eines noch so mühsam sich durchschlagenden Gastarbeiters bei uns; aber er war auch ganz anders als der von Sklaven nach römischem Recht: Sie waren eben in Ägypten nicht eine Sache, über die der Eigentümer beliebig verfügen und die er beliebig be- oder gar mißhandeln konnte, und Szenen

wie in *Onkel Toms Hütte* dürften in Ägypten kaum vorgekommen sein. Sklavin wie Sklave waren zwar in Ägypten
gleichfalls an Haus, Werkstätten oder Tempelgut gebunden,
denen sie angehörten, aber neben der Verpflegung wurden
sie auch entlohnt, und so sind uns Fälle bekannt, daß sie
sich selbst freikauften. Das zeigt, daß sie Eigentum haben
und darüber frei verfügen konnten.

Ein besonderes Problem war das Konkubinat der Sklavin
mit dem Hausherrn – ein Problem nicht nur für die Sklavinnen selbst, sondern vor allem für die »Herrinnen des
Hauses«. Bei den recht wenigen Fällen, in denen durch
Gerichtsakten oder andere Dokumente von den Folgen solcher Verhältnisse gesprochen wird, hat man oft den Eindruck, daß weniger sexuelle Eifersucht die Hauptrolle
spielte oder gar moralische Entrüstung, als Frechheiten und
Ungezogenheiten, die durch die Zuwendung ihres Herrn
sich erhoben fühlende Sklavinnen sich herausnahmen.

Es gibt aber auch ganz andere Beispiele. In dem sogenannten *Adoptions-Papyrus*, der zunächst eine recht komplizierte,
in Ägypten aber bei Kinderlosigkeit nicht seltene Adoption
von Ehemann und Ehefrau zur Sicherung der Erbschaft
gegen andere Verwandte behandelt und aus der Ramessidenzeit stammt, wird es auf einmal ganz menschlich und spannend: Die Sklavin Dinihetiri, so erfahren wir aus der juristischen Akte, hatte mit dem Hausherrn Nebnufer drei Kinder, während das Ehepaar selbst ohne Nachkommen war.
Und nun gibt die »Herrin des Hauses« zu Protokoll: »Ich
nahm sie (die Sklavin und ihre Kinder) auf und ernährte
und erzog sie, und ich habe diesen Tag erreicht, ohne daß
sie schlecht gegen mich handelten, sondern sie verhielten
sich immer gut. Ich habe weder Sohn noch Tochter außer
ihnen.« Sie erklärte dann deren Freilassung und Adoption

mit ausdrücklicher Verfügung: »Die Felder, die ich im Land habe, und sonstiges Eigentum von mir oder Waren, sie sollen unter diese meine vier (Adoptions-)Kinder verteilt werden.«[32] Ohne jeden Zweifel war dies eine Ausnahme und das Dasein als Sklavin oder Sklave auch im Alten Ägypten hart. Sie standen auf der untersten Sprosse der sozialen Stufenleiter, aber es gab doch Aufstiegsmöglichkeiten auch für sie, und nach der Freilassung konnten sie höchste Ränge erreichen. Ein Wesir, hohe Beamte und zahlreiche vermögende Händler sind als ehemalige Sklaven nachgewiesen.

Immer wieder macht uns Europäern des zwanzigsten Jahrhunderts die Unterscheidung der Tätigkeiten von Laien und Priestern Schwierigkeiten, und daß die Ägypter selbst, soweit dies für sie überhaupt etwas bedeutete, diese Unterscheidung in verschiedenen Epochen an unterschiedlichen Stellen setzten. Darum müssen wir hier eine auch von Frauen ausgeübte Tätigkeit aufführen, obwohl sie nach der üblichen Übersetzung rein priesterlicher Art zu sein scheint: die des Totenpriesters. Dessen Tun war im ägyptischen Jenseitsglauben von höchster Wichtigkeit für jeden Verstorbenen: Ritualsprüche, Wasser-und Weihrauchspenden und besonders das Darbringen von Nahrungsmittelopfern am Grab waren nach ägyptischem Glauben von entscheidender Bedeutung für das Weiterleben der Toten im Jenseits. Wenn dies auch in der Spätzeit ein von »hauptamtlichen« Priestern ausgeübter Beruf wurde, so waren Begräbnis und Versorgung des Verstorbenen doch zunächst und bei einfachen Menschen immer Sache der eigenen Familie. Oft ist es der älteste Sohn, aber − je nach Überleben oder testamentarischer Verfügung − auch die Frau (»seine geliebte Gattin hat ihm das Grab gerichtet«, heißt es in Grabtexten bisweilen), eine Tochter oder eine Enkelin. So gibt es schon auf dem alten Königsfriedhof von Abydos aus der Zeit der I. Dynastie Namenssteine von Frauen, die den sehr altertümlich wirkenden Titel »Sakhet-Akh« tragen, was etwa mit »Einfängerin der Seele« zu übersetzen ist.[33] In der Ägyptologie wird dieser, wie spätere derartige Titel, mit »Totenpriesterin« übersetzt, trägt aber in der Frühzeit neben der damals modern gewordenen Vorstellung von der Versorgung des Verstorbenen im Jenseits noch deutliche Spuren einer uralten Glaubensschicht, in der die Seele des toten Königs von (weiblichen) Insekten eingefangen wird.[34]

Schon früh, zunächst in der Königsfamilie, dann bei den hohen Beamten und, wie jedes solche Vorbild, bald von immer weiteren Kreisen angenommen, wurde versucht, die eigene zukünftige Versorgung dadurch zu sichern, daß man sie mit der Erbschaft oder, bei Reichen, einem Teil davon verband. Eine Stiftung von einigen Äckern oder anderem Eigentum wurde errichtet, von deren Ertrag »der geliebte Sohn« (ein schon bald festgeprägter juristischer Ausdruck, auch wenn es in Wirklichkeit Frau, Tochter oder ein Fremder war) Begräbnis und Versorgung von Mutter oder Vater ausführen sollte. Solche Totenstiftungen sind uns aus dreitausend Jahren ägyptischer Kultur erhalten. Sie waren bürokratisch genau nach bestimmten Formularen abgefaßt und sahen vor, daß die Stiftungsgenossen (denn oft waren es mehrere Personen, die mit den Erträgnissen gemeinsame Verpflichtungen übernahmen) das »Kapital«, die Grundlage der Stiftung, weder veräußern noch verbrauchen, sondern nur zugleich mit der Weiterführung der Versorgung der Stifterin oder des Stifters vererben durften. Hierin liegt für die Frauen auch juristisch die große Bedeutung ihrer Möglichkeit, Totenpriesterin zu werden: Sie konnten sich als Stifterin um die eigene Versorgung im Jenseits kümmern, sie konnten als »geliebter Sohn« über ihren üblichen Anteil am Vermögen des verstorbenen Mannes hinaus Alleinerbin werden, und sie hatten aus den Stiftungserträgen ein eigenes Einkommen, wie bescheiden oder umfangreich das je nach Stiftungsgröße auch sein mochte.

Für seine Beamten hat der Pharao selbst solche Stiftungen errichtet, als eine Art »Pension im Jenseits«, woraus sich auf jeder Opfertafel in Gräbern seit dem Alten Reich die Standardformel »ein Opfer, das der König gibt« entwickelt hat.[35] Als Totenpriester wurden dann andere Beamte eingesetzt oder Privatleute, die das gestiftete Nahrungsmittel nach seiner symbolischen Darbringung an dem bestimmten Grab ihrem eigenen Haushalt zuführten als Entlohnung für ihre Dienste. Auch solche totenpriesterlichen Dienste an familienfremden Gräbern konnten Frauen mit den entsprechenden Opferanteilen versehen.

Ein wegen der Seltenheit der Erhaltung besonders interessanter Beweis hierfür ist das Grab der Pepi aus der V. Dynastie. Auch sie hat die Kopie einer Urkunde an die Grabwand meißeln lassen, in der zunächst der »Betreff« lautet: »Das Dschat (Totenstiftung) der Königinmutter Hetep-heres«, und dann folgt die Vererbung von Titel und Einkommen eines Totenpriesters für diese Königsmutter von Pepis Vater, »dem Totenpriester Tschanti«, auf seine Tochter. Nachdem auf diese Weise säuberlich der legale Erwerb und Besitz nachgewiesen sind, heißt es weiter: »Die Totenpriesterin Pepi, sie sagt . . .« und nachfolgend vererbt sie Amt und Einkommen an »die Totenpriesterin Bawet«.[36]

Im Grab eines Ni-ka-ankh aus der frühen V. Dynastie erfahren wir auch einen solchen Vererbungsvertrag für eine Stiftung in allen Einzelheiten. Eine alte und damals noch bestehende Stiftung des Königs Mykerinos aus der IV.

Dynastie hatte den Ertrag einiger Felder für die Versorgung des »Aufsehers des königlichen Eigentums«, Chenu-ka, sowie für dessen Eltern und Kinder vorgesehen. Ni-ka-ankh hatte diesen Dienst neben anderen Aufgaben versehen und bestimmt nun in seinem an die Grabwand gehauenen Testament, daß nach seinem Tode »die Herrin seines Hauses, Hadschet-heknu«, und seine Kinder gemeinsam alle seine Aufgaben und Dienste weiterführen und dafür die Erträge der Stiftungen erhalten sollten. Dazu gibt er noch eine genau ausgearbeitete Tabelle dafür an, in welchem monatlichen Turnus sich die Familienmitglieder das Jahr über die Arbeiten aufteilen sollten.[37] Diese Tabelle ist übrigens ein passendes Beispiel zu dem, was wir oben über »Teilzeitarbeit« gesagt hatten.

In dieser Urkunde steht also die Frau ebenfalls mit gleichen Pflichten, aber auch gleichen Rechten und gleicher Bezahlung bei gleicher Arbeit neben den männlichen Familienangehörigen. Bis zur ptolemäischen Zeit sind uns Frauen als Totenpriesterinnen bekannt, in der Spätzeit als »Wasserspenderin« entsprechend einer Jenseitsvorstellung, die vor allem ein Anlocken und Versorgen mit Wasser der vogelgestaltig herumschweifenden Ba-Seele und deren Vereinigung mit »ihrer« Mumie zum Ziel hatte.[38]

Schließlich ist noch über ein ganz verblüffendes Amt für eine Frau zu berichten, das wir im Altertum wohl kaum erwartet hätten. Von der Gleichstellung der Frauen in Altägypten *vor* Gericht als selbständige Rechtspersönlichkeit, die selbst aussagten, vollwertige Eide ablegten und in Straf- wie Zivilprozessen ihre Sache ohne Vormund verfochten, haben wir wiederholt gesprochen. Bei aufmerksamer Durcharbeitung auch abgelegen erscheinender Schriftquellen hat sich nun gezeigt, daß Frauen auch *hinter* der Gerichtsschranke einen Platz einnehmen konnten. Eine Möglichkeit, die Frauen im modernen Deutschland seit nicht einmal hundert Jahren haben, übten die Ägypterinnen schon Jahrtausende zuvor ganz selbstverständlich aus: nämlich die einer Schöffin.

Wieder einmal sind es die schier unerschöpflichen Funde aus der Siedlung der Erbauer der Königsgräber, Dêr-el-Medineh im westlichen Theben, die uns unter anderem einiges über die sonst nicht sonderlich gut belegte Gerichtsbarkeit erzählen. Wie jede andere Ortschaft hatte auch diese einen örtlichen Gerichtshof, ungefähr (in Zuständigkeit, nicht in Zusammensetzung) einem Amtsgericht vergleichbar und »Qenbet« genannt, was zunächst einmal einfach »Versammlung« bedeutete. Hier wurden also Testamente und Verträge beglaubigt und hinterlegt, Prozesse um Eigentum und Beleidigung geführt und leichtere Delikte bis etwa zum Diebstahl abgeurteilt – schwere Verbrechen gingen an eine höhere Instanz, wie die Grabräuberprozesse zeigen. Das Gericht bestand aus einer bestimmten, nur in Sonderfällen erweiterten Anzahl von Schöffen, und es scheint so, als habe zumindest im Neuen Reich kein speziell ausgebildeter Richter teilgenommen. Schöffen waren die Honoratioren des Ortes: ein Schreiber, ohne dessen Protokolle wir das alles gar nicht wüßten, Leiter der Handwerkerabteilungen, aber auch einfache Arbeiter – insgesamt zwölf an der Zahl. Unter diesen Schöffen sind uns zwei Frauen überliefert[39], ein Glücksfall bei den ohnehin ganz wenigen auf uns gekommenen Namen. Genau wie ihre männlichen Kollegen hatten sie die vorgelegten Fälle zu untersuchen, die Parteien zu verhören und gemeinsam das Urteil zu fällen.

Die
die Götter gebar

Neith spricht:

»Ich werde schwanger mit dir am Morgen,
und ich gebäre dich als Rê am Abend.
Ich trage dich, und du bist auf meinem Rücken,
ich hebe deine Mumie empor, und meine Arme sind
    unter dir.
Ich gebe dir meine Hand,
daß du aufsteigst zum Himmel.«[1]

Die hier so aktiv bei Verklärung und Vergöttlichung des
Königs Merenptah (1224–1214 v. Chr.), Nachfolger von
Ramses II., dargestellte Göttin Neith bietet mit ihrer langen
Ansprache an den verstorbenen König, mit der sein riesiger
Sarkophagdeckel aus härtestem Rosengranit beschrieben ist,
mehrere Überraschungen.

Einmal tritt sie hier ein in die Rolle der Himmelsgöttin
Nut, die üblicherweise auf vielen Königs- und später auch
Bürgersärgen als Mutter schützend umfängt und in den
Himmel geleitet. Außerdem vergleicht sie den König mit
dem Sonnengott Rê und erklärt sich damit als dessen Mutter, ja als Weltengöttin, denn sie ist es ja, die den morgend-
lichen Sonnenaufgang ebenso bewirkt wie den Tagesweg des

Rê und schließlich dessen Wiederverjüngung während der Nacht. Noch in der Perserzeit preist der Hohenpriester Udscha-horres-Neith dem König Kambyses die Stadt Sais: »Das ist die Stätte der Neith der Großen, der Mutter des Rê, die Rê geboren hat, die das Gebären begonnen hat, als noch keine Geburt geschehen war.«[2]

In einer Inschrift des Nektanebôs, des letzten selbständigen Königs Ägyptens vor der zweiten persischen, der ptolemäischen und römischen Herrschaft, heißt sie ebenfalls »Neith, die Große, Mutter des Gottes, Herrin des Seienden, Schöpferin des Vorhandenen«.[3] Hier wird also deutlich die Vorstellung ausgesprochen, die in dem vorherigen Text nur anklang, daß nämlich Neith als Ur- und Schöpfergöttin verehrt wurde.

Als allmächtige Schöpfergöttin tritt Neith aber schon in viel früherer Zeit auf. Im *Papyrus Beatty I* aus der Ramessidenzeit um 1160 v. Chr. greift sie in den Streit zwischen den Göttern Seth und Horus ein, verlangt die Herrschaft auf Erden (das Königtum) für Horus und droht dem darüber beratenden Göttergericht: »Oder ich werde zornig, und der Himmel wird auf die Erde fallen!«[4]

Zwei Aussagen über die Göttin Neith sind es besonders, die uns überraschen. In fast allen Religionsgeschichten Ägyptens kann man lesen, daß für die Ägypter Atum der Schöpfergott gewesen sei, der, aus dem wesenlosen Urgewässer Nun auftauchend, mit seiner Hand aus sich selbst zeugend das erste Götterpaar hervorgebracht habe. In einem anderen Mythos ist es der memphitische Gott Ptah, der die Welt in seinem Herzen erdacht und durch Ausspruch »durch seine Zähne«, wie es wörtlich heißt, geschaffen habe – eine gegenüber dem Atummythos uns modern, vergeistigt anmutende Vorstellung; für die Ägypter aber standen sie beide nebeneinander. Und nun erfahren wir hier von einer weiblichen Gottheit als Schöpfer. Wir sind ja nicht nur aus der Bibel an *einen* Schöpfergott gewohnt (wenn es auch im Alten Testament zwei recht unterschiedliche Schöpfungsberichte gibt, den jahwistischen und den priesterlichen, die etwa fünfhundert Jahre auseinanderliegen)[5], sondern auch aus den griechischen und römischen Mythologien.

Auch auf dem Gebiet der Schöpfungsvorstellungen ist ägyptisches Denken anders. Es faßt die Erscheinungen des Kosmos und seiner Entstehung in verschiedenen Bildern, die sich überschneidenden Kreisen gleichen, um die Vielfalt des Göttlichen zu erfassen. Und er sieht in der *einen* Gottheit, der er sich gerade verehrend zuwendet, die ganze Fülle und Macht des Göttlichen[6], so daß die ägyptische Religion auch nicht die sorgfältig geordnete und ausschließliche Zuständigkeit für ihre Götter kannte wie andere Religionen der Alten Welt.

So gibt es neben Atum und Ptah nicht nur mehrere männliche Götter, die ebenfalls als Schöpfer überliefert sind, wie etwa Chnum oder Amun-Rê, sondern außer Neith auch noch eine Anzahl von Göttinnen. Das weibliche Element erschien den Ägyptern gerade bei der Weltentstehung als so wichtig, daß es auch bei den männlichen Urgöttern eine wesentliche Rolle spielte und sie oft androgyn, zweigeschlechtlich, vorgestellt wurden. Von Ptah heißt es etwa: »der wie eine Frau empfängt«, und er wird in einer großen Hymne als »Mutter, die die Götter gebar«, angesprochen.[7]

Auffällig gegenüber anderen Religionen der Alten Welt ist auch, daß den Göttinnen, wenn ihre schöpferischen oder weltbeherrschenden Aspekte angesprochen werden, kein Gott als Gemahl zur Seite gestellt wird. So wird Neith zwar schon in frühester Zeit auch mit anderen Göttern verbunden; es gibt eine Horus-Neith und eine Ptah-Neith, aber das hat nichts mit einer familiären Verbindung zu tun, sondern ist Ausdruck eben der Zusammenschau des Göttlichen, dem man sich verehrend zuwendet, wie etwa bei Amun-Rê und vielen anderen solchen Verbindungen.

Besonders häufig finden wir Hinweise auf die Vorstellung als Ur-und Schöpfergöttin bei Hathor, die wir schon aus dem 1. Kapitel gut als Liebes- und Rauschgöttin, aber auch als Todesgöttin kennen. In einem anderen Aspekt gilt sie nicht als Tochter, sondern als Mutter des Sonnengottes, den sie verjüngt, und sie »gebiert die Götter«. Damit wird sie auch zur Allgöttin, »Herrin des Himmels und der Beiden Länder und aller Fremdländer« und führt so das Regiment über die kosmische Einheit des Himmels und der Erde.[8]

Ähnlich wie Neith oder Hathor wird die Himmelsgöttin Nut genauso als »Allmutter« angesprochen – ebenfalls ohne einen Vatergott an ihrer Seite. Auch Methyer ist so eine Urgöttin, die in Kuhgestalt aus dem Urgewässer aufsteigend der Urhügel ist, auf dem die Schöpfung geschah, und dann die Sonne auf ihrem Rücken und die Sterne auf ihrem Bauch trägt. Mit ihr wurden dann auch Hathor und Neith als Schöpfergöttinnen verglichen.

Recht spät in der ägyptischen Religionsgeschichte tritt die uns durch Griechen und Römer bekannteste ägyptische Göttin als »Allmutter« auf, nämlich Isis. Sie wird zwar seit dem Alten Reich als Mutter des Horus im Zusammenhang mit der nun erst entstehenden Osirisverehrung genannt und gepriesen, aber sie bleibt doch bis in die Spätzeit Mutter nur dieses einen Gottes und hat Osiris als Gatten und als Vater ihres Sohnes zur Seite. Weltgöttin, Gebärerin aller Götter und Herrin allen Lebens wird sie erst in ptolemäischer und römischer Zeit.

Daneben gibt es noch viele Göttinnen, die in ihrer Verehrung als Schöpferinnen von Welt und Göttern oder zumindest eines Aspekts des Werdens gelten. Das Wesen der Schöpfung im Gegensatz zum Urchaos verkörpert die Göttin Ma'at: die Ausgewogenheit, das Gleichgewicht aller Dinge und Geschehnisse, die Ordnung im Himmel, auf Erden und im Verhältnis zwischen beiden Bereichen. Sie ist »vom ersten Male«, vom Beginn der Schöpfung an, Ziel und Inhalt jedes göttlichen Wirkens und »Nahrung«, Kraftquell und Aufgabe zugleich, der Götter und ihrer Nachfolger auf Erden, der Pharaonen. Als kosmische Macht wird sie meist mit »Weltordnung« übersetzt; auf Erden ist und bewirkt sie Wahrheit und Recht, Gerechtigkeit und menschliches Zusammenleben. Sie immer neu zu bewirken, ihren Bereich auszudehnen und sie zu verteidigen macht Pflicht und Würde eines ägyptischen Königs aus.

Ma'at besitzt keine eigene Verehrungsstätte in Ägypten, und doch gibt es kaum einen Tempel, auf dessen Wänden ihre reizende Gestalt als kniende junge Frau mit einer Feder im Haar nicht auftaucht, wie der König sie dem Gott darbringt als Zeichen, daß er die gottgesetzte Aufgabe weiterführt. »Ich vergrößere die Ma'at«, so betont die Königin Hatschepsut in ihrem »Regierungsprogramm« an den Wänden ihres Felstempels Speos Artemidos, »die Er (ihr göttlicher Vater Amun) liebt, denn ich weiß, daß Er von ihr lebt. Sie ist auch mein Brot, und ich genieße ihren Geschmack ...«[9]

Mit ihrem Wesen als diejenige, »die die Götter gebar«, hängt es auch zusammen, daß die Schöpfergöttinnen häufig auf oder in Sarkophagdeckeln abgebildet sind. Meist ist es die Himmelsgöttin Nut, bei Merenptah ist es Neith; auch Hathor und Isis sehen wir öfter. Denn der Tote sollte ja »verklärt«, sollte zum Gott werden.

Ursprünglich galt das nur für den König, aber seit dem Mittleren Reich wurde jeder Tote zu Osiris, dem Gott des Jenseits, und zu dieser Verklärung gehörte auch die Rückkehr in den (göttlichen) Mutterschoß, ja die Vereinigung mit der göttlichen Mutter-Gattin. Diese Vorstellung ist sehr weit entfernt von griechischem oder indischem Glauben an eine »Wiedergeburt«, die ja ein Wiedererscheinen des Toten auf der Erde, nur in anderer, menschlicher oder tierischer Gestalt erwartete.[10] Osiris aber und die mit ihm gleichgesetzten verklärten Toten bleiben im Jenseits, im »schönen Westen«.

Ist schon die Bedeutung, die die Ägypter Göttinnen als Schöpfer von Welt, Göttern und Menschen geben, sehr bezeichnend für ihre Auffassung von der Frau, so ist es die wichtige Rolle von Göttinnen bei der Krönung und beim Sed-Fest der Könige nicht minder. Gewiß ist der König selbst eine Erscheinung des männlichen Weltgottes Horus, ist Sohn des Rê, und die Zahl der meist kämpferischen Königsgötter, die ihn gegen die Mächte des Chaos schützen, ist nicht klein. Aber zum Pharao, zum Gott-König, machen ihn Göttinnen.

Hier liegt die bis zur Spätzeit kultisch größte und wohl auch ursprüngliche Bedeutung der Göttin Isis, als Throngöttin nämlich. Auf ihrem Kopf trägt sie daher auch meistens einen kleinen Thronsitz, und die Ägypter selbst haben sie spätestens seit der V. Dynastie als solche gesehen, wobei es schon sie in diesem Zusammenhang wenig kümmerte und auch uns hier nicht zu beschäftigen braucht, ob eine Gleichsetzung des Namens Isis mit dem ägyptischen Wort für Thron sprachgeschichtlich ganz richtig ist. Als Throngöttin wird sie schon in den Pyramidensprüchen bezeichnet, die zum ersten Mal in der Pyramide König Unas' (etwa

2310–2290 v. Chr.) als Inschriften erscheinen. Darin wird der König, nachdem ihm der Aufstieg aus seiner Pyramide in den Himmel gelungen ist (das Totenreich des Osiris spielte damals im königlichen Jenseitsglauben noch kaum eine Rolle), von Isis empfangen, und dieses »empfangen« hat im Altägyptischen dieselbe Doppelbedeutung wie im Deutschen »begrüßen« und »schwanger gehen mit«. Sie begleitet ihn zu dem »Großen Thron im Westen, der die Götter macht«, also gebiert. Schon in diesem frühen Zeugnis wird also Isis mit dem Thron gleichgesetzt.[11]

Diese Vorstellung des Thrones als Mutter Isis, die den König als ihren Sohn Horus gebiert und damit erst eigentlich zum Herrscher macht, ist dann in der ganzen ägyptischen Geschichte bei den Krönungsriten lebendig geblieben.

Am genauesten kennen wir diese, trotz der auch hier zu beobachtenden ägyptischen Zurückhaltung bei der Schilderung kultischer Vorgänge, aus der Krönungserzählung einer Frau, nämlich der Pharaonin Hatschepsut. Sie sagt von diesem Teil der Zeremonie, wobei sie »ihre Mutter« Hathor mit Isis gleichsetzt: »Da nun nahm sie Meine Majestät bei der Hand, man ließ mich sitzen auf dem Thron des Horus vor den gesamten Königen (also ihren zu Osiris gewordenen Vorfahren).«[12]

Auch die Kronen, die weiße kegelförmige von Oberägypten und die rote mit rückwärtiger Spitze von Unterägypten, gehörten jeweils einer Göttin und »waren« damit auch diese Göttin: Nekhbet, Geiergöttin Oberägyptens, und Wadjet oder Uto, die Kobragöttin von Unterägypten. Dies erhob die Kronen über reine Herrschaftszeichen hinaus zu machtgeladenen, den König schützenden und mit göttlicher Vollkommenheit ausstattenden Wesen. Darauf bezieht sich einer der Titel und »Großen Namen« jedes Pharaos »Die Beiden Herrinnen«.

Kronen und Kronengöttinnen waren »reich an Zauberkräften«, die sie auf den König übertrugen. Sie wurden im »Reichsheiligtum der Kronen« aufbewahrt, kultisch verehrt und in Hymnen besungen. »Damit war der ägyptische König bei seiner Krönung von Müttern umgeben, von ihnen erwählt, ausgezeichnet, geschützt und mit göttlichen Kräften begabt ... Ein Bild von tiefer religiöser und psychologischer Bedeutung, aber auch von ergreifender Menschlichkeit«, wie ich es bei einer Untersuchung der Krönung Hatschepsuts gedeutet habe.[13]

Nicht nur bei der Krönung und dem Sed-Fest, das als Wiederherstellung königlicher Macht und Stärke in seiner Bedeutung für Land und König weit über die eines Regierungsjubiläums hinausgeht, spielen Göttinnen wichtige, ja entscheidende Rollen. Oft sehen wir auch Darstellungen des Königs, wie er vorwärtsschreitet und dabei rechts und links von einer Göttin geleitet wird. Sie legen dabei dem Pharao liebevoll und schützend den Arm um die Schulter, und bei all ihrer Zurückhaltung wird doch deutlich, daß sie es sind, die den Pharao auf den richtigen Weg führen, ja drängen.

Was zum Unterschied von anderen gleichzeitigen orientalischen Religionen in Ägypten weitgehend fehlt, ist eine enge Verbindung von Göttinnen mit der Fruchtbarkeit. Allenfalls einige ihrer Aspekte sind auf sie konzentriert. So gilt Anuket auf den Inseln des 1. Katarakts als Herrin des Nils oder Heqet mit Thoëris als Geburtsgöttinnen. Zwar gehört Fruchtbarkeit ganz allgemein zu den Eigenschaften des Göttlichen überhaupt, aber für Fruchtbarkeit von Land und Herden werden männliche Götter angerufen, wie der mit aufgerichtetem Glied dargestellte Min, der Krokodilgott

Suchos, der Amun von Luxor und nicht zuletzt Osiris; der letztere gerade weil er Verkörperung aller Verstorbenen ist, daher auch die Briefe an tote Vorfahren mit der Bitte um Kindersegen.

Auffällig ist dabei, daß die im ägyptischen Denken und damit auch in ägyptischer Religion tief verwurzelte Dualität, die Auseinanderfaltung jeder Einheit in eine sich gegenseitig bedingende Zweiheit, gerade bei den Göttinnen hinsichtlich einer dunklen und einer hellen Seite besonders ausgeprägt ist. Viele Göttinnen, deren segensreiche Wirkung wir immer wieder beschrieben haben, zeigen diese dunkle Seite schon in ihrem Namen: Neith bedeutet etwa »die Schreckliche«, die löwenköpfige Sakhmet »die Mächtige«, Wadjet erscheint als feuerspeiende Kobra, Hathor ist auch eine Totengöttin.

Diese Sicht auf das Göttliche gilt für den Ägypter auch umgekehrt. Auch das Dunkel-Drohende kann sich in Schutz und Segen verwandeln. Ein besonders gutes Beispiel hierfür ist Thoeris, die Göttin mit dem Leib eines schwangeren Nilpferdes, den Tatzen der Löwin und dem Schwanz des Krokodils. Die drei furchtbarsten und gefährlichsten Tiermächte Ägyptens verkörpern eine Göttin, die das Kind schon im Mutterleib schützt und vor Dämonen und allem Übel bewahrt.

Damit aber der Gott, ob männlich oder weiblich, den Menschen seine hilfreiche, freundliche Seite zuwendet, bedarf er der Besänftigung. Damit er die Kraft findet zu ständiger Erneuerung und Wiederholung der Schöpfung, die für den Ägypter kein einmaliger, für immer abgeschlossener Akt ist, bedarf der Gott der Stärkung und Versorgung in Opfer und Kult. Damit er bereit ist, sich unter Menschen niederzulassen und ihre Bitten zu hören und zu erhören, bedarf er der Tempel und Götterbilder, in denen er erscheinen kann, und Lobpreis und Verkündigung.

Wenn es auch in den ältesten Zeiten der ägyptischen Kultur der König allein war, der den Götterkult wirksam vollziehen konnte und diese Vorstellung bis in späteste Zeiten theologisch noch weiter galt und dazu führte, daß auf Tempelwänden bis in die römische Zeit es immer nur der Pharao ist (oder eben auch ein römischer Kaiser), der die Opfer darbringt, so war doch schon in den ersten geschichtlich faßbaren Dynastien die Übernahme des täglichen Kultdienstes in den Tempeln des Landes durch Stellvertreter praktisch geboten. Freilich rezitierten diese Priester bis zum Ende altägyptischer Religion beim täglichen Öffnen des Kultbild-Schreines: »Es ist der König, der mich sendet, den Gott zu schauen«, und darin lagen ebenso protokollarische Höflichkeit gegenüber dem Gott wie auch die Herbeirufung des königlichen Schutzes vor der ungeheuren Macht des Gottes.

Zunächst war diese Versorgung von Götterbild und Tempel, Stärkung, Verehrung und Besänftigung in Vertretung des Königs nicht Aufgabe eines besonderen Standes, sondern der gesamten erwachsenen Bevölkerung des jeweiligen Ortes, die sich in Gruppen bei diesem Dienst ablöste, und bei kleinen Heiligtümern und dörflichen Tempeln blieb dies so bis in die Spätzeit. Das bedeutet aber, daß das Priesteramt mit keinen besonderen Weihungen verbunden war, und daß Frauen es ebenso ausüben konnten wie Männer. Die Priesterfunktionen waren auch zunächst wenig differenziert, denn Männer wie Frauen hießen bei Ausübung des Kultdienstes »Gottesdiener«. Die einzige Voraussetzung zur Ausübung des Amtes war »Wêb«, die kultische Reinheit, beim Betreten des Tempels.

Bald schon entwickelte sich an größeren religiösen Zentren, also am Könighof und an den Tempeln der in ganz Ägypten verehrten Götter, die nicht nur auf einen Ortskult beschränkt waren, eine Priesterschaft, deren Mitglieder sich je nach Begabung und Fähigkeiten spezialisierten. Auch unter ihnen waren Frauen als Priesterinnen mit den verschiedensten Aufgaben, und sie wurden wie ihre männlichen Kollegen durch Beteiligung an den Opfern, Gaben des Königs und Spenden der Gläubigen entlohnt. Und hinsichtlich der zu verehrenden Gottheit gab es gleichfalls keine geschlechtsspezifischen Unterschiede: Göttinnen wie Götter hatten Priesterinnen wie Priester.

So ist es nicht überraschend, daß wir schon aus der Zeit der ersten beiden Dynastien, in der sich die ägyptische Hochkultur bildete und festigte, Priesterinnentitel überliefert haben, darunter gerade auch solche, die eng mit dem Königtum verbunden sind, wie etwa der einer »Wärterin des Apis«, der in Stiergestalt verehrten Königsmacht in der Residenzstadt Memphis.[14]

Sehr viel umfangreicher und aussagekräftiger werden die gefundenen und lesbaren Texte im Alten Reich. »Es ist die Majestät des Königs Userkaf (etwa 2450–2442 v. Chr.), die angeordnet hat, daß ich den Priesterdienst für Hathor, die Herrin von Ra-jenet, versehe... Weiterhin sollen diese meine Kinder den Priesterdienst... vollziehen, wie ich es selbst immer getan habe, wenn ich zum schönen Westen als Verehrungswürdiger gegangen bin (nach meinem Tode).«

Dies bestimmt in seinem Testament der »Gutsvorsteher und Vorsteher der neuen Städte« Ni-ka-ankh. Dieses uns schon aus anderem Zusammenhang bekannte Testament führt unter den »Kindern«, die Amt und Einkünfte des Hathordienstes erben sollen, auch wieder seine Frau Hadschetheknu auf, und sie sitzt mit dem Grabherrn in gleicher Größe vor dem abgebildeten Opfertisch.

Offenbar hat Ni-ka-ankh also seine Frau adoptiert, um die Erbteilung vollkommen gleichmäßig vornehmen zu können, denn sie erhält für ihren jeweils einmonatigen Priesterdienst im Jahr dieselben Pfründe wie die Kinder. Übrigens ist diese Grabinschrift die erste altägyptische Quelle, in der die fünf »Zusatztage« zu den zwölf Monaten à dreißig Tagen des alten Nilkalenders erwähnt werden[16], und damit ist das späteste Datum festgelegt, an dem das – in seiner Zeit erstaunlich genaue und moderne – Jahr von dreihundertfünfundsechzig Tagen eingeführt worden ist.

Die Hathor von Ra-jenet war eine Ortsgöttin, verehrt von den Bewohnern des kleinen Städtchens und den Bauern der Umgebung, wo der König durch Neulandgewinnung die »neuen Städte« gegründet hatte. Hier waren die alten Zustände noch voll gültig: kein abgeschlossener Priesterstand, sondern sich im Tempeldienst abwechselnde Privatleute, Frauen wie Männer, mit gleichen Anteilen an Königsstiftung wie Opfern.

Sehr viel differenzierter sind die Priesterdienste in der Hauptstadt des Alten Reiches, in Memphis. Aber in einem Punkt stimmt die Residenz völlig mit dem Provinznest überein: Priesterinnen spielen ihre Rollen im Kult wie die Priester, und sie erhalten die gleiche Vergütung. Da es im pharaonischen Ägypten keine Geldwährung gab, bestand eine solche Entlohnung aus der Lieferung von Lebensmitteln, Stoffen, Salböl und dergleichen.

Der deutliche Wandel in der Königstheologie des hohen Alten Reiches macht sich natürlich in der Residenz zuerst und besonders auffällig bemerkbar. Nicht zufällig entstanden in der III. und IV. Dynastie die riesigen Bauten der Pyra-

miden, und sie waren auch nicht Ausdruck von Groß-
mannssucht oder Hybris der jeweiligen Pharaonen, sondern
sie sollten die im Tode noch gesteigerte Macht des nun völlig
zum Gott gewordenen Königs darstellen, der aus seinem
Grab heraus Weltordnung und Sonnenlauf, Nilschwemme,
Leben und Fruchtbarkeit bewirken und sichern sollte.

Auf die verstorbenen Könige in ihren Pyramiden konzen-
trierte sich in jener Zeit auch der Kult. Gewiß wurde auch
der Götterkult weitergeführt, aber es ist sicherlich nicht nur
ein Zufall, daß wir kaum Reste von Göttertempeln des
Alten Reiches kennen, dafür um so mehr »Taltempel« am
Fuß der Pyramidenkomplexe, in denen das Ritual für den
verstorbenen König vollzogen wurde — auch unter seinen
Nachfolgern, ja oft Jahrhunderte lang.

Um diese Taltempel herum entstanden Siedlungen von
Handwerkern, die auch nach Fertigstellung der Pyramide
ständig nötige Reparaturarbeiten ausführten, von Verwal-
tungsstellen, Schlachthöfen und Lagerhallen sowie von Priesterinnen und Priestern. Wahrscheinlich lagen auch die Re-
sidenzpaläste, die jeder Pharao neu erbaute und die wegen
ihres vergänglichen Baumaterials — ungebrannte Lehmzie-
gel — nicht einmal mehr in Umrissen erkennbar sind, in
diesen Pyramidenstädtchen[17], die mit Mauern eher vor
Sand als vor Feinden geschützt wurden, und deren bald
immer zahlreichere Bewohner durch weitgehende Steuer-
und Dienstbefreiungsdekrete des Pharaos einen bevorzugten
Status genossen.

Die Priesterdienste im Taltempel und an der Pyramide
selbst wurden von Priesterinnen und Priestern versehen, die
den Titel »Reine des Königs« trugen und die Oberpriestern
unterstanden, die nach einem griechischen Mißverständnis
bis in die heutige Ägyptologie »Propheten« genannt wer-

den, obwohl sie in Aufgaben und Bedeutung weder etwas mit den alttestamentlichen Propheten noch mit dem griechischen Wortsinn »Wahrsager, Verkünder« zu tun hatten. Sie waren vielmehr eine für das alte Ägypten ganz typische Mischung von Königsvertreter im Kult, Aufseher über das Tempelpersonal und Verwaltungschef der umfangreichen Wirtschaftsbetriebe des Pyramidenkomplexes.

Dieser Titel mit den dazugehörigen Einkünften wurde vom König als Auszeichnung vergeben und stets an der Spitze der Titulatur geführt. Zu den so Hervorgehobenen gehörten neben höchsten Hofbeamten und Prinzen auch Prinzessinnen. Wir kennen gerade von diesen eine so große Anzahl von Namen – etwa Nesut-nefert bei Snofru, bei Cheops Nas-djen-ka, Merit-itfer und Hetep-heres und bei Schepseskaf seine Tochter Bau-nefer –, daß offenbar königliche Frauen als Prophetinnen der Pyramiden und ihrer Tempel bevorzugt wurden, weil man ihnen besondere Vertrautheit mit und Einwirkung auf das Weiterleben im Jenseits und im Umgang mit seinen gewaltigen Mächten, deren Besänftigung und Erhaltung zutraute.

Solche auch auf geistiger und religiöser Grundlage beruhende Bevorzugung von Frauen für den Priesterdienst an den Pyramiden – neben der Versorgung unverheirateter Königstöchter, die wir dem ägyptischen Realitätssinn durchaus zutrauen können – werden auch darin faßbar, daß die Pyramide als weibliches Wesen vorgestellt wurde, mit dem der eingebrachte Sarg als Phallus die göttliche Neuzeugung des Pharaos vollzog.

»Gezogen wird der Phallus des Babi (uralter Mondgott) geöffnet sind die Türflügel des Himmels...«[18]

heißt es zu dieser Szene in den Pyramidensprüchen, und wir wissen ja schon aus den Liebesliedern, daß geöffnete Torflügel oft als Andeutungen für die liebesbereiten weiblichen Genitalien stehen. Wie tief solche Vorstellungen von der Verbindung königlicher Frauen mit den Pyramiden reichten, zeigen uns die Titel der Königinnen der VI. Dynastie, die als »Gemahlinnen« oder »Mutter« der jeweiligen Pyramide bezeichnet werden.[19] Auch die besonders bedeutungsvolle Rolle von Königin und Erbtochter als »die Beiden Weihen« beim Königsbegräbnis der Frühzeit weist schon in diese Richtung.

Die Priesterinnentätigkeit beschränkte sich aber auch im Alten Reich nicht auf Königinnen und Prinzessinnen sowie die Pyramiden. Wir kennen aus dieser Epoche Priesterinnen Hathors und Neiths und von Thot. Als Wêb-Priesterinnen bezeichnen sich auch Frauen im Dienste des Königsgottes Upuaut und wichtiger Ornatteile des Königs, wie der Kronen.[20]

Im Mittleren Reich (etwa 2040–1650 v. Chr.) verlagert sich mit einer Wandlung der Königstheologie und der Ausrichtung des Jenseitsglaubens auf Osiris der Schwerpunkt priesterlichen Dienstes von den Pyramiden und ihren Tempeln zum Göttertempel. Zwar errichten die Pharaonen der XI. und XII. Dynastie noch mächtige Grabbauten, wenn auch viel bescheideneren Ausmaßes als im Alten Reich, aber in deren Totentempeln steht die Verehrung eines Gottes (jetzt meist Amuns) vor der des verstorbenen Pharaos im Mittelpunkt. Nicht geändert haben sich jedoch Zahl und Rolle der Priesterinnen. Die Überzeugung von der Bedeutung der Frau für das Leben im Jenseits bleibt weiter lebendig. Dies zeigt die für ein rituell wirksames Begräbnis erforderliche Anwesenheit von Frauen als »die Beiden Weihen«

in Begräbnisdarstellungen bis zum Ende ägyptischer Religion mit dem Eindringen des Christentums. Das ist ein besonders eindrucksvolles Beispiel für das Andauern der Denkstrukturen über sich wandelnde kultische Gegebenheiten der Jahrtausende hinweg und den jeweils zeitgemäßen Wechsel von Mythos, Ritual und praktischen Erfordernissen, und darum will ich diese Szene etwas genauer schildern.

Auf vorgeschichtliche Glaubensschichten von den gewaltigen, außerhalb des Menschen liegenden Mächten gehen die Vorstellungen von tiergestaltigen Göttern zurück. Weltherrscher war Horus, der falkengestaltige Himmelsgott, dessen Augen Sonne und Mond waren und der auf Erden in der Person des Königs erschien. Die Krone Oberägyptens, von dem ja die Reichseinigung ausgegangen war, war ebenfalls eine Macht in Vogelgestalt, die Geiergöttin Nekhbet. Der dritte der großen Greifvögel Oberägyptens – Adler hat es in diesem Lande nie gegeben – ist der Milan oder die Weihe, die in Königin und Erbtochter als »die Beiden Weihen« erschienen und die aufgrund dieser Teilhabe an einer göttlichen Macht allein imstande waren, bei den Begräbnisriten für den frühzeitlichen König auf dem uralten Königsfriedhof von Abydos die Nähe der im Tode noch gesteigerten Mächtigkeit des Königs zu ertragen und zu besänftigen, seine volle Verklärung und Vergottung zu vollziehen und sein segensreiches Wirken für die Lebenden zu sichern.[21]

Mit dem seit Ende des Alten Reiches immer stärker in den Vordergrund des Jenseitsglaubens tretenden menschengestaltigen Gott Osiris entstand auch eine ganze Mythologie. Er galt ursprünglich als ein unterägyptischer König, der ermordet wurde, und bei seinem Tode übernahmen die Göttinnen Isis und Nephtys die Rolle der »Beiden Weihen«, die ihn in komplizierten Ritualhandlungen wiederbelebten und zum Herrscher des Totenreiches machten. Seit dem Mittleren Reich verkörpern nun zwei Priesterinnen diese Göttinnen. Sie stehen in der Kleidung und mit den Attributen von Isis und Nephtys bei den Ritualen der Balsamierung zu Häupten und Füßen jetzt auch der nichtköniglichen Toten und üben deren Rolle bei der Schlachtung des Opferrindes, der Nachtwachen und bei der wiederbelebenden »Mundöffnung« der Mumie aus. Sie verhindern so magisch die Verwesung und helfen zum Einswerden mit Osiris.[22]

Beim Dienst in den Göttertempeln treffen wir wiederum Frauen an: Im Mittleren Reich gibt es Prophetinnen, also Oberpriesterinnen, die bisweilen den Titel »Aufseherin« tragen; häufiger begegnen uns Priesterinnen mit dem Titel »Webet«, die Reine. Männliche wie weibliche Angehörige der Königsfamilie treten gegenüber dem Alten Reich in den Priesterrängen sehr zurück, aber die kultische Bedeutung der Frauen am Königshof zeigt sich darin, daß Königsmütter, Königsgemahlinnen und Prinzessinnen als Verkörperung der Hathor gelten und zum Zeichen dafür die über der Brust schneckenartig eingedrehten Zöpfe tragen, welche die Göttin kennzeichnen.[23]

Immer häufiger erscheinen im Mittleren Reich auch die Titel einer »Sängerin«, »Musikantin« oder »Tänzerin« eines Gottes oder einer Göttin bei Frauen von Beamten und Handwerkern. Das verrät eine Ausdehnung der Kulthandlungen, aber auch ein gesteigertes Selbstbewußtsein dieser Frauen. Diese Aufgaben gingen viel weiter als etwa bei uns die Mitgliedschaft im Kirchenchor. Sängerinnen, Musikantinnen und Tänzerinnen hatten in Ägypten priesterliche Aufgaben. Sie sollten ja nicht eine Gemeinde erfreuen oder auf das Lob Gottes einstimmen — wir dürfen nie vergessen, daß die »Gemeinde« ohnehin keinen Zutritt zum Tempelinneren hatte –, sondern ihr Dienst galt der Sicherung der Anwesenheit und Wirksamkeit der Göttin oder des Gottes. Gesang, Musik und Tanz spielten nicht nur im Tempeldienst für Hathor eine große Rolle, wie sie sich aus den Hathor-Hymnen im ersten Kapitel ergibt, sondern im Kult aller Götter zur Besänftigung und Stärkung, zum Lobpreis und zur Liturgie.

Wie der Götterkult auf den Königskult zurückwirkt – nach ägyptischer Auffassung, nach unserer religionswissenschaftlichen Sicht hat sich umgekehrt der Götterkult aus dem Königkult entwickelt –, so ist es auch beim offiziellen Erscheinen des Pharaos im Thronsaal die Aufgabe königlicher Frauen, den König und seine Mächtigkeit zu besänftigen, in ihrer Rolle der Hathor und also mit deren Kultinstrumenten Sistrum (Rassel) und Menit (Anhänger der Halskette), und mit dem Gesang von Hymnen.

Ein besonders hübsches Beispiel hierfür findet sich in der *Geschichte des Sinuhe*, jener wohl bekanntesten ägyptischen Verserzählung aus dem Mittleren Reich, deren Held auf die Nachricht von der Ermordung König Amenemhets I. in Panik nach Syrien flieht, von Beduinen vor dem Verdursten gerettet wird und nach vielen Abenteuern Scheich eines Stammes wird. Als ihn dennoch das Leben als Heimatloser und vor allem die Aussicht auf ein Grab in der Fremde zunehmend bedrücken, trifft ein Brief vom neuen ägyptischen König Sesostris I. ein, der ihm die Flucht verzeiht und ihn zur Heimkehr auffordert. In einer bewegenden Szene steht er schließlich »vor Seiner Majestät auf dem Großen Thron in der goldenen Nische der Audienzhalle« – und verliert völlig protokollwidrig und entgegen dem ägyptischen Ideal der Selbstbeherrschung vor Aufregung und schlechtem Gewissen das Bewußtsein und antwortet nicht auf die Anrede des Königs, der darob höchst erzürnt ist. Doch Königin und Königskinder greifen rettend ein. Sie strecken dem Pharao ihre Sistren und Menits entgegen und singen zu deren Rhythmus:

> »Nimm an das Schöne, langdauernder König,
> den Schmuck der Himmelsherrin!
> Die Goldene gebe deiner Nase Leben,
> so daß du vereint bist mit der Herrin der Sterne!
> Die südliche Krone kommt nach Norden,
> die nördliche nach Süden,
> sie sind vereint und versöhnt durch den Spruch Deiner
>   Majestät,
> die Kobra ist über deine Stirn gesetzt.
> Du hast die Schutzflehenden fern vom Bösen gehalten ...
> Spanne ab deinen Bogen und lockere deinen Pfeil,
> gib Luft dem, der in Atemnot ist.«[24]

Und der Pharao läßt sich besänftigen, nimmt den Heimkehrer gütig auf, gibt ihm ein Hofamt und damit seinen Lebensunterhalt und, was für den Ägypter fast noch wichtiger ist, ein wohlausgestattetes Grab.

Bei aller psychologischen Einfühlsamkeit dieser Geschichte und der oft recht humorvollen Szenen ist hier nichts zu finden von der Parodie auf uralte heilige Texte, wie wir sie in Liebesliedern etwa sieben- bis achthundert Jahre später finden. Es ist nicht leicht zu entscheiden, ob hier ein Götterhymnus auf den Pharao umgemünzt wurde, oder ob ein Verehrungslied auf den gottgleichen König, der auf seinem Thron der »vollkommene Gott« ist, später in die Liturgie der Tempel übernommen wurde.

Oben: Du findest die
schöne Rede auch bei der
Dienerin am Mühlstein.
5. Dynastie. Ägyptisches
Museum, Kairo

Oben: Frau bei Saat und
Ernte; die Schwerarbeit
verrichtet der Mann. Papyrus 133 A, 23,8 cm hoch,
198 cm breit, 21. Dynastie,
um 1000 v. Chr. oder spä-
ter. Ägyptisches Museum,
Kairo

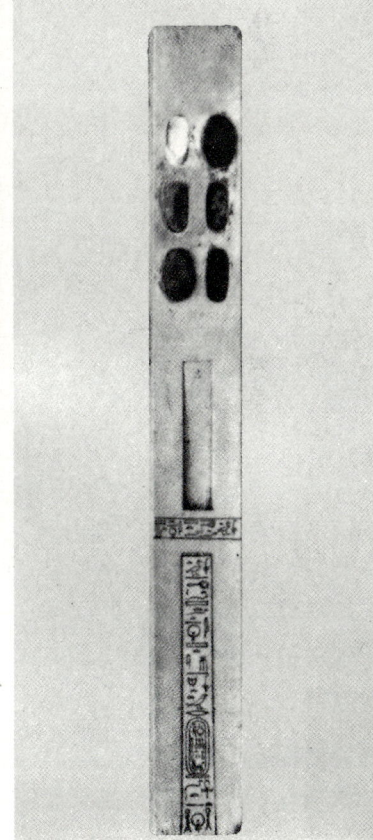

Oben: Belohnung der Weberinnen mit Goldschmuck. Kalkstein, 30 cm hoch, 134 cm breit, 23 cm tief, Spätzeit, 30. Dynastie, um 360 v. Chr. Ägyptisches Museum, Kairo

Links: Schreibpalette (mit Benutzungsspuren) Merit-Atons aus dem Grab Tutenchamuns. Elfenbein. The Griffith Institute, Ashmolean Museum, Oxford

Nächste Seite: Tochter vollzieht gleiches Totenopfer wie Sohn. Kalkstein, 51 cm hoch, 32,3 cm breit, Neues Reich, frühe 18. Dynastie, um 1500 v. Chr. Pelizaeus-Museum, Hildesheim

Vorhergehende Seite: Stele
der Hofbeamtin »Große
des Hauses Kehen«. Kalk-
stein, 34 cm hoch, 17 cm
breit, Frühzeit, 1. Dyna-
stie, um 2900—2800 v. Chr.
Kestner-Museum,
Hannover

Oben: Dienerin bläst
Backofen an. Bemaltes
Ostrakon, Bruchstück
eines Kruges. Ägyptisches
Museum der Karl-Marx-
Universität, Leipzig

Rechts: Bei den Ägyptern
sitzen die Weiber zu
Markt, bemerkte schon
Herodot, und so war es
auch bereits tausend Jahre
vor ihm. Zeichnung:
Susan Weeks

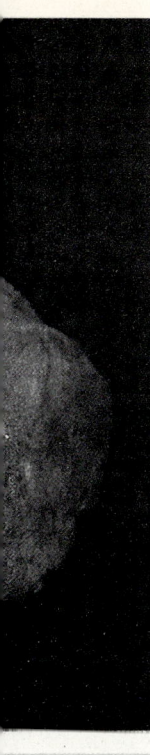

Links: Herrin der Schreibkunst und des Archivs:
Göttin Seschat mit Griffel
und Schreibpalette. Wand-
relief in einem thebani-
schen Tempel

Links: Prinzessin Idut
führt auf einer Bootsfahrt
ihre Schreibpalette mit

Nächste Seite: Göttinnen
führen den Pharao auf
den rechten Weg. Schiefer,
Reste von Bemalung,
93 cm hoch, 49 cm breit,
46 cm tief, Altes Reich,
4. Dynastie, um 2470
v. Chr. Ägyptisches
Museum, Kairo

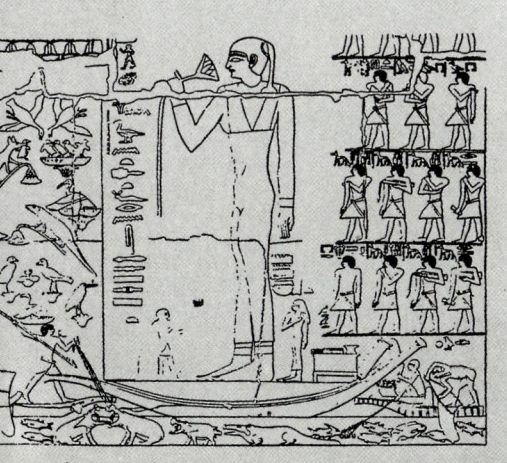

Nicht selten taucht seit dem Mittleren Reich auch ein Priesterinnentitel auf, der meist als »Haremsdame des Gottes« übersetzt wird. Das stimmt nur dann, wenn wir den Begriff sehr weit fassen als »Angehörige des weiblichen Stabes eines Tempels«, denn einen solchen »Harem« haben auch weibliche Gottheiten.

Die Stärkung der göttlichen Schöpfungskraft, die für männliche wie weibliche Götter mit Stärkung der Zeugungsfähigkeit und Geburtskraft gleichgesetzt wurde, sei es unmittelbar oder im Geiste, war nicht nur Aufgabe dieses »Gottesharems«, sondern besonders die eines hohen Priesterinnenranges, der später in der Geschichte Ägyptens sehr weitgehende politische Bedeutung erlangen sollte (siehe sechstes und siebtes Kapitel). Er entstand im Mittleren Reich oder wird jetzt am frühesten für uns faßbar: die Gottesgemahlin. Bei einer der ersten uns bekannten Trägerinnen dieses Titels, der Dame Imert-nebes aus dem Anfang der XII. Dynastie um 1900 v. Chr., finden wir auf ihrer sehr reizvollen Holzstatue nach dem üblichen Opfertisch die Titulatur: »...für die Ehrwürdige beim Gott Amun, Gemahlin und Hand des Gottes, Imert-nebes, Tochter der Dui, gerechtfertigt (vor Osiris).«[25]

Die Bezeichnung »Hand des Gottes« geht zurück auf den Schöpfungsmythos von dem Urgott Atum, der aus dem Chaos des Urgewässers Nun aufstieg und auf dem ersten festen Land, dem Urhügel, durch Selbstbefriedigung das erste Götterpaar schuf und damit die geschlechtliche Zeugung und zugleich überhaupt die Hervorbringung des Lebens von Göttern, Menschen, Tieren und Pflanzen in Gang setzte. So wie jeder Tempel im pharaonischen Ägypten ein Bild dieses Urhügels ist, so gleicht jede dort verehrte Göttin und jeder Gott dem Urgott und bedarf der Stärkung, damit die Schöpfung weitergeht, die für die Ägypter kein einmaliger Akt ist, sondern täglich wiederholt und erneuert werden muß.

Aus diesen tiefen Glaubensschichten erwachsen die besondere Bedeutung und der überragende priesterliche Rang der Gottesgemahlin. Diese Priesterinnen gab es ursprünglich bei verschiedenen Göttern. Imert-nebes übte das hohe Amt offenbar bei dem Gott Amun aus, der zwar im Mittleren Reich noch nicht, wie im Neuen, der Reichsgott schlechthin und »Götterkönig« war, aber als bevorzugter Gott des Königshauses im höchsten Ansehen stand. Das Fehlen jedes Titels bei ihrer Mutter — der Vatersname wird nicht angegeben — macht deutlich, daß beide nicht dem Königshaus angehörten, wie es später für Gottesgemahlinnen üblich werden sollte. Der hohe soziale Status dieser Priesterinnen schon im Mittleren Reich zeigt sich nicht nur an der künstlerischen Qualität der Statuette von Imert-nebes, die mit farbiger Paste und Bronze eingelegt ist und nur aus den königlichen Werkstätten stammen kann, sondern ergibt sich aus dem Sinn ihrer priesterlichen Aufgabe. Ihre Mitwirkung an der Schöpfung und an der Erhaltung der Ma'at, der Weltordnung, setzt sie mit dieser »Tochter des Rê« gleich, gibt ihr kosmogonische Bedeutung[26] und läßt sie Riten im Tempel vollziehen, die sonst nur dem König vorbehalten sind.

Kein Wunder, daß Erscheinungen wie die Gottesgemahlin oder der »Gottesharem« nicht nur den heutigen Ägyptologen große Probleme aufgeben, sondern auch schon die Griechen in tiefe Verwirrung stürzten, da sie doch von ganz anderen menschlichen, religiösen und sexuellen Voraussetzungen ausgingen, und somit Mißverständnisse vorprogrammiert waren. Herodot preist ihre »vollkommende

Jungfräulichkeit«, bei Strabo und Diodor werden sie als »Pallakiden« zu Tempelprostituierten – und beides ist falsch.

Keuschheit war den Ägyptern kein religiöser Wert, wie uns schon das zweite Kapitel gezeigt hat. Ebenso wie ihre männlichen Kollegen verheiratet sein konnten, galt dies auch für die Priesterinnen aller Stufen. Die Gottesgemahlinnen des Amun der Spätzeit sind eine Ausnahme, aber eher aus politisch-dynastischen Gründen als rituellen. Eine Tempelprostitution wie etwa in Babylon hat es in Ägypten aber ebenfalls nie gegeben. Die Mitglieder des Gottesharems, auch »Eingeschlossene des Tempels« genannt, waren meist Ehefrauen von Beamten, Handwerkern und Arbeitern. Das Gebot der kultischen Reinheit untersagte im Tempelbereich ohnehin jeden Geschlechtsverkehr.

Seit Beginn des Neuen Reiches bildet sich zunehmend ein eigentlicher Priesterstand, indem zumindest an den größeren und großen Tempeln das Priestertum immer mehr zum alleinigen Beruf wird, sich gegen andere Stände abzuschließen versucht und Priesterämter möglichst an die Nachkommen vererbt werden. Dies führt zwar nie zu einer Bildung abgeschlossener Kasten wie in Indien, die in Ägypten schon durch die ganz andere Gesellschaftsstruktur und vor allem das Recht des Königs verhindert wurde, höhere Priesterämter nach seinem Belieben zu besetzen. Aber es war doch unter den schwachen Königen der Spätzeit eher die Regel als die Ausnahme, daß Priesterämter vererbt wurden. Auch hierbei bleibt es bei der für Ägypten bezeichnenden Vererbungsmöglichkeit sowohl von seiten der Frauen als auch *an* Frauen. Geburt aus priesterlichem Geschlecht begründete auch für Töchter die Zulassung zum Priesterdienst.[27]

Schon gleich zu Beginn des Neuen Reiches finden wir für

beides, Frauen als hohe Priesterinnen und die Vererbung solcher Ämter an Frauen, das Beispiel der Königin Ahmes-Nefertari. Sie war die Große Königliche Gemahlin des Siegers über die Fremdherrschaft der Hyksos und Begründers der XVIII. Dynastie, Ahmose (1551–1526 v. Chr.). Auf einer Stele, die später als Füllmaterial im 3. Pylon des Amuntempels von Karnak verbaut und erst vor wenigen Jahrzehnten geborgen wurde, ist die Königin abgebildet, wie sie mit dem König und ihrem später verstorbenen ältesten Sohn dem Gott Amun ein Brotopfer darbringt. Dabei ist sie in derselben Größe dargestellt wie König und Gott – eine in dieser Periode noch sehr seltene Auszeichnung für eine Königsgemahlin angesichts der in der ägyptischen Kunst streng eingehaltenen Regel, Rangunterschiede durch Größenunterschiede deutlich zu machen und nur den regierenden und damit göttergleichen Pharao in gleicher Größe mit einem Gott darzustellen.

Aber mehr noch als dieses Reliefbild überrascht der Text. In der uns schon wiederholt begegneten Form einer Rechtsurkunde verkauft nämlich Ahmes-Nefertari hier an ihren Gatten das bisher ihr zugehörige Amt eines »2. Propheten des Amun von Karnak«, der einen erstaunlich hohen Preis dafür zahlt: ein Landgut von sechs Aruren bewässerten Ackers (etwa sechzehn Hektar), erhebliche Mengen an Gold und Silber, teils in Barren, teils verarbeitet, und zahlreiche kupferne Diademe; dazu noch Kleidungsstücke, Tücher, Haarnetze, Schleier; Salben und Öle; vierhundert Sack Gerste; und schließlich noch: »Männliches und weibliches Personal«. Der Gesamtwert der Sachleistungen wird mit »1010 Schena« angegeben, das sind etwa 7,7 kg Silber, und es wird betont, daß der König außerordentlich großzügig war, denn der »Wert« des Amtes habe nur 600 Schena, also etwa 4,5 kg Silber betragen.[28] Ausdrücklich wird dabei vom König festgelegt, daß die Königin über dieses Eigentum frei verfügen und es vererben kann »von Sohn auf Sohn und von Erbe auf Erbe«, und er erklärt jeden Versuch künftiger Könige, in dieses Erbe einzugreifen oder es einzuziehen, als null und nichtig.[29]

Drei Folgerungen sind aus diesem erstaunlichen Dokument zu ziehen:

1) Eine Frau konnte das hohe Priesteramt eines »2. Propheten des Amun« am Reichstempel von Karnak ausüben;

2) sie konnte frei darüber verfügen — auch der König konnte es ihr nicht einfach entziehen, sondern mußte dafür eine Entschädigung bezahlen;

3) der in Kaufurkunden zur Bekräftigung des vollen Besitzrechtes übliche und von daher wörtlich übernommene Erbvermerk bezog sich keineswegs nur auf Söhne, wie ja schon die Ergänzung »von Erbe auf Erbe« zeigt.

Die Bedeutung dieses Vorgangs geht noch weit über den Wortlaut der Urkunde hinaus: Die Königin benutzte nämlich den vom König entrichteten Kaufpreis zur Stiftung eines Priesterinnenkollegs, das unter dem Namen »Domäne der Gottesgemahlin des Amun« bis zum Ende des Neuen Reiches, also über vierhundert Jahre lang, bestand.[30] Hier wurden also die Priesterinnen, die der Gottesgemahlin bei der Erfüllung ihrer kultischen Pflichten zur Hand gingen, ausgebildet und von hier aus auch unterhalten, wobei die Gründungsstiftung von Ahmes-Nefertari durch spätere Gottesgemahlinnen und Könige aufgestockt wurde.

Es ist gar nicht einfach, genau zu sagen, welche Aufgaben die hier ausgebildeten Priesterinnen ganz konkret im Tempelkult hatten. Das beginnt schon mit der Gottesgemahlin selbst, von der wir nur ganz allgemein wissen, daß sie den

Gott zu stärken, zu besänftigen und zu erfreuen hatte. Aber da die Ägypter Einzelheiten des Kultes nicht gern darstellten und dort, wo es doch geschah — wie auf manchen Tempelwänden —, nur als Handeln des Königs, bedeutet es ein mühsames Mosaikspiel, aus verschiedensten Quellen wie Grabinschriften, Biographien, Statueninschriften und vielen anderen, Einblick in die Aufgaben einer mit so viel Geheimnis, aber auch so viel Prestige verbundenen Einrichtung wie der »Gottesgemahlin des Amun« zu gewinnen.

Immerhin sind wir inzwischen einige Schritte weitergekommen, wozu uns vor allem die scharfsinnigen Studien des französischen Ägyptologen Michel Gitton verholfen haben. Danach wissen wir heute, daß die Gottesgemahlin Kulthandlungen im Tempel bis hin zum Götterschrein im Allerheiligsten vollziehen durfte, die sonst nur dem König oder seinem Stellvertreter, dem Hohenpriester, vorbehalten waren. Beim Eintritt in den Tempel mußte sie sich gemeinsam mit den anderen Priestern der kultischen Reinigung unterziehen, durch Fußwaschung und Übergießen mit »Reinem Wasser«, was man durchaus mit unserem Weihwasser gleichsetzen kann. Sie weihte dann im Tempel Opfer und brachte sie dar, sie vollzog das zur Erhaltung der Ma'at und ihrer Verteidigung äußerst wichtige Ritual des »Vernichtens der Feinde«, sie erfreute den Gott mit Musik und Tanz und vollzog die Pflege des Kultbildes.

Ihre Stellvertreterin als Leiterin des Priesterinnenkollegs und als Priesterin trug im Neuen Reich den Titel »Oberste der Eingeschlossenen vom Hause des Amun« und gehörte meist der Königsfamilie an oder stand ihr nahe. Zur Zeit Thutmosis' III. nahm eine Dame Namens Huy diese Stellung ein, die Amme und Erzieherin von fünf Königskindern und möglicherweise Mutter einer Königsgemahlin war.[31]

Die »Eingeschlossenen« waren nicht etwa eine Art Nonnen, sondern die im Kolleg ausgebildeten und von dort versorgten Priesterinnen einfacher Ränge und die ja ebenfalls zur Priesterschaft gezählten Sängerinnen und Tänzerinnen des Amun, meist verheiratete Frauen der Gesellschaft von Theben, die also auch keineswegs dauernd in der Domäne der Gottesgemahlin lebten, sondern sie zeitweise bei der Erfüllung ihrer umfangreichen kultischen Pflichten unterstützten. Nur an einem Monument ist uns die priesterliche Wirksamkeit der Gottesgemahlin, wenn auch nicht sehr ausführlich, dargestellt und durch Beischriften erklärt worden, und dies durch eine Frau, die selbst viele Jahre hindurch diese Stellung innehatte; einer der Glücksfälle der Forschung, von dem aber erstaunlicherweise kaum etwas über die engsten Fachkreise hinaus bekannt wurde und von dem bisher kein Dokument in einem Museum oder einer Ausstellung kündete.

Schon 1899 wurden bei den ersten größeren Aufräumungs- und Ausgrabungsarbeiten in dem riesigen Ruinenfeld von Karnak einige Blöcke aus rötlichbraunem Quarzit gefunden, die Darstellungen und Inschriften in feinem Flachrelief tragen. Sie zählen zu den künstlerisch hervorragendsten Beispielen ägyptischer Reliefs, und obwohl an einigen, nicht an allen Stellen Name und Figur des Erbauers ausgemeißelt waren, konnte bald festgestellt werden, daß es sich um Reste eines Bauwerks der Königin Hatschepsut handelte, das die ersten Ausgräber »Rote Kapelle« nannten und das weiter unter diesem Namen geführt wird, obwohl seine Farbe nicht rot, sondern braun ist und es, wie wir heute wissen, keine Kapelle für die Götterbilder war, sondern ein Sanktuar für die Heilige Barke, auf der das Kultbild Amuns bei den großen Prozessionen getragen oder auf dem Gottesschiff über den Nil gefahren wurde.

Seither ist kaum ein Jahr vergangen, in dem nicht weitere Blöcke dieses Heiligtums gefunden worden sind; die meisten von ihnen in dem riesigen, von Amenophis III. errichteten 3. Pylon (Torturm) von Karnak, in dem sie als Füllung sorgfältig aufeinandergestapelt waren. Bis heute sind es etwa zweihundertvierundachtzig (selbst die Ausgräber sind mit der Zählung etwas durcheinandergekommen), und noch jedes Jahr können Neuentdeckungen erfolgen.[32] Die Blöcke werden in einem abgezäunten Magazingelände am Rande des Tempelbezirks aufbewahrt, das für Besucher nicht zugänglich ist, bis eines Tages die Rekonstruktion dieses besonders schönen und durch seine Darstellungen einmaligen Bauwerks der großen Königin möglich sein wird.

Durch eine Verkettung unglücklicher Umstände und mehrerer Todesfälle unter den Ausgräbern ist auch die wissenschaftlich vollständige Bearbeitung erst im Jahr 1977 erfolgt, obendrein reicht der dazugehörige Bildteil für Detailstudien nicht aus, und so ist man auf die freilich vorzüglichen Beschreibungen des bedeutenden französischen Ägyptologen Pierre Lacau und einige Farbfotos von Einzelszenen angewiesen, um sich ein Bild von dem Reichtum an Informationen zu machen, die uns das Barkenheiligtum der Hatschepsut geben könnte. Zwei Vorgänge sind jedenfalls die Hauptthemen der Reliefs, die Innen- und Außenseiten des Bauwerks in acht Steinlagen bedecken: die Krönung Hatschepsuts zum »König von Ober- und Unterägypten« und Kulthandlungen im Amuntempel, vor diesem und bei den Schiffsprozessionen nach Luxor und zur Totenstadt von Westtheben.

Reste einer Weiheinschrift der Königin tragen das Datum ihres 17. Regierungsjahres.[33] Da sie ihre Regierungsjahre nach denen ihres Mitregenten Thutmosis' III. und nicht nach ihrem eigenen Krönungsdatum zählt, können wir dieses Ereignis etwa auf das Jahr 1473 v. Chr. festlegen. Es liegt nur wenige Jahre vor ihrem Tode, der während des 20. Regierungsjahres oder unmittelbar danach eingetreten sein muß. Sie hat die bildhauerische Ausschmückung des Sanktuars nicht mehr selbst vollenden lassen können, aber sie hat das Bauwerk sicher seit der Weihung schon als Standplatz für die Heilige Barke benutzt.

Einzelheiten der Krönungsszenen werden uns erst im übernächsten Kapitel beschäftigen. Für uns ist hier nur eine Stelle interessant, in der es heißt, daß Hatschepsut zu Beginn der Krönungsfeierlichkeiten den »Schmuck der Gottesgemahlin ablegen« mußte, ehe sie zur Pharaonin gekrönt wurde. Sie hat dieses priesterliche Amt an ihre Tochter aus der Ehe mit Thutmosis II., Nofru-Rê, vererbt. Deren Name taucht aber auf den bisher gefundenen Blöcken nicht auf, so daß wir nicht genau wissen, ob sie bei Darstellungen der Kulthandlungen der Gottesgemahlin auftritt, oder ob eine andere Priesterin ihre Kultstellvertreterin ist. Das ist deshalb wahrscheinlicher, weil Nofru-Rê im Regierungsjahr 17 ihrer Mutter bereits verstorben war.

Doch nun zu den Szenen, in denen eine Gottesgemahlin eine Rolle spielt. Gleich die erste ist im Tempelkult von besonderer Bedeutung: In ein Pantherfell gekleidet, schreitet ein Priester, welcher den Gott Horus darstellt und den König in seiner Göttlichkeit vertritt, zur Weihung der Opfergaben, die diese überhaupt erst zum Gottesopfer brauchbar machen, und ruft dabei den Gott an: »Komme zu deinem Brot, komme zu deinem Fleisch, das dir dein Sohn Horus gibt.« Diese hochheilige Handlung wird mitzelebriert von der »Gottesgemahlin, Gotteshand« in dem seit dem Mittleren Reich unveränderten Zeremonialgewand der

Gottesgemahlin, einem enganliegenden, bis auf die Knöchel reichenden Kleidungsstück, das von einem mit großen Schnallen verzierten Gürtel gehalten wird, und einem Stoffband um die Perücke, das hinten lang herunterhängt. Sie hält die rechte Hand mit offener Handfläche als Weihegeste empor und wird von zwei hochrangigen Priestern begleitet, die beide als »Gottesvater des Amun von Karnak« bezeichnet sind.[34] Gottesvater ist ein, wie manche andere ägyptische Ausdrücke, für uns vielfältig schillernder Titel; er kann enge Verwandtschaft zum König bedeuten, er kann den Erzieher des Kronprinzen oder der Erbprinzessin bezeichnen, und im Neuen Reich wird er, wie auch hier, für die obersten Priestertitel (Propheten) des Amuntempels gebraucht.

In einer weiteren Szene heißt es: »Hinausgehen nach dem Breiten Saal, aufrecht hinter ihm stehen, anzünden des Feuers auf dem Altar.« Auf diese Inschrift folgen in zwei Registern übereinander sechs Personen. Ein Priester stellt in einer Ibismaske den Gott Thot dar und liest aus einer Papyrusrolle die Beschwörungssprüche für diese Handlung mit der Beischrift »Der Herr von Hermupolis (Thot) bei der Ausübung seines Amtes«, ein »Gottesdiener« genannter Priester und ein Prophet; darüber nochmals Thot vor der Gottesgemahlin und einer »Gottesdienerin« benannten Priesterin.[35]

Auf dem nächsten Block erblicken wir eine zunächst rätselhafte Handlung. Ein hoher, als »Gottesvater« ausgewiesener Priester steht der »Gottesgemahlin und Gotteshand« gegenüber und überreicht ihr einen recht sonderbaren, fächerartigen Gegenstand. Er ist auf einen langen Schaft montiert und trägt das Bild eines niedergeworfenen, gefesselten Feindes. Die Gottesgemahlin wendet sich, wie in einer modernen Bildergeschichte, auf dem nächsten Block um und verbrennt den Fächer in dem bei der vorigen Szene angezündeten Feuerbecken.[36]

Sie vollzieht damit ein uraltes magisches Ritual, das in früheren Zeiten nur dem König vorbehalten war und wohl in der Vorzeit tatsächlich als Menschenopfer dargebracht wurde. Spätestens seit Beginn des Alten Reiches ist daraus ein nur noch magisches, aber für ägyptischen Glauben nicht weniger wirkungsvolles Tempelritual geworden, in dem der König Abbilder von Gefangenen – entweder kleine Tonfiguren oder gemalte Darstellungen – zerbricht oder verbrennt und damit alle Feinde nicht nur Ägyptens, sondern aller Götter und Menschen, ja der Weltordnung, die als Dämonen des Chaos sie drohend umgeben, vernichtet. Zum erstenmal finden wir hier die Darstellung der Gottesgemahlin in dieser Rolle und damit einen weiteren Beweis dafür, daß sie als Frau und Priesterin diese für den Bestand der Schöpfung so wichtige heilige Handlung in Stellvertretung des Pharaos vollzog – und nicht etwa, wie man hätte erwarten können, der Hohepriester des Amun.

Auch eine weitere Handlung der Gottesgemahlin mutet uns archaisch an. An der Spitze einer Prozession von Priesterinnen und Priestern, von denen einer »alle Menschen Ägyptens« repräsentiert, begrüßt sie mit der typisch ägyptischen Geste der vor die Brust gehaltenen beiden Fäuste »die göttliche Neunheit (das heißt, alle Götter) und die Könige von Ober- und Unterägypten«.[37] Die Götter sind auf diesem Block ebensowenig dargestellt wie die verstorbenen Könige. Wahrscheinlich standen Götterbilder als »Gäste« im Amuntempel und repräsentierten die »Neunheit«. Für die »gesamten Könige von Ober- und Unterägypten«, deren Anwesenheit auch im Krönungsritus eine Rolle spielt, dürften wohl ihre Namen an einer Tempelwand gestanden haben. Vielleicht verdanken wir solchen magisch-kultischen Notwendigkeiten viel eher die berühmten, in Tempeln gefundenen »Königslisten« als historischem Interesse. Auch diese Begrüßung und Anbetung der Götter und königlichen Ahnen ist ursprünglich Vorrecht und Pflicht des Pharaos selber.

Aus diesen und anderen Szenen von Hatschepsuts Bauwerk, zum Beispiel von der rituellen Reinigung beim Betreten des Tempels, können wir einen Einblick in Umfang und Bedeutung der priesterlichen Tätigkeiten einer Gottesgemahlin gewinnen sowie der zu ihrer Domäne gehörigen Priesterinnen. Auch hierbei müssen wir wieder betonen, daß für die Ägypter selbst eine Unterscheidung der religiösen von den politisch-dynastischen Bedeutungen gar nicht bestand, obwohl wir diese verschiedenen Aspekte der Deutlichkeit halber in verschiedenen Kapiteln behandeln.

Die Gottesgemahlinnen und ihr Priesterinnenkolleg sind natürlich nicht die einzigen Frauen mit priesterlichen Aufgaben im Neuen Reich und der Spätzeit gewesen, wenn auch die Quellen über sie reichlicher als über andere fließen. Auch über den Amuntempel von Karnak hinaus gab es ja über das ganze weite Land verstreut viele große und bedeutende Tempelzentren, von der Tempelinsel Philae mit ihrem Isis- und Osiriskult an der Südgrenze beim 1. Katarakt bis zum berühmten Neith-Tempel von Sais, und sie alle verfügten auch über weibliches Tempelpersonal der verschiedenen Ränge. Gewiß waren weibliche Hohepriesterinnen eine Ausnahme, aber sie waren eben durchaus möglich und sind nachzuweisen, etwa für Hathor bis in die Ptolemäerzeit[38], bei Satet im Neuen Reich.[39] In Ägypten gab es also nichts, was auch nur im entferntesten Ähnlichkeit mit dem »mulier taceat in ecclesia — das Weib schweige in der Gemeinde« gehabt hätte.

Schöner
als alle Dinge

»Die Fürstin, reich an Lob, Herrin des Liebreizes,
süß an Liebe, Gebieterin der Beiden Länder,
schön an Händen mit Sistren,
die ihren Vater Amun beglückt.
Die sehr geliebte mit der Krone,
Sängerin mit schönem Antlitz, herrlich mit den Federn,
Größte des Frauenhauses des Palastes,
über deren Aussprüche man zufrieden ist.

Alles, was sie sagt, wird ihr gemacht,
Alles Schöne nach ihrem Wunsche.
Alle ihre Worte bringen Zufriedenheit auf die Gesichter.
Man lebt davon, ihre Stimme zu hören.«[1]

(Ramses II. an seine Gemahlin Mut-Nefer-tari im Luxortempel)

»Preiset die Herrin des Landes,
die Fürstin der Uferbewohner (des Meeres),
deren Name hoch ist über jedem Land, die das Volk
    leitet,
die Königliche Gemahlin, Schwester des Herrschers,
Königsmutter und Königstochter.

Die Erhabene und Kundige,
die für Ägypten sorgte.
Sie hat sich seiner Soldaten angenommen
und sie behütet,
sie hat seine Flüchtlinge zurückgebracht,
indem sie seine Auswanderer sammelte.
Sie hat das Südland beruhigt,
indem sie seine Widersacher vertrieb,
die Königliche Gemahlin Ahhotep, sie lebe!«[2]

(Ahmose I., Gründer des Neuen Reiches, an seine Mutter
im Karnaktempel)

»Schöner war sie anzusehen als alle Dinge.
Ihre Gestalt war göttlich. Ihre Art war göttlich.
Alles, was sie tat, war göttlich.
Ihre Majestät wurde ein schönes junges Mädchen.
Die Schlange an ihrer Stirn erhöhte ihre Gestalt.«[3]

(Thutmosis I. über seine Tochter, posthumer Bericht in
Der-el-Bahari)

Solche und ähnliche Lobpreisungen für ihre Gattinnen,
Mütter und Töchter durch regierende Pharaonen sind im
ganzen Verlauf ägyptischer Geschichte häufig zu finden;
nur wegen der im Zeitstil liegenden, besonders persönlichen
Formulierung und nicht zuletzt der für diese Zeit vorhandenen vorzüglichen Übersetzungen habe ich Texte aus dem
Neuen Reich ausgewählt. In allen Epochen der ägyptischen
Kultur wurden die Königsmütter, -frauen und -töchter nicht
nur von den Pharaonen hoch geschätzt, sondern sie spielten
im Bewußtsein aller Ägypter eine besonders hervorgeho-

bene Rolle. Drei Komponenten wirken in jeweils verschiedener Mischung an dieser Wertschätzung mit: das Grundmuster ägyptischer Vorstellungen über die Rolle von Mann und Frau, geschichtlich-politische Entwicklungen im Laufe von dreitausend Jahren, und natürlich nicht zuletzt die jeweilige Persönlichkeit der königlichen Frauen und der Könige.

Was ist aber im Königshaus anders als bei den gewöhnlichen Frauen, als beim Verhältnis von Mann und Frau im Volke? Dazu müssen wir einen Blick auf die Natur des ägyptischen Königtums überhaupt werfen. Seit den frühesten für uns überhaupt faßbaren Zeiten steht die Doppelnatur des ägyptischen Königtums fest. Als Verkörperung oder, genauer gesagt, als eine Erscheinungsform des Weltgottes Horus trägt der König einen besonderen Namen, den »Horusnamen«, der in ein Rechteck eingeschrieben wird, über dem ein Falke thront. Dazu kamen in der weiteren Entwicklung des Königtums noch andere Titel oder »Große Namen«, von denen die für jeden Ägyptenbesucher auffallendsten der des »Königs von Ober- und Unterägypten« und der eines »Sohnes des Rê« sind, weil sie beide jeweils in einen Ring, die sogenannte Kartusche, eingeschrieben sind und sich deshalb auch für den hervorheben, der die Hieroglyphen der Inschriften nicht lesen kann.

Nie aber wurde in historischer Zeit der König mit dem Gott identifiziert und bei Lebzeiten auch nicht kultisch verehrt, hatte — auf ägyptischem Reichsgebiet, in Nubien sah das anders aus — weder Tempel noch Priester, während ja Teile des Ornates, wie Kronen und Diademe, göttliche Mächte darstellten und eigene Priester besaßen. Aus des Pharaos Wesensähnlichkeit mit dem Gott gingen aber wichtige Teile seiner Aufgaben hervor: Er hatte durch tägliche

Kultzeremonien die Anwesenheit der Götter zu ermöglichen, den Fortgang der Schöpfung und jede Bewegung im Kosmos zu sichern — von Sonnenaufgang über die Nilschwemme bis zur Fruchtbarkeit allen Lebens —, und er war verantwortlicher Garant der Ma'at, der Weltordnung, zu der auch Gerechtigkeit, Wahrheit und das geordnete Zusammenleben der Menschen gehörten.

Die Ägypter wußten aber genau zu unterscheiden zwischen dieser göttlichen Wesenhaftigkeit des Königtums, das der Pharao verkörperte, wenn er auf dem Thron des Palastes saß oder für die ganze Welt bedeutsame Kulthandlungen vollzog, und der individuellen Person des Königs mit allen menschlichen Eigenschaften bis hin zu Krankheit und Tod. Je nachdem, welche der beiden Sphären in der Betrachtung überwog, benutzte der Ägypter schon im Alten Reich zwei ganz verschiedene Wörter für den lebendigen Menschen im Herrscher oder den Träger des göttlichen Königtums.[4]

Dieses Grundmuster göttlicher und menschlicher Wesenheit läßt sich während der ganzen ägyptischen Geschichte verfolgen, und es gilt, wie wir im nächsten Kapitel sehen werden, für Frauen wie für Männer auch auf dem Thron gleichermaßen. Die Anteile an den beiden Bereichen und die politischen und gesellschaftlichen Folgerungen daraus sind gewiß während der langen Geschichte unterschiedlich, und sie hingen auch von der Persönlichkeit des jeweiligen Herrschers oder der Herrscherin ab. Jeder Tourist erkennt ja noch heute beim Anblick der riesigen Pyramiden von Gise, daß der König in der IV. Dynastie Zentrum und Spitze des ganzen Staates war, weit entrückt allen anderen Menschen, während die Könige des Mittleren Reiches nach dem großen Umbruch der Revolutionszeit Wert darauf legten, ihre Menschlichkeit zu betonen; daß die Könige der

Befreiungszeit, der frühen XVIII. Dynastie, sich als unerhört heldisch und körperlich überlegen darzustellen liebten, während die schwachen Könige der Spätzeit nahezu verzweifelte Versuche machten, von ihrer oft nur allzu menschlichen Person abzulenken und wenigstens auf Tempelwänden göttergleich zu erscheinen.

Mit der Wandlung der Stellung und des Dogmas des Königs änderte sich auch der Status der königlichen Frauen. Aber ganz unabhängig von solchen grundsätzlichen Entwicklungen blieb eines immer noch gleich: das persönliche Verhältnis des Königs zu seiner Gemahlin.

Nur eine ist jeweils die »Große Königsgemahlin«, ob sie nun in der Frühzeit den Titel »die den Horus schaut« trägt, oder »Wiege der Königskinder« zu Beginn des Alten Reiches oder später eine ganze Sammlung von Titeln und Ehrenbezeichnungen — nur in ganz wenigen, an den Fingern einer Hand abzuzählenden Fällen hatte ein König mehrere »Große Königliche Gemahlinnen« gleichzeitig, und dies diente meist der Dynastie-Erhaltung.

Insofern gab es auch am Königshof keinen Unterschied zu der bürgerlichen »Herrin des Hauses«. Die Königin hatte einen eigenen Palast. Seit der Frühzeit kennen wir diese Einrichtung, zu der auch hohe Beamte gehören, aus deren Titeln wir wissen, daß das »Haus der Königsgemahlin« zudem ein oft umfangreicher Wirtschaftsbetrieb war, der Felder und Domänen, Weinberge und Viehherden, Handwerker, Künstler und Arbeiter umfaßte, und zahlreiche Funde aus allen ägyptischen Epochen haben die wirtschaftliche Bedeutung des Palastes der Königin bestätigt.

Die Königsgemahlin war also weitgehend wirtschaftlich selbständig und unumschränkte Herrin über all ihren Besitz und ihr Personal. Der Pharao mußte selbst in diesen Palast oder Palastteil kommen, wenn er die Gesellschaft der Königin wünschte.[5] Es gab keine Eunuchen als Wächter, es gab keine Verschleierung, und die Königin trat häufig mit dem König bei politischen und bei religiösen Gelegenheiten gemeinsam in der Öffentlichkeit auf, neben der eigenständigen religiös-kultischen Rolle, die sie unabhängig vom König erfüllte. Deshalb führt der Begriff »Harem«, der sich in der Ägyptologie für den Palast der Königsgemahlin eingebürgert hat, in die Irre.

Zu den Bewohnerinnen dieses Palastes gehören freilich auch die Nebenfrauen des Königs, welche die verschiedensten Titel tragen und damit mancherlei Verwirrung stiften, oder sie tragen gar keine, was dann ebenfalls den Historiker verblüfft – wenn sie nämlich Königsmütter werden. Auch alle diese Frauen und Mädchen unterstanden aber der einen Großen Königlichen Gemahlin, und ein Blick in das Gesicht von Statuen der Teje, der Gemahlin des pracht- und frauenliebenden Amenophis' III., überzeugt uns sofort davon, daß es über ihre Vorgesetzteneigenschaft keine Diskussionen gab.

Gewiß entschied über Ausmaß und Akzeptanz dieser Befehlsgewalt jeweils die Persönlichkeit der Königin. Streitigkeiten im Harem werden, wie Menschen nun einmal sind, nicht selten gewesen sein, und von manchen Folgen werden wir noch lesen.

Ob die Ehen der Pharaonen jeweils gut oder schlecht waren, erfahren wir nur selten, aber bei der nicht nur aus politischen sondern vor allem aus magischen Gründen geübten Zurückhaltung über Vorgänge im Palast sind doch recht häufig in Wort und Bild Zuneigung, Zusammenarbeit und Partnerschaft von beiden Seiten ausgedrückt. Solchen Gefühlen der Zuneigung verleihen nicht selten äußerst mächtige, ja als monoman verrufene Pharaonen wie Amenophis III. oder Ramses II. Ausdruck durch die Stiftung von Tempeln, die Erbauung von riesigen, besonders schön geschmückten Gräbern oder durch die Ausgabe von Gedenkskarabäen für ihre Gemahlinnen. Wenn wir auch hierbei stets den Unterschied zwischen »Wahrheit« und »Wirklichkeit« für altägyptisches Denken berücksichtigen müssen[6], so bleiben doch genug Tatsachen übrig, um auf die Wahrscheinlichkeit oft guter Ehen im Königshaus zu schließen. Aus »Wahrheit« und »Wirklichkeit« darf man aber keine unvereinbaren polaren Gegensätze machen, das widerspräche nicht nur ägyptischem Denken, sondern auch unserer eigenen Lebenserfahrung. Ein gar nicht so unpassendes Beispiel hierfür sind die Todesanzeigen in unseren Zeitungen: Die Formel »meine geliebte Frau...« steht gewiß auch in manchen Fällen, in denen es mit der ehelichen Liebe nicht weit her war; aber weil es solche Fälle gibt, wäre es völlig falsch geschlossen, daß dieser Ausdruck stets nur reine Heuchelei wäre und die Ehen immer oder vorwiegend schlecht seien.

Was waren das nun für Frauen, die als Königsgemahlin fungierten? Wieder einmal müssen wir gestehen, daß unsere Kenntnisse über Altägypten manchmal geringer sind, als man annehmen möchte, und so sind wir etwa über ihre Herkunft oft auf Vermutungen angewiesen; sei es durch die Zufälligkeit der Erhaltung, die uns Angaben über ihre Eltern vorenthält, sei es Absicht. Dann dürfte es sich entweder um nichtkönigliche »bürgerliche« Herkunft oder, wahrscheinlicher, um Abstammung von einem König handeln, der durch den Nachfolger zum Usurpator, Ketzer oder sonst unrechtmäßigen Herrscher erklärt wurde. Erwartungsgemäß zeigen aber die bei weitem meisten Fälle, in denen die Herkunft der Königin genannt wird, daß sie aus der Königsfamilie selbst stammte.

Schon bei der frühesten Königsgemahlin, die wir überhaupt mit Namen kennen, können wir das feststellen Hotep-Neith, Gattin des Gründers der I. Dynastie Horus Aha, der wahrscheinlich mit dem legendären Menes identisch ist, hat in ihrem Grab Siegel des Königs Horus Narmer hinterlassen, den wir zur »O. Dynastie« rechnen und der der Vorgänger Ahas war, und sie dürfte dessen Tochter gewesen sein.[7] Hier liegt ausnahmsweise einmal ein für uns günstiger Zufall der Erhaltung vor, denn von den meisten Königinnen dieser in Inschriften ohnehin noch sehr lakonischen Frühzeit kennen wir keinen Elternteil. Mit dem Alten Reich werden die Angaben besonders über Titel etwas ausführlicher. Wenn etwa eine Königin die Titel »Tochter eines Königs« oder »Schwester eines Königs« trägt, dann können wir schließen, daß sie aus der Königsfamilie stammt. Wie schwierig aber selbst das ist, sollen zwei Beispiele zeigen: Die Mutter des mächtigen Cheops, des Erbauers der Großen Pyramide von Gise, hieß Hetep-heres I. Ihr Grab wurde in den zwanziger Jahren dieses Jahrhunderts durch Zufall gefunden, als ein Fotostativ im Sand einsank, und es enthielt noch das gesamte Grabmobiliar einschließlich der Eingeweidekrüge, nur die Mumie selbst war aus noch ungeklärten und in der Wissenschaft umstrittenen Gründen aus dem Sarkophag verschwunden.[8] Dieser einzige uns erhaltene Grabschatz einer königlichen Bestattung im Alten Reich, den wir heute vorzüglich restauriert im Ägyptischen Museum in Kairo bewundern können, beweist in jedem seiner Teile den hohen Rang, den Hetep-heres am Hof ihres Sohnes Cheops einnahm, der ihr auch das Begräbnis ausrichtete. Aus Inschriften auf den Möbelstücken wissen wir, daß sie die Gemahlin von König Snofru war, dem Gründer der IV. Dynastie und gewaltigen Bauherrn, dessen drei Pyramiden bei Dahschur und Meidum insgesamt noch wesentlich größere Steinmassen aufweisen als die Cheopspyramide. Was wir aber nicht wissen, ist die Abstammung dieser bedeutenden Frau: War sie die Tochter oder, wie andere glauben, Gattin in erster Ehe von Huni, dem letzten Pharao der III. Dynastie? Dann wäre es möglich, daß sie es war, welche die Legitimität von den Königen der III. auf die der IV. Dynastie übertragen hat. Heute wird unter Hinweis auf den fehlenden Titel »Tochter eines Königs« diese Erbmittlerschaft der Hetep-heres meist in Frage gestellt[9]; aber wir haben ja schon verschiedentlich erlebt, wie vorsichtig man nach Tausenden von Jahren mit der Bewertung sein muß, wenn ein Zeugnis fehlt.

Das andere Beispiel, das hinsichtlich der Verwandtschaftsverhältnisse im Königshaus Kopfzerbrechen bereitet, ist die Verleihung des Titels einer »Tochter des Königs« als reiner Ehrentitel an Frauen hoher Beamter in der V. und VI. Dynastie, nicht selten sogar mit dem Zusatz »aus seinem Leibe«, und dieser Titelbrauch lebte noch einmal in der 2. Zwischenzeit auf. Doch neben diesen schwierig zu entscheidenden Fällen gibt es in der langen ägyptischen Geschichte genügend klare Abstammungsvermerke, so daß man von einer deutlichen Bevorzugung von Eheschließungen innerhalb der Königsfamilie sprechen kann. Hierbei stellt sich gleich die Frage, ob und wie oft ägyptische Könige ihre Schwester heirateten, oder ob gar die Geschwisterehe im Königshaus, wie die Ägyptologie lange Zeit hindurch angenommen hat, geradezu Pflicht war, um — wie man dies meist begründete — das »reine Königsblut« zu erhalten. Über diese Begründung wird noch zu reden sein,

182

aber zunächst einmal gilt es, die Tatsachen zu klären. Wenn wir am Ende ägyptischer Kultur, nämlich zur Ptolemäerzeit, beginnen, so ist in diesem Königshaus, das ja makedonischen Ursprungs war, tatsächlich seit Ptolemäos II. die Ehe mit der leiblichen Schwester üblich gewesen, und die Nachrichten über die ägyptische Geschwisterehe, die schon in der Antike Eingang in das Abendland fanden und vor allem bei den Kirchenvätern höchste moralische Entrüstung hervorriefen, stammten meist von griechischen Schriftstellern wie Diodor oder Pausanias[10], und so wertvoll manche Berichte griechischer Historiker auch für unsere Kenntnisse von Ägypten sind, so zeugen sie doch oft eher von griechischen als von ägyptischen Auffassungen und daraus entstehenden Mißverständnissen.

In den Zeiten rein ägyptischer Dynastien, von der Früh- bis zur Perserzeit, wird die Beweislage aber wieder schwierig, wenn wir sie auf ihre engste Bedeutung begrenzen: »Geschwister desselben Elternpaares«. Zu oft ist nur einer der beiden Elternteile genannt, so daß man mit der Möglichkeit von Halbgeschwistern rechnen muß. Wir wissen zudem, daß mindestens seit der XVIII. Dynastie Liebende und Ehegatten inner- und außerhalb des Königshauses sich »Schwester« und »Bruder« nannten, auch wenn sie gar nicht miteinander verwandt waren. Dazu kommt noch der für eine frühe Gesellschaft erstaunlich geringe Wortschatz für Verwandtschaftsbeziehungen − »Schwester« etwa steht auch oft für »Kusine«. Aber trotz aller dieser zur Vorsicht mahnenden Schwierigkeiten steht doch fest, daß im Königshaus mit Vorliebe innerhalb der engeren Familie geheiratet wurde, wobei das Beieinanderhalten des Erbes an Macht und Besitz, wie bei alten Familien überhaupt, eine Rolle gespielt haben dürfte und auch der Hochmut gegenüber

Außenstehenden. Man darf dabei außerdem nicht vergessen, daß es erst verhältnismäßig spät in der ägyptischen Geschichte Staaten in erreichbarer Nähe gab, deren Herrscher etwa als gleichberechtigt gelten konnten. Ferner wurden zunehmend häufig ausländische Prinzessinnen in den Harem des Königs aufgenommen, doch keine von ihnen wurde »Große Königliche Gemahlin«. Als gar einmal ein »Barbar«, immerhin der König des damals mächtigen Babylonien, bei Amenophis III. um die Hand einer Prinzessin bat als diplomatische Gegengabe für seine Schwester und Tochter, die in Amenophis' Harem lebte, erhielt er den hochnäsigen Bescheid: »Von alters her ist eine Königstochter von Ägypten an niemand (im Ausland) gegeben worden.« Für die herausragende Rolle Ägyptens in der damaligen Staatenwelt des Orients spricht die unterwürfige Antwort des kassitischen Herrschers: »Irgendein schönes Weib, als ob es deine Tochter wäre, sende mir! Wer wird dann sagen, das ist keine Königstochter.«[II]

In der älteren Ägyptologie wurde oft die Mythologie als Beweis für die Geschwisterehe im Königshaus herangezogen. In der Tat folgen ja in den verschiedenen Weltentstehungslehren der Ägypter auf den Urgott dessen Kinder als Götterpaare, die dann wieder die folgende Göttergeneration zeugen. Solche Schöpfungsgeschichten gibt es aber in vielen Religionen, und wir wissen heute, daß Mythen jeder Art kaum oder gar nicht als Beweise für geschichtliche oder gesellschaftliche Verhältnisse zu verwenden sind.

Wenn man im Abendland schon der − tatsächlichen oder angenommenen − Schwesterheirat im Pharaonenhaus mit Befremden und Ablehnung begegnet war, so reagierte die Ägyptologie voller Entrüstung und nannte es einen »häßlichen Flecken« in der Moral des ansonsten als angeblich ersten Monotheisten hochgepriesenen Amenophis IV.-Echnaton, als nach der Ausgrabung seiner Hauptstadt Tell-el-Amarna durch deutsche Forscher kurz vor dem Ersten Weltkrieg sich die Anzeichen mehrten, daß er zwei seiner Töchter, Merit-Aton und Anches-es-pa-Aton (die spätere Gemahlin Tutenchamuns) geheiratet und sogar mit jeder ein Kind gezeugt hatte. Es gibt Inschriften, in denen — nacheinander, nie gleichzeitig — beide als »Königsgemahlin« bezeichnet werden, und in einem seiner Tontafelbriefe, der mit der gesamten diplomatischen Korrespondenz dieser Zeit in Tell-el-Amarna gefunden wurde, spricht König Burnaburiasch II. von Babylon von »Majati (keilschriftlich die zeitgenössische Aussprache des Namens wiedergebend, den wir Merit-Aton schreiben), die Herrin deines Palastes« und läßt sie grüßen. Tatsache ist auch, daß die beiden Prinzessinnen noch zu Lebzeiten Echnatons mit je einer Tochter gezeigt werden, die den Namen der Mutter mit der Beifügung »tascherit«, »die Jüngere« tragen, aber ohne Vatersnamen.

Man fing an, Echnaton alles Schlimme zuzutrauen; nach einer Statuette gar auch homoerotische Beziehungen zu seinem Schwiegersohn, Schwager und, wie man damals glaubte, jüngeren Bruder Semenchkarê. Dies und noch viel mehr übrigens zu einer Zeit, in der bestimmte »expressionistische« Darstellungen Echnatons als Krankheitszeichen ausgelegt wurden, wonach ihm jede Zeugungsfähigkeit fehlte.

Dann aber folgten neue Entdeckungen: Inschriften, denen man bisher keine große Beachtung geschenkt hatte, erwiesen, daß auch die jüngste Tochter Amenophis' III. und der Teje, Sat-Amun, den Titel »Königsgemahlin« oder sogar »Große Königliche Gemahlin« trug, und dasselbe stellte sich bei wenigstens drei der Töchter von Ramses II., Bint-

Anat, Merit-Amun und Nebet-tauwi, heraus.[12] So groß war die ehrliche Entrüstung mancher Ägyptologen über die offensichtliche Verkommenheit der Pharaonen, daß sie derartige Texte oder Hinweise darauf tunlichst in Fachzeitschriften versteckten, die nur wenige Kollegen lasen, die ohnehin Bescheid wußten. Es bedurfte langer, geduldiger Untersuchungen, bei denen vor allem deutsche Forscher wie Wolfgang Helck und Christine Meyer hervorragten, bis man den Sachverhalt genauer kennen und verstehen gelernt hatte. Danach ist »Königsgemahlin« in allen diesen Fällen ein reiner Rangtitel für die jeweils älteste, unverheiratete Königstochter gewesen, damit sie in Vertretung bei Abwesenheit, Tod oder Verbannung ihrer Mutter die kultischen und protokollarischen Pflichten erfüllen konnte, die nur der Königsgemahlin oblagen.

Diese Notwendigkeit wurde vielleicht dadurch noch verschärft, daß weder ihre Mütter noch sie selbst den Titel »Gottesgemahlin des Amun« tragen (was für die Zeit der »Ketzerei« Echnatons ohnehin selbstverständlich ist), deren herausragende Bedeutung im Neuen Reich wir im vorigen Kapitel erschlossen hatten. Mit Sicherheit ist auch auszuschließen, daß die angeblichen Töchter der Merit-Aton und Ankhes-en-pa-Aton Tochter-Enkelinnen Echnatons gewesen sind.[13] Auf die beiden »Kleinen« oder »Jüngeren« werden wir im nächsten Kapitel bei dem spannenden Intrigenspiel unter den königlichen Frauen am Hof Echnatons noch einmal stoßen.

Im Umkreis Echnatons treffen wir übrigens gleich zweimal auf die nicht häufig belegbaren, aber recht bezeichnenden Fälle, in denen der regierende König eine Bürgerliche geheiratet hatte, eine in keinerlei Blutsverbindung mit dem Königshaus stehende Frau, sie sogar zur »Großen Königlichen Gemahlin« mit allen dieser zustehenden Titeln und Ehrenbezeichnungen erhebt und sie auch mit dem vollen Ornat darstellen läßt, der nur ihr allein zusteht: die höchst kleidsame »Geierhaube« – ursprünglich Zeichen der oberägyptischen Kronengöttin Nekhbet, im Neuen Reich wohl als Symbol der Amun-Gemahlin Mut gesehen –, die beiden hohen Goldfedern darüber und die die Feinde abwehrende königliche Uräusschlange an der Stirn.

»Die hohe Königsfrau Teje, sie lebe!
Der Name ihres Vaters ist Juja.
Der Name ihrer Mutter ist Tuja.
Sie ist die Frau eines starken Königs,
dessen Südgrenze bis Kari (im Sudan) reicht,
dessen Nordgrenze bis Naharina (Mesopotamien)
  reicht.«

Mit diesen Worten auf einem in vielen Exemplaren gefertigten Stein in Käferform, dem Skarabäus, unterrichtet der junge König Amenophis III. seine hohen Beamten und Militärführer in seinem weiten Reich und dadurch alle seine Untertanen von seiner Hochzeit und scheut sich dabei keineswegs von der Angabe Tejes bürgerlichen Herkunft, ja, er unterstreicht sie sogar durch das Fehlen jeglicher Titel vor den Namen seiner Schwiegereltern.

Ebenso wie sein Vater nahm auch Amenophis IV., der sich später Echnaton nannte, in Nofretete eine Frau, von der wir zwar bis heute nicht genau die Abkunft kennen, aber mit Sicherheit wissen, daß sie keinerlei verwandtschaftliche Bande mit der Königsfamilie hatte. Beide Frauen zeichneten sich nicht nur durch Attraktivität, ja Nofretete durch außergewöhnliche Schönheit aus, sondern zeigten auch ein großes

Maß an Klugheit, mit der sie tiefen Respekt im In- und Ausland errangen, so daß sie auch politisch höchst bedeutsame Rollen spielten. Ein auf den ersten Blick besonders überraschendes Beispiel für die außenpolitische Aktivität und Bedeutung einer Königsgemahlin bietet ein Brief des Herrschers des Mitanni-Reiches (etwa dem heutigen Irak entsprechend) namens Tuschratta: »Zu Teje, Herrin von Ägypten, hat also gesprochen Tuschratta, König von Mitanni: Mir ist Wohlbefinden! Deinem Hause, deinem Sohn sei Wohlbefinden! Tatukhepa, meiner Tochter, deiner Schwiegertochter (sie lebte mit dem Titel »Königsgemahlin« im Harem Amenophis' III.) sei Wohlbefinden! Deinen Ländern, deinen Kriegern und allem, was dir gehört, sei in hohem Maße Wohlbefinden! – Du selbst weißt von mir, wie ich mit Mimmuria (Nebmarê, Thronname Amenophis' III.), deinem Gemahl, Freundschaft geschlossen habe und wie auch Mimmuria, dein Gemahl, mit mir Freundschaft unterhielt. Und was ich an Mimmuria, deinen Gemahl schrieb und was ich redete, und auch die Worte, die Mimmuria, dein Gemahl, an mich schrieb und die er redete – du selbst, Gilia und Mane (mitannischer und ägyptischer ›Botschafter‹) wissen es. Du selbst aber weißt noch besser als sie alle die Worte, die wir miteinander geredet haben. Irgendein anderer weiß sie nicht...« Und der König von Mitanni hofft dann auf weitere Fortsetzung der Freundschaft auch mit dem Teje-Sohn Amenophis IV., nicht ohne gleich die Gelegenheit zu benutzen, Goldlieferungen zu schnorren.

Auch dieser Brief stammt aus dem Amarna-Archiv und beweist die enge, wenn nicht entscheidende Vertrautheit der Königin Teje mit der Außenpolitik des ägyptischen Reiches und ihre Teilnahme sogar an vertraulichen Unter-vier-Augen-Gesprächen bei einem Staatsbesuch des mitannischen Herrschers. Dieser Brief ist nicht der einzige in diesem Archiv, der an die Königin gerichtet ist und über ihre Rolle spricht. Aber leider ist das Archiv von Tell-el-Amarna fast die einzige erhaltene Dokumentensammlung des pharaonischen Außenamtes, wenn wir von einigen Resten eines hethitischen Archivs absehen, die unter anderem Schriftwechsel mit ägyptischen Königen der XIX. Dynastie enthalten. Und darin fällt uns wiederum auf, mit welchem Respekt, aber auch welcher Selbstverständlichkeit die Königinnen in den diplomatischen Schriftwechsel mit einbezogen waren. Wenn wir dazu die zu Beginn dieses Kapitels zitierte Lobpreisung Ahmoses I. für seine Mutter Ahhotep und deren außenpolitische Tätigkeit während der Befreiungskriege nehmen, so wird deutlich, daß Teje keine einmalige Ausnahme darstellt. Natürlich hat nicht jede ägyptische Königsgemahlin eine solche Rolle in der Außenpolitik gespielt. Aber wie bei vielen Zügen des Verhältnisses zwischen Mann und Frau in Ägypten und bei der Stellung der königlichen Frauen: Das Entscheidende ist nicht, wie oft etwas vorkommt, beziehungsweise nachzuweisen ist, sondern immer wenn es geschieht und belegbar ist, wurde dies von niemand als verwunderlich befunden, weder vom jeweiligen Pharao noch von den ausländischen Herrschern, und es wurde schon gar nicht beanstandet.

Teje und Nofretete waren keineswegs die einzigen Königsgemahlinnen, deren nichtkönigliche Abstammung wir nachweisen können. So steht am Anfang der Befreier-Dynastie wieder eine sehr bedeutende Frau, die bürgerlicher Herkunft war: Tetischêre, die kleine Teti, hieß die Gattin des Königs Senakhtenrê Tao I. (um 1575 bis etwa 1558 v. Chr.). Ihre Standbilder wie ihre in dem berühmten Versteck königlicher Toter in Der-el-Bahari gefundene Mumie zeigen, daß ihr der Kosename »die Kleine« zu Recht gegeben wurde. Sie war ein winziges Persönchen mit zarten Arm- und Fußgelenken, um die kaum ein heutiges Kinderarmband passen würde, hatte ein schmales Gesicht mit großen Augen und volles, langes Haar, das rührenderweise bei der Mumie durch eingeflochtende falsche Zöpfe vorgetäuscht wurde.

Tetischêre muß nach dem Ausdruck ihrer Statuen ein wahres Energiebündel gewesen sein, und sie hat Gatten, Sohn und Enkel zum Kampf um die Befreiung von der Hyksosherrschaft angefeuert und zweifellos während deren Abwesenheit auf Kriegszügen die Ordnung im thebanischen Machtbereich aufrechterhalten. Ihr Sohn Tao II., genannt »der Tapfere«, hat den Kampf gegen die Hyksos aufgenommen und ist dabei gefallen, wie die schweren Kopfverletzungen an seiner Mumie zeigen. Ihr Enkel Kamose führte dann die ersten Züge bis an die Hauptstützpunkte des Feindes im Delta, die er aber noch nicht einnehmen konnte. Erst Tetis Enkel Ahmose vertrieb die Hyksos endgültig von ägyptischem Boden und wird daher, als nun vollgültiger König von Ober- und Unterägypten, schon in altägyptischer Zeit als Begründer einer neuen, der XVIII. Dynastie gezählt, obwohl er von Vater- wie Mutterseite der vorhergehenden XVII. entstammt. Er ist es auch, der seiner Großmutter die wohl schönsten Worte widmet, die je ein ägyptischer König über seine Mutter gesagt hat. Jenem Gespräch nämlich über den Verkauf des Prophetenamtes durch seine Frau Ahmes-Nefertari, das wir im vorigen Kapitel eingehend behandelt haben, geht auf der Stele eine sehr bewegende Szene voraus:

»Es geschah aber, daß Seine Majestät in der Säulenhalle saß, der König von Ober- und Unterägypten Neb-pehti-Rê, der Sohn der Sonne Ahmose..., indem die gunstreiche, die anmutige, die Königstochter, Königsschwester und Große

Königliche Gemahlin Ahmes-Nefertari, sie lebe!, bei Seiner Majestät war. Einer sprach zum anderen und suchte, was für die Dahingeschiedenen nützlich ist, nämlich Wasser zu spenden und auf dem Altar zu opfern an allen Festen des Himmels und der Erden.

Es sprach seine Schwester (die Königin), indem sie ihm antwortete: ›Warum erinnert man (Höflichkeitsanrede für Könige) sich dieser Dinge? Weshalb spricht man darüber? Was ist deinem Herzen eingefallen?‹ Der König selbst aber sprach zu ihr: ›Ich denke viel an die Mutter meiner Mutter und die Mutter meines Vaters, die Große Königliche Gemahlin, die Mutter eines Königs, Tetischêre die Selige.‹«

Auch Ahmose weiß also noch von der nichtköniglichen Abstammung der Großmutter und bezeichnet sie auch nicht höflichkeitshalber, wie das manchmal bei Königsmüttern geschieht, als Königstochter oder -schwester. Er berichtet dann seiner Frau von den Plänen, außer dem Grab in Theben für die offenbar erst kürzlich Verstorbene noch eine Kapelle am Osirisgrab in Abydos zu errichten, wie es sonst in dieser Zeit nur regierenden Königen zukam, mit einem Teich und einem Baumgarten. Und er schließt die Schilderung seines ungewöhnlichen Vorhabens mit dem Satz: »Seine Majestät hat dies gemacht, weil er sie so über alles liebte. Niemals haben frühere Könige ähnliches getan für ihre Mütter!«[14]

Nach dieser Szene können wir es uns ersparen, alle übrigen Fälle nichtköniglicher Abstammung von Königsgemahlinnen aufzuzählen. Hetep-heres ist zu Beginn die erste, bei der die Wahrscheinlichkeit dafür spricht, und die Ausländerin als Mutter Siptahs am Ende der XIX. Dynastie ist nicht die letzte. Aber eins haben alle diese »bürgerlichen« Frauen gemeinsam: In keinem einzigen Fall finden wir auch nur versteckte Andeutungen darüber, daß ein Sohn aus einer dieser Ehen nicht als legitimer Thronfolger gegolten hätte.

Für alle Königsmütter, ganz unabhängig von ihrer Herkunft und von einer Titulatur als »Königsgemahlin«, galt dasselbe: Jede Frau, deren Sohn den Thron bestieg, erhielt damit Titel, Rang, Rechte und Pflichten einer »Mutter des Königs von Ober- und Unterägypten«. Auffallend ist, daß an der Nahtstelle von Dynastien oft bedeutende Frauen als Königsmütter stehen; ob sie die Legitimität des Übergangs vermittelt haben, kann man nur vermuten. Das trifft schon für Ni-maat-hap zu, Gattin des letzten Königs der II. Dynastie, Khasekhemui (um 2635 v. Chr.), und Schwiegermutter des Erbauers der Stufenpyramide Djoser. Meresankh I., Mutter des Königs Snofru und Großmutter von Cheops, steht am Anfang der IV., und Khent-kaus I. am Übergang zur V. Dynastie, deren Söhne aus ihrer ersten, nicht königlichen Ehe die ersten drei Könige dieser Dynastie (ab etwa 2450 v. Chr.) werden.[15]

Auf der ältesten uns leider nur in Bruchstücken erhaltenen Königsliste, die unter dem Namen Palermostein bekannt ist und vom Beginn ägyptischer Geschichte bis in die I. Dynastie alle Könige und ihre nach Jahren geordneten Taten aufzählt, steht hinter jedem Königsnamen der seiner Mutter. Es fehlt jede Vatersangabe[16], wo immer wir Darstellungen von Königsmüttern zu ihren Lebzeiten finden, und die sind in allen Epochen zahlreich. Sie stehen im Protokoll gleich nach dem König an der Spitze, vor Königsgemahlinnen, Erbtöchtern und Kronprinzen.

Im Königs- wie im Götterkult kommt der Königsmutter eine eigenständige, bedeutende Stellung zu. Vor allem bei den großen Einschnitten im Königtum, bei der Krönung, dem Wiederbelebungs- und Stärkungsritual des Sed-Festes und beim Königsbegräbnis ist die Königsmutter selbst oder, nach ihrem Tode, ihr Abbild Verkörperung der Göttinnen, welche für Neuschöpfung und Wiedergeburt stehen.[17] Die Namen dieser Göttinnen und die Form ihrer Verkörperung wechseln mit den Wandlungen der Theologie im Laufe der Jahrtausende, die Rolle und Deutung der Königsmutter bleibt immer die gleiche.

Besonders hervorgehoben ist die Königsmutter auch in der ergreifenden Legende von Zeugung und Geburt des Königs als Götterkind, die ich ausführlich in meinem Buch *Herrin Beider Länder – Hatschepsut* wiedergegeben habe. Sie ist uns am ausführlichsten im Totentempel dieser Könige von Der-el-Bahari und im Luxortempel Amenophis' III. in Bild und Schrift überliefert, stammt aber, wie der deutsche Ägyptologe Hellmut Brunner nachgewiesen hat, spätestens aus der Zeit der IV. Dynastie.[18]

Der Gott, so heißt es darin, erblickt eine schöne Menschenfrau und verliebt sich in sie. Auch sein Name ändert sich im Laufe der ägyptischen Religionsgeschichte. Im Alten Reich ist es Rê, in der XVIII. Dynastie Amun der Götterkönig – jeweils die Göttergestalt, die nach dem Zeitglauben gewissermaßen alle Götter in sich zusammenfaßt. Er sendet seinen Herold, hier den Gott Thot, aus, der ihm berichtet, die Schöne sei die Königin; ihr Gemahl sei aber noch ein Kind – wie in der christlichen Legende (nicht im Evangelium) von »Joseph, dem alten Greis« ein Hinweis auf die Jungfrauschaft der Erwählten und zugleich ein Schutz für die Würde ihres Gemahls.

Amun besucht darauf die Königin in ihrem Palast, zunächst in Gestalt des Königs, dann aber zeigt er sich als Gott. »Wie herrlich ist es, dein Haupt zu sehen! Du hast Meine Majestät mit deinem Glanz umfangen«, jubelt die

Königin bei der im Bild ganz dezent angedeuteten Heiligen Hochzeit (man sieht Amun und die Königin nebeneinander auf dem Bett sitzen), und der Gott selbst formt aus den verehrenden Worten der Mutter den Namen des Kindes, das er soeben gezeugt hat. »Hatschepsut (Haupt der Edelfrauen oder auch ›herrliches Haupt‹) Khnemet-Amun (welche Amun empfängt) ist also der Name dieser meiner Tochter, die ich in deinen Leib gelegt habe ...« Und anders als eineinhalb Jahrtausende später im Neuen Testament spricht er selbst die Verkündigung aus: »Sie wird das treffliche Amt des Königs ausüben in diesem ganzen Lande!«

Wir sehen dann weiter, wie Chnum, ein widderköpfiger Schöpfer- und alter Handwerksgott, auf der Töpferscheibe den Leib des künftigen Königs formt, zusammen mit seinem Ka, der die gleiche Gestalt hat. Ka — das ist einer der schwierigen Ausdrücke im Ägyptischen, die sich nicht mit einem einfachen Wort ins Deutsche übersetzen lassen. Meist wird es mit »Seele« wiedergegeben, aber der Ka steht nicht im Gegensatz zum Körper, sondern ist eine Wesenseinheit mit ihm und den anderen Kräften, wie Akh, Ba und dem Namen. Wir können Ka vielleicht am besten als »Göttliche Lebenskraft« verstehen, die in jener Zeit nur dem König als göttlicher Teil seines Wesens zukam und ihn recht eigentlich erst zum König machte, so daß Ka in der Königstheologie der XVIII. Dynastie geradezu entscheidendes Kriterium seiner Legitimität wurde.[19]

Göttinnen führen im nächsten Reliefbild die Königin, deren Schwangerschaft zart, aber unübersehbar angedeutet ist, zur Geburt, und Göttinnen bringen das Gotteskind zur Welt, ganz wie schon in der über ein Jahrtausend älteren Geburtsgeschichte der ersten Könige der V. Dynastie im dritten Kapitel, wo wir ihnen als göttliche Hebammen bereits begegnet sind. Hathor bringt das Neugeborene dann seinem göttlichen Erzeuger, und der gewaltige Götterkönig ist hier ganz stolzer und etwas gerührter Vater: »Es kommt dieser erhabene Gott, um seine geliebte Tochter zu sehen, den König von Ober- und Unterägypten, sie soll leben!, nachdem sie geboren worden ist, worüber sein Herz sehr, sehr froh ist.« Und auf diese wieder einmal für die gute psychologische Beobachtungsgabe der Ägypter zeugende persönliche Bemerkung Amuns folgen die feierlichen Worte: »Mein Sohn aus meinem Leibe, mein strahlendes Abbild, aus mir hervorgegangen«, die einem sehr alten Ritual entnommen sind, was nicht nur ihre sprachliche Form zeigt, sondern auch die Beibehaltung des Wortes »Sohn« im Text der Pharaonin Hatschepsut.

Die Geschichte von der Geburt des Gottkönigs geht in den beiden uns erhaltenen Fassungen noch mit den Szenen göttlicher Ammen, die den zukünftigen König mit ihrer Milch noch weiter vergöttlichen, weiteren Begegnungen des heranwachsenden Kindes mit dem Gott und der Ernennung zur Königin beziehungsweise zum König durch den irdischen Vater zu Ende. Die Königsmutter spielt in dem Mythos seit der Geburt des Kindes keine Rolle mehr, und auch hierin ist die Übereinstimmung mit der ursprünglichen Fassung der Evangelien überraschend: Maria wie die Königin haben ihre besondere, sie vor anderen Frauen hervorhebende Würde in der Erwähnung durch Gott und in der Geburt des göttlichen Kindes, aber sie erhalten damit selbst keine Göttlichkeit.

Über den uns so vertraut anmutenden Gleichklängen dürfen wir nicht den ganz anderen theologischen Hintergrund der Bibelgeschichte vergessen. In der Frage der stilistischen und thematischen Beeinflussung muß man bei einem Zeitabstand von über zweitausend Jahren, von der ägyptischen Urfassung her gerechnet, sehr vorsichtig sein. Aber wir wissen, wie eng die Verbindungen zwischen Ägypten und Palästina seit Urzeiten waren und wie stark die Ausstrahlungskraft der ägyptischen Kultur, und so sind vielfältige Verflechtungen wahrscheinlich, wie sie auch bei dem *Hohenlied Salomonis* und bei den *Sprüchen Salomonis* naheliegen.

Ist nun in der XVIII. Dynastie, aus der vielleicht noch nicht zufällig die beiden ausführlichen Fassungen des Geburtsmythos stammen, besonderer Wert auf die Vaterschaft Amuns beim König gelegt worden, und steht vielleicht damit in Zusammenhang, daß in dieser Dynastie der Titel einer »Gottesgemahlin des Amun« ausschließlich in der Königsfamilie vererbt wurde? So fragten sich viele Forscher, als der Übergang dieses Titels von Priesterinnen im Mittleren Reich auf die königlichen Frauen im Neuen Reich erst einmal erkannt worden war und zugleich die Häufung von außergewöhnlichen aktiven und hochangesehenen Königinnen in dieser Zeit auffiel. Lag damit nicht die Vermutung nahe, daß sich hier ein alter Brauch wieder festigte, auf den schon der Palermostein hindeutete, daß nämlich das Königsamt über die mütterliche Linie vererbt wurde, unterstützt durch den Mythos, und daß die »Gottesgemahlin des Amun« zu jener Zeit eben praktisch die Mutter des Königs oder die des Erbprinzen war, die ihn als Erhalterin des königlichen – im Mythos: des göttlichen – Blutes legitimierte?

An der Spitze der Königinnen, die diesen Titel tragen, steht – wir wissen es bereits – jene Ahmes-Nefertari (ihre Mutter Ahhotep erhielt ihn erst nach dem Tode), die das Priesterinnenkolleg gründete. Sie war in der Tat die Mutter des auf Ahmose folgenden Königs Amenophis I. und gemäß der Erbvereinbarung in ihrer Schenkungsstele vererbte sie das Amt der Gottesgemahlin auf ihre Tochter Merit-Amun I., welche die Gemahlin ihres (Halb-?) Bruders Amenophis I. wurde. Ihr vorausgegangen war aber als Titelträgerin eine andere Tochter von Ahmose und seiner Gattin, namens Sat-Amun[20], die Titel und Funktion gleichzeitig mit ihrer Mutter innehatte, was zwar der Möglichkeit ägyptischen Erbrechts der »Vergabe zu Lebzeiten« entsprach, aber zu der Theorie von der Legitimitätsweitergabe durch die Gottesgemahlin nicht recht passen will, denn Sat-Amun war weder mit einem König verheiratet, noch hat sie einen Thronfolger geboren.

Ganz schwierig werden die Dinge mit dem Tode Merit-Amuns. Sie starb kinderlos, und so konnte sie weder den Titel der Gottesgemahlin geschweige den Thron vererben. Auf Amenophis I. folgte vielmehr ein Prinz aus einer Seitenlinie, der als Thutmosis I. ein tüchtiger König und gewaltiger Kriegsheld war, aber seine Große Königliche Gemahlin Ahmose trägt unter ihren Titeln zwei mit Sicherheit nicht: Sie wird – auch posthum – niemals »Tochter eines Königs« genannt, was für eine nichtkönigliche Abstammung wenigstens von Vaterseite spricht, noch ist sie »Gottesgemahlin des Amun«.[21] Gerade sie aber steht ja im Tempel von Der-el-Bahari als Auserwählte Amuns und Mutter seiner Tochter Hatschepsut im Mittelpunkt, und so zeigt sich in diesem Fall besonders deutlich, daß »Gottesgemahlin« und »Königsmutter« auch für das Bewußtsein der Könige der XVIII. Dynastie zwei verschiedene Dinge waren. Da Ahmose den Titel »Schwester eines Königs« trägt, ist nicht auszuschließen, daß sie (Halb-)Schwester Thutmosis' I. war, aber auch dann kann von Erbmittlung durch sie keine Rede sein.

Die Enttäuschung, die manche Wissenschaftler bei dieser Zerstörung schöner und liebgewordener Theorien empfanden, darf nun aber nicht dazu führen, daß jeglicher Einfluß der Königsmutter auf die Erbfolge geleugnet wird. Neben den uns schon bekannten früheren Fällen spricht vieles dafür, daß Ahmes-Nefertari, die beim Tod ihres Sohnes Amenophis I. noch lebte, die Thronübergabe von Thutmosis I., den noch Amenophis zum Thronfolger bestimmt hatte, mit ihrer außergewöhnlich großen Autorität unterstützt und gesichert hat.[22]

Die nächste Gottesgemahlin der Dynastie ist Ahmoses Tochter Hatschepsut. Da sehr viele Dokumente über sie später vernichtet oder umgeschrieben worden sind, fehlt jede Angabe darüber, wie und durch wen sie dieses Amt erhielt. Und da sie ganz am Anfang der Regierungszeit ihres Vaters Thutmosis I., wenn nicht sogar kurz vor dessen Thronbesteigung, geboren wurde, also wohl vor dem Tode von Ahmes-Nefertari, ist es nicht ausgeschlossen, daß die große Königin es selbst auf ihre Enkelin übertragen hat. Jedenfalls trägt Hatschepsut seit den ältesten auf uns gekommenen Inschriften aus der Anfangszeit ihrer Ehe mit ihrem Halbbruder Thutmosis II., der von einer Nebenfrau Thutmosis' I. abstammte, den Titel »Gottesgemahlin des Amun«, und so wird sie vom König und von allen ihren Beamten an der Spitze ihrer Titulatur stets bezeichnet.

Mit ihrer eigenen Krönung mußte sie auf dieses Amt, das sich ja nicht mit dem des regierenden Königs vertrug, verzichten und vererbte es an ihre Tochter Nofru-Rê. Trotz mancherlei Vermutungen gibt es aber keinerlei Beweise dafür, daß diese wiederum ihren Halbbruder Thutmosis III. geheiratet hätte, der »aus einer dunklen Ecke des Harems« stammte, wie der amerikanische Ägyptologe Redford sich ausdrückt[23], und deshalb nach noch vor kurzem vorherrschender Meinung der Legitimation durch diese Ehe besonders bedürftig gewesen wäre.

Nach dem Tod Nofrurês geht die Reihe der königlichen Gottesgemahlinnen weiter, wenn wir auch den Erbgang nicht immer genau verfolgen können – bis hin zu Tia, der Großen Königlichen Gemahlin Amenophis' II. und Mutter von Thutmosis IV. Dann aber reißt die Kette ab, und weder die Mutter Mutemwija von Amenophis III., der doch im Luxortempel eine der ausführlichsten Darstellungen seiner göttlichen Geburt hinterlassen hat, noch dessen Gemahlin Teje geschweige denn eine der Königinnen oder Königstöchter aus der verwirrenden Amarnazeit und ihren Nachwehen trägt diesen Titel. Er lebt erst wieder mit Beginn der XIX. Dynastie auf, deren Königsgemahlinnen seit der Zeit von Ramses I. das Amt erneut ausüben, also nach einer Unterbrechung von rund hundert Jahren.

Während dieser Zeit und in Perioden, in denen der Erbgang aussetzte oder die Titelträgerin wegen Minderjährigkeit das Amt nicht ausüben konnte, sind aber die kultischen Aufgaben weiter erfüllt worden. Wir haben das schon auf den Blöcken der »Roten Kapelle« Hatschepsuts sehen können. Die Stifterin Ahmes-Nefertari hatte durch ihr Priesterinnenkolleg für einen Stab gesorgt, dessen Leiterinnen mit dem Titel »Anbeterin des Gottes« oder »Leiterin der Eingeschlossenen Amuns« für ununterbrochene Kultausübung sorgten. Gewiß war also die Gottesgemahlin des Amun auch in der XVIII. Dynastie nach unserem Sprachgebrauch ein rein priesterliches Amt, aber für die Ägypter selbst und für das in ihrem Denken typische Ineinandergreifen von Religion und Politik, dynastischem Prestige und Götterkult dürfte die Wertung anders ausgesehen haben. Wir werden ein neues Aufblühen dieses Amtes mit für uns verblüffenden, auch erbrechtlichen und politischen Folgen, im nächsten Kapitel erleben.

Aber ob Gottesgemahlin oder nicht − die Bedeutung der Mutter des Königs ist kaum zu überschätzen, vor allem wenn es tatkräftige Frauen waren. Titel und Amt waren allerdings in Ägypten nie eine Institution, wie im benachbarten nubischen oder meroitischen Reich, das bis ins vierte nachchristliche Jahrhundert andauerte und dessen Königsmutter mit dem Titel »Kandake« an der Spitze eines Heeres selbst den Römern Schrecken einflößte, ja, die noch in der Apostelgeschichte erwähnt wird.[24] Die ägyptischen Königsmütter haben aber auch ohne Institution Kraft ihrer Persönlichkeit oft genug die Politik ihrer Söhne beeinflußt.

Besonders deutlich wird das in den gar nicht seltenen Fällen, in denen der Erbprinz beim Tode seines Vaters noch ein Kind war. Wie auch in einer nichtköniglichen Familie war es dann im Königshaus die Mutter, auf welche die Verantwortung überging, und so sind uns aus der langen ägyptischen Geschichte eine ganze Anzahl von Regentinnen bekannt, von denen die meisten mit sicherer Hand die Zügel der Regierung ergriffen, das Abgleiten in das immer drohende Chaos von Thronkämpfen und inneren Wirren verhüten und die von den Zeitgenossen als ganz selbstverständliche und tüchtige Verweserinnen des Reiches angesehen wurden. Als solche führten sie seit dem Alten Reich den Titel »Irit-pat« (vielleicht am besten mit »Erbfürstin« zu übersetzen), denselben Titel, den in männlicher Form unter den Göttern die »Urkönige« Geb und Thot tragen.[25]

Nur eine aus dieser langen Liste will ich hier vorstellen, weil es zum einen eine besonders reizvolle Darstellung von ihr gibt, und weil ihre Lebensgeschichte auch menschlich interessante Seiten hat: Anchnesmerirê II., Gemahlin König Phiops' I. aus der VI. Dynastie, sitzt, in Alabaster gebildet, nach dem Tod ihres Gatten um 2200 v. Chr. auf einem für das Alte Reich typischen würfelförmigen Thron mit kleiner Lehne. Ihr Vater, der Gaufürst von Abydos, Khui, war nicht mit dem Königshaus verwandt, aber politisch sehr einflußreich. König Phiops hatte sie und ihre Schwester geheiratet, nachdem seine erste Königin und deren Sohn einer Haremsverschwörung zum Opfer gefallen waren – der erste, aber keineswegs letzte Fall solcher Verschwörungen, von denen wir trotz der meist gewahrten Diskretion um das Königshaus erfahren.

Anchnesmerirê gebiert dem König einen Sohn, der nach dem Tode seines Vaters und dem bald danach folgenden seines älteren Vetters (und Halbbruders) Merirê als Phiops II. im Alter von etwa sechs Jahren den Thron besteigt. In dieser Statuengruppe sitzt er auf dem Schoß seiner Mutter, trotz der Proportionen eines Erwachsenen deutlich als Kind erkennbar. Er trägt das seit frühester Zeit dem König vorbehaltene Nemes-Kopftuch und über der Stirn die Uräusschlange, ist also eindeutig als bereits gekrönter König gekennzeichnet. Seine Mutter umfaßt ihn liebevoll-beschützend mit dem linken Arm, während ihre Rechte seine Beine hält und recht besitzergreifend wirkt. Anchnesmerirê trägt das im Alten Reich auch für Königinnen übliche eng anliegende Gewand und über ihrer dreiteiligen Strähnenperücke die Geierhaube einer Königsmutter.

Sie muß eine erfolgreiche Regentin gewesen sein, denn Phiops II. konnte später unangefochten die Regierung übernehmen, die er – nach den Schriften des in ptolemäischer Zeit lebenden Priesters Manetho – bis in das erstaunlich hohe Alter von einhundert Jahren ausübte. Nach ihrem Tod hat dann Phiops II. für seine Mutter ein Edikt erlassen, das inhaltlich an das fast tausend Jahre spätere von Ahmoses für seine Großmutter Tetischêre erinnert, wenn es auch bei weitem nicht so hübsch formuliert ist: »... Die Majestät befahl das Opfer ... vom Achtel eines Rindes und einem Krug Milch für jedes Fest hier für die Statue der Königsmutter (und nun folgt die ganze komplizierte Titulatur und der ›offizielle‹ Name seiner Mutter, der damals mit dem seiner Pyramide gebildet wurde!), die im Heiligtum des Khontamenti ist ... Gesiegelt in persönlicher Gegenwart des Königs.«[26] So heißt es auf einem Stelenfragment, das nahe dem Tempel des alten Totengottes von Abydos gefunden wurde.

Je länger jeweils die Regentschaft dauerte, je erfolgreicher sie war, je begabter und ehrgeiziger die Regentin war, um so näher mag der Schritt zur vollen Übernahme des Königsamtes, zur Krönung als Pharaonin gelegen haben.

Aber ehe wir uns die einwandfrei nachgewiesenen und die umstrittenen Fälle vom »weiblichen Horus, Tochter der Sonne, Herrin Beider Länder« als Höhepunkte weiblicher Möglichkeiten in der Vereinigung höchster geistlicher und weltlicher Gewalt näher ansehen, müssen wir erst einmal auch auf die negativen Folgen der hohen Stellung königlicher Frauen am Hofe einen Blick werfen. Auch Ägypten war keine heile Welt, und Ägypterinnen und Ägypter waren nicht ideale, götterähnliche Wesen, sondern Menschen mit allen ihren Fehlern. So hat es um Thronbesteigung und Machtausübung wohl nicht selten gewaltsame Auseinandersetzungen gegeben, öfter jedenfalls, als darüber in erhaltenen Dokumenten berichtet wird. Meist ist darin aber von einer Beteiligung auch königlicher Frauen die Rede, und so hat man sich angewöhnt, ganz allgemein von Haremsverschwörungen zu reden, obwohl im Einzelfall nicht deutlich wird, ob ein sich übergangen fühlender Prinz oder ein Usurpator dahinter steht oder aber eine ehrgeizige Mutter, die ihren Sohn unbedingt auf dem Thron sehen oder die Thronbesteigung eines anderen verhindern will.

Neben persönlichem Machtstreben liegt aber auch ein offenbarer Mangel vor, dessen sich die Ägypter vielleicht gar nicht bewußt waren: Es gab keine Verfassung, oder wie immer man ein Staatsgrundgesetz jener Zeit nennen mag, und es gab kein »Hausgesetz«, wie in modernen Dynastien üblich, das die Erbfolge zwingend regelt und klarlegt, wer auf keinen Fall den Thron besteigen darf. Das bedeutet nun nicht etwa, daß in der ägyptischen Thronfolge alles drunter und drüber gegangen wäre. Innerhalb der meisten Dynastien folgte auf den königlichen Vater dessen ältester lebender Sohn, und auch bei den Übergängen zu einer neuen Dynastie ist, soviel wir wissen, die Thronfolge nicht selten glatt verlaufen. Das im Königshaus vorherrschende Modell war offensichtlich dem privaten Erbrecht entnommen, das noch durch Heiraten innerhalb der Königsfamilie zum Zusammenlegen von Vater- und Muttererbe gestützt wurde, aber zwei schwer zu lösende Probleme mit sich brachte: das Aussterben einer Königsfamilie, das bei der hohen Kindersterblichkeit in Altägypten gar nicht selten vorkam, und Streit zwischen verschiedenen Erben, von Änderungen in Religion oder Königsdogma gar nicht zu reden. Wie oft königliche Frauen hierbei als Erbmittlerinnen oder Beraterinnen eine Konfliktlösung ermöglichten, haben wir wiederholt gesehen. Die negativen Fälle lesen sich, wie so oft, noch viel spannender.

Vielfach sind die einzigen Anzeichen solcher gewaltsamer Auseinandersetzungen um den Thron die »Auslöschung der

Erinnerung« genannten Aktionen des — wenigstens zeitweise — siegreichen Nachfolgers. So weit wie möglich werden Namen und Titel des verhaßten Vorgängers ausgemerzt
oder durch die eigenen ersetzt, Grab und Mumie zerstört,
seine Erwähnung in Königslisten möglichst verhindert —
kurz, er oder sie werden zur »Unperson« erhoben, nicht
nur für die Lebenden und die Nachwelt, wie noch unter Sta-
lin üblich, sondern nach ägyptischem Glauben auch für die
Ewigkeit im Jenseits.

Auf dieses barbarisch anmutende Zeichen gewaltsamer
Geschichtsumschreibung stoßen wir bereits wiederholt in
der Frühzeit der I. und II. Dynastie[27], ohne daß wir bei
den sowieso spärlichen Inschriftenresten jener Epoche
Genaueres über die Gründe erführen. Jedenfalls sind solche
Spuren von Thronkämpfen während der ganzen ägyptischen Geschichte häufiger, als man oft annimmt. Jeder Tourist, der die gewaltigen Pyramiden von Gise gesehen hat —
und das gilt auch schon für die Touristen des griechischen
und römischen Altertums —, empfindet sie doch als stein-
gewordene Denkmäler einer stetigen Thronfolge von Cheops über Chefren auf Mykerinos. In Wirklichkeit hat es
unter den Söhnen von Cheops erbitterte Kämpfe um den
Thron gegeben. Radjedef (oder Djedefrê, sogar um die
Namensform gibt es Auseinandersetzungen) war für einige
Jahre unmittelbarer Nachfolger des Cheops, und Chefren
kam möglicherweise erst nach Ermordung seines Neffen auf
den Thron. Auch Chefrens Sohn Mykerinos konnte erst
nach einem erfolgreichen Kampf gegen einen anderen
Bewerber die Herrschaft erringen.[28]

Welchen Einfluß königliche Frauen auf diese Ereignisse
hatten, wissen wir im einzelnen nicht. Da es sich aber
gerade in dieser Dynastie um sehr tatkräftige Frauen als

Königsmütter und -gemahlinnen handelt, ist ihr Eingreifen in die Thronstreitigkeiten mehr als wahrscheinlich. Da ferner ihre Gräber alle ohne Auslöschungen erhalten und sogar viele Generationen später noch Totenkulte für sie nachzuweisen sind, haben sie wohl jeweils an den Siegen ihren Anteil.

Einige wenige Fälle aber gibt es doch, in denen die Verwicklung von Frauen des Hofes als Teilnehmer oder gar als Urheber einer Verschwörung nachzuweisen ist: »Als eine geheime Anklage erhoben wurde im königlichen Harem gegen die Königin Weret-yamtes«, so beginnt ein Absatz in der Grabbiographie eines hohen Beamten unter Phiops I. namens Weni, »ließ mich Seine Majestät allein die Verhöre führen. Kein Oberrichter und Wesir, kein weiterer Beamter war anwesend, nur ich allein; denn ich war verdient und war festgegründet in Seiner Majestät Herzen, und Seine Majestät hatte sein Herz mit mir gefüllt. Ich allein faßte (das Verhör) schriftlich zusammen... Nie zuvor hatte jemand wie ich die Geheimnisse des königlichen Harems erfahren...«[29] Wenn Weni auch den Stolz auf diesen auszeichnenden Auftrag nicht ganz verschweigen kann, so wahrt er doch das »Geheimnis des königlichen Harems«, und wir erfahren von ihm weder die Anklage noch das Urteil über die Königin. Wir wissen nur, daß sie und ihr Sohn seitdem verschwunden sind.

Einen für den König schlimmeren Verlauf nahm eine andere Verschwörung, die offenbar den Gründer der XII. Dynastie, Amenemhet I. (1991 bis etwa 1971 v. Chr.), das Leben gekostet hat. Von ihr erfahren wir aus des Königs eigenem Munde in einem — natürlich fingierten — Bericht an seinen Sohn Sesostris I. höchst dramatisch:

»Wenn du schläfst, behüte selbst dein Herz, denn ein

Mann hat keine Anhänger am Tag des Unheils... Nach dem Abendessen war es, als die Nacht gekommen war. Ich hatte mir eine Stunde der Erholung gegönnt und lag auf meinem Bett, denn ich war müde geworden. Mein Herz hatte begonnen, dem Schlaf zu folgen. Da wurden Waffen gezückt... Hätte ich schnell die Waffen mit meiner Hand ergriffen, dann hätte ich die Feiglinge Hals über Kopf davongetrieben. Doch niemand ist tapfer in der Nacht, und man kann nicht allein kämpfen... Siehe, der Mord geschah, als ich ohne dich war, bevor die Höflinge gehört hatten, daß ich dir die Herrschaft übergeben und mit dir auf dem Thron des Horus gesessen hätte.«[30]

Der letzte Satz zeigt, aus welchem Grunde der posthume Bericht über den Mord an Amenemhet I. geschrieben wurde: Er sollte die Legitimität der Thronbesteigung seines Sohnes Sesostris I. sichern, entsprechend einer Zusatzsicherung, die in der XII. Dynastie über das Erbrecht hinaus häufig angewandt wurde, indem der altgewordene oder kranke König seinen ausersehenen Nachfolger zum Mitregenten ernannte mit Inthronisation und allen königlichen Titeln und Namen.

Ist die *Lehre Amenemhats für seinen Sohn* auch der erste literarisch bezeugte Königsmord, den wir kennen, so ist die Andeutung über Verwicklungen des Harems so versteckt, daß auch damals nur der Kenner sie verstehen konnte. Aber wie so oft gingen in Hofkreisen bald Gerüchte um, und sie schlugen sich nieder in einem der schönsten und besterhaltenen ägyptischen Literaturwerke, der berühmten *Geschichte des Sinuhe,* aus der wir oben aus dem Schlußteil zitiert haben. Sie beginnt ganz in der Form der damals üblichen Grabbiographie:

»Der Fürst und Graf,
der Siegelbewahrer des Königs,
der Gefolgsmann Sinuhe spricht:
Ich war ein Gefolgsmann seines Herrn,
ein Angestellter der Verwaltung der Königin,
bei der hochbegnadeten Fürstin,
der Gemahlin des Königs Sesostris
und Tochter des Amenemhet, Nofru...«

Der Held der Geschichte war also ein hoher Beamter des
Palastes der Königin, des Harems. Er schildert dann, wie er
Sesostris noch in dessen Kronprinzenzeit auf einem Kriegszug gegen Libyen begleitet, als plötzlich Boten aus der Residenz den Mord am alten König melden. Sesostris rafft
schnell einige Getreue zusammen, und »der Falke flog auf
ohne sein Heer«, um den Thron gegen die Aufrührer zu
sichern, was ihm auch gelang. Sinuhe hatte zufällig einige
Worte der Boten aufgeschnappt und daraus geschlossen, daß
der Harem oder gar seine Königin in das Komplott verwickelt waren, bekam entsetzliche Angst und:

»Ich entfernte mich in großen Sprüngen,
um mir ein Versteck zu suchen...«[31]

Damit beginnt die spannende Geschichte von Sinuhes
Flucht über den Nil und den Sinai in die Wüste, deren
glücklichen Ausgang wir ja kennen.

Von einer weiteren, besonders schwerwiegenden Verschwörung gegen einen König haben sich sogar Teile der
Prozeßakten erhalten, die wohl für das königliche Archiv
angelegt worden waren. Obwohl sie sich um kürzeste Formulierung und größtmögliche Diskretion bemühen, spre-

chen sie doch mit erstaunlicher Deutlichkeit aus, daß es um weit mehr als die üblichen Haremsintrigen, nämlich um einen schlau eingefädelten und von langer Hand vorbereiteten Versuch des Hochverrats ging. Es geschah in den letzten Regierungsjahren Ramses' III. (1193 bis 1162 v. Chr.), des letzten bedeutenden Königs des Neuen Reiches. Er hatte keine seiner Königinnen zur Großen Königlichen Gemahlin ernannt und auch noch keinen seiner Nachkommen als Erbprinzen oder Erbprinzessin proklamiert.[32]

Eine seiner Königinnen namens Teje, offenbar nicht weniger ehrgeizig als ihre Namensschwester und Gattin von Amenophis III. zweihundert Jahre zuvor, unternahm alles, ihren Sohn Penta-wert auf den Thron des alternden Königs zu setzen. Als all ihre Überredungskünste Ramses III. nicht zu der gewünschten Erbregelung veranlassen konnten, zettelte sie eine höchst gefährliche Verschwörung an. Ihr bedeutendster Verbündeter war eine zum Harem gehörige Frau aus adliger, sehr einflußreicher Familie: Deren Bruder war der Militärkommandant von Kusch, also dem ägyptisch besetzten Nubien und Nordsudan, der damals über die größte und bestausgebildete Armee des Reiches verfügte, nachdem die unterägyptischen Truppen in den zwar sieg-, aber verlustreichen Kämpfen gegen Libyer und Seevölker in den ersten Regierungsjahren des Königs ausgeblutet waren und fast nur noch aus fremdländischen Söldnern bestanden, deren persönliche Loyalität gegenüber dem König zweifelhaft war. Die Armee aus Kusch, so war der Plan, sollte in Oberägypten einfallen und damit den Putsch gegen den König auslösen. Auch fast alle Beamten des Frauenhauses waren als Helfer beteiligt oder zumindest schweigende Mitwisser, woraus man schließen kann, für wie aussichtsreich sie die Verschwörung hielten.

Am wichtigsten für die Pläne der Königin Teje war die Beteiligung des höchsten Haremsbeamten, des »Größten des Hauses Pi-bekek-amen«, der vor allem Schreiben vermittelte und wohl innenpolitische Ratschläge erteilte: »Er hatte ihre Worte herausgebracht«, heißt es in einem Protokollvermerk, zu ihren Müttern und Brüdern: »Reizt die Leute auf, stachelt die Feinde an, daß sie Feindliches gegen ihren Herrn begehen!«[33]

Zu einer Zeit, in der sich einerseits die Religion zum persönlichen Glauben verinnerlichte, andererseits plattestes Zauberwesen um sich griff, waren zwei weitere Verbündete für Teje besonders wichtig: Der eine stahl aus der Bibliothek des Pharaos eine Papyrusrolle mit magischen Sprüchen, und ein Priester der Sakhmet ließ danach Wachspuppen wirkmächtig werden, die zum Tod des Pharaos führen und im Palast Furcht und Schrecken verbreiten sollten. Eines Tages flog die ganze Geschichte jedoch auf. Der König war tief verstört, weil offenbar Personen darin verwickelt waren, die seinem Herzen nahestanden und denen er besonders vertraut hatte, und er muß geradezu verzweifelt nach Menschen gesucht haben, denen er die Ausrottung dieses weitverzweigten Geflechts anvertrauen konnte. Während bei anderen Staatsaffären, wie wir aus den wenig später beginnenden Grabräuberprozessen wissen, der Höchste Gerichtshof unter dem Vorsitz des Wesirs oder auch des Königs selbst tagte, setzte Ramses III. ein Sondergericht ein, dem er volle Freiheit ließ – oder wollte er nichts von den Folgen der Urteile wissen? Jedenfalls heißt es in seiner Anordnung: »Die Worte, die die Leute geredet haben, kenne ich nicht. Geht und untersucht sie. Und ihr werdet gehen und sie verhören, und ihr werdet sterben lassen, die ihr durch ihre eigene Hand sterben lassen müßt, ohne daß ich davon weiß. Und ihr werdet auch die Strafe an den anderen vollziehen, ohne daß ich davon weiß.«[34]

Es gab also in der Ramessidenzeit für den Strafvollzug zwei Klassen von Menschen: Die einen, Angehörige des Königshauses, höchste Beamte und Priester, wurden bei Verhängung der Todesstrafe zum Selbstmord gezwungen, die anderen wurden durch Pfählen oder Verbrennen hingerichtet – beides ist aber offenbar nur selten vollstreckt worden.

Bevor jedoch die Urteile noch gefällt oder gar vollstreckt werden können, gibt es ein Zwischenspiel, das die Korruptheit und Illoyalität der hohen Beamtenschaft im späten Neuen Reich zeigt: Von sechs Vertrauten des Königs im Sondergericht mußten zwei plötzlich verhaftet werden, weil sie sich mit den angeklagten Frauen getroffen und »ein Bierhaus gemacht«, das heißt, ein Gelage veranstaltet hatten. »Aber ihr Verbrechen packte sie und es wurde an ihnen die Strafe vollzogen durch Abschneiden ihrer Nase und ihrer Ohren.«[35] Das scheint die übrigen Richter beflügelt zu haben, denn nun hören wir von einigen Urteilen, die wir freilich meist nicht mit einer uns bekannten Person verbinden können, denn die hohen Richter waren nicht weniger magischem Denken verhaftet als die Haremsfrauen und haben in den Akten alle Angeklagten mit Namen übler Bedeutung umgetauft, damit sie noch im Jenseits auf ewig leiden sollten. »Ein Truchseß wurde herbeigebracht, weil er sich angeschlossen hatte dem Pibekekamen, und auch den Frauen, um die Bösen aufzureizen ... Man stellte ihn vor die großen Fürsten des Untersuchungshofes. Sie untersuchten seine Verbrechen, sie fanden ihn schuldig, sie ließen seine Strafe an ihm vollziehen.« Aber nicht nur hochrangige Beamte wurden verurteilt; die Sprüche ergingen bis »zu den Frauen der Leute vor den Toren des Harems«, also der

Schutzwache — sechs Frauen. Auch der Sohn der Teje, dessen Thronerhebung ja das Ziel der Verschwörung gewesen war, »wurde herbeigebracht, weil er sich der Teje, seiner Mutter, angeschlossen hatte, als sie sich mit den Frauen des Harems verschwor, indem er gegen seinen Herrn feindlich handelte. Man stellte ihn vor die Truchsesse, um ihn zu verhören. Sie fanden ihn schuldig, sie überließen ihn sich selbst, er nahm sich das Leben«.[36]

Ob Ramses III. das Ende des Prozesses noch erlebt hat, ist fraglich, denn die Akten (oder Abschriften davon) stammen erst aus der Zeit eines Nachfolgers. Die Mumie Ramses' III. weist jedenfalls keine erkennbaren Spuren eines gewaltsamen Todes auf. Noch acht Könige mit dem großen Namen Ramses folgten ihm auf dem Thron, aber sie waren nur Schattenfiguren, und Kriege und innere Wirren waren der Anfang vom Ende des glanzvollen Neuen Reiches, das so zukunftsgewiß begonnen hatte und im Jahr 1080 v. Chr. nach fast fünfhundertjähriger Dauer zusammenbrach.

Herrin
Beider Länder

Es ist gar nicht so lange her, daß man annahm, außer dem Sonderfall Hatschepsut habe es keine regierenden Königinnen in Ägypten gegeben; keine Königsliste nenne sie. Heute sind zwar unsere Kenntnisse über einzelne Persönlichkeiten noch immer nicht ganz gesichert (wie über manchen König auch), aber wir können doch mit großer Bestimmtheit sagen, daß es wenigstens fünf Frauen gegeben hat, die auf dem Horusthron als »König von Ober- und Unterägypten« saßen. Die früheste Erwähnung dieser Zahl stammt von dem griechischen Geschichtsschreiber Hekataios von Abdera, der unter Ptolemaios I. (305–282 v. Chr.) seine *Ägyptische Geschichte* schrieb, die sich wohl auf in Tempeln aufbewahrte Annalen stützt und die von Diodor wiedergegeben wird.[1] Zwar dokumentiert keine frühere Königsliste alle diese Namen, aber der Turiner Königspapyrus und die Saqqaraliste (beide aus ramessidischer Zeit) nennen zwei Königinnen; Hatschepsut und Tewosre sind archäologisch und durch Inschriften gut belegt, und Beweise für eine regierende Königin in der Nachfolge Echnatons wurden in jüngster Zeit zusammengetragen. Damit ist also die Zahl fünf des Hekataios gesichert, wobei wir die nach ihm lebenden Königinnen der Ptolemäerzeit – Arsinoe II. und Kleopatra – ohnehin nicht einbeziehen, da sie den Titel Basilissa nach griechisch-mazedonischen Recht und nicht nach ägyptischem trugen.

Es ist aber möglich, daß wir die Zahl fünf sogar erhöhen können. Ganz zu Beginn ägyptischer Geschichte sind uns zwei bedeutende Frauen durch zahlreiche Funde belegt, die ich im einzelnen in meinen Büchern *Auf den Schwingen des Horusfalken* und *Die Schöne im Morgenlicht* beschrieben habe: Hotep-Neith, die Gemahlin des ersten Königs der I. Dynastie Horus Aha (um 2950 v. Chr. und Merit-Neith, Gemahlin des Königs Wadschi (um 2780 v. Chr.) Diese Funde weisen bei beiden Frauen Besonderheiten gegenüber denen anderer zeitgenössischer Königsgemahlinnen auf, unabhängig voneinander, denn sie lebten mehrere Generationen voneinander getrennt und nichts weist auf eine Verwandtschaft hin. Am Anfang stehen, wie so oft in der ägyptischen Geschichte, ihre Gräber. Sie sind viel größer, besser ausgestattet und in ihrer Architektur moderner als die zeitgleicher Könige. Das der Hotep-Neith liegt in der Nähe von Negada in Oberägypten, ein riesiger Lehmziegelbau mit Nischengliederung der dicken, sorgfältig gemauerten Wände. Merit-Neith verfügt gar über zwei Gräber, wie sonst nur die regierenden Könige der I. und II. Dynastie, eines in Saqqara, dem Königsfriedhof seit der Gründung von Memphis als Residenzstadt durch Horus Aha, und eines in Abydos, inmitten der ältesten Königsgräber von Umm-el-Qaab. Als »die am exaktesten ausgeführte Anlage der I. Dynastie« bezeichnet sie der Leiter des Deutschen Archäologischen Institut Kairo, Werner Kaiser, nach mühsamen und höchst verdienstvollen Nachgrabungen der durch den ersten Ausgräber im vorigen Jahrhundert völlig durcheinandergeworfenen und unzulänglich veröffentlichten Königsgräber.[2]

Um diese sehr auffälligen Gräber liegt bei Merit-Neith noch jeweils ein Kranz von kleinen Gräbern, in denen Gefolgschaftsleute, Dienerinnen und Diener begraben sind, die damit in Begleitung ihrer Herrin der sonst in der Frühzeit nur dem gottgleichen Herrscher vorbehaltenen Himmelfahrt teilhaftig zu werden hofften. Schließlich hat ihr Grab in Abydos außerdem noch zwei große Steinstelen mit ihrem Namen, wie wir sie auch nur an Königsgräbern dieser Zeit finden.

Gemeinsam für beide Frauen ist weiter ein zunächst recht unscheinbar wirkender Fund; jeweils ein Siegel, das in seinem Abdruck von anderen Frauen- und Beamtensiegeln jener Zeit abweicht und verblüffende Ähnlichkeit mit den Siegeln regierender Könige hat. Ein Viereck zeigt im unteren Teil eine Palastfassade, darüber in den noch etwas ungelenken Hieroglyphen der Frühzeit den Namen. Und ganz so, wie bei den Königen über diesem »Serech« genannten Palastviereck der Horusfalke thront und sich damit der Name »Horus Aha« oder »Horus Wadschi« liest, ist bei diesen beiden Königinnen – und nur bei ihnen – die Standarte der Göttin Neith mit Schild und gekreuzten Pfeilen noch über das Siegelviereck erhoben und ergibt sowohl den vollständigen Namen als auch, wie beim König als »Horus des Palastes«, den Titel »Neith des Palastes«.

Bei Merit-Neith werden diese auffälligen Funde noch durch ein sorgsam aus härtestem Granit gemeißeltes Pavianfigürchen ergänzt, das deutlich lesbar auf der Brust ihren Namen trägt. Der Pavian aber war in der Frühzeit als »Der Große Weiße« die göttliche Verkörperung der Königsahnen und konnte folglich nur den Namen eines regierenden Königs tragen.

Über die herausragende Bedeutung all dieser Funde und

damit auch ihrer Besitzerinnen sind sich heute alle Ägyptologen einig. Aber sie widersprechen einander in den Folgerungen, die sie daraus für die Rollen von Hotep-Neith und Merit-Neith ziehen. Dies ist gar nicht verwunderlich angesichts der meist nur sehr kurzen Inschriften der Frühzeit, unserer noch immer lückenhaften Kenntnis der frühen Hieroglyphen und der geringen und offenbar durch Mißverständnisse verfälschten Nachrichten aus späterer ägyptischer Zeit — schon für die Pyramidenerbauer war die Frühzeit im Dämmer der Sage versunken!

In wachsender Übereinstimmung sieht man aber heute in diesen beiden Frauen zumindest Regentinnen: Hotep-Neith für ihren Enkel Djer[3]; Djers Tochter Merit-Neith für ihren Enkel Dewen[4]. Nicht gering ist aber auch die Zahl der Forscher, die wenigstens für Merit-Neith eine eigene Regierungszeit annehmen, und ich schließe mich ihnen an. Vielleicht ist sie aber auch erst die zweite Frau auf dem ägyptischen Thron nach Hotep-Neith. Mir erscheint übrigens fraglich, ob ganz am Beginn der geschichtlichen Zeit überhaupt scharf zwischen Regentin und regierender Königin unterschieden wurde.

Aus der II. Dynastie hat uns der Priester-Geschichtsschreiber Manetho eine interessante Nachricht über regierende Königinnen überliefert. Danach habe der König Neteren (um 2700 v. Chr.) beschlossen, Frauen die Thronfolge zu gestatten.[5] Oft genug erweisen sich Manethos Angaben als genau zutreffend; es ist offensichtlich, daß er unmittelbaren Zugang zu den Königsannalen der Tempel gehabt hat. Wenn er auch durch keine andere Quelle belegt wird, ist ein solcher Erlaß keineswegs ausgeschlossen. Viele, wenn nicht alle ägyptischen Rechtssatzungen sind durch einen Königserlaß entstanden, der von Generation zu Generation weiter überliefert wurde. Eine solche Möglichkeit weiblicher Thronfolge durch Königserlaß würde auch erklären, warum weibliche Throninhaber von ihren Zeitgenossen gar nicht als außergewöhnlich oder gar der geheiligten Weltordnung widersprechend angesehen wurden, wie von manchen paschahaften Nachfolgern — und heute noch einzelnen Wissenschaftlern.

Die nächste Königin auf dem Thron Ägyptens, von der wir hören, hatte wieder — und das scheint mehr als ein Zufall zu sein — die Göttin Neith als Namensteil: Nitokris in der allgemein üblichen griechischen Umschreibung, »Neith-iqert«, die treffliche Neith, im Ägyptischen. Am ausführlichsten hören wir von ihr bei Herodot im zweiten Buch seiner *Geschichte*:

»Von ihr erzählen die Priester, sie habe um ihres Bruders willen, der vor ihr König war und den die Ägypter ermordeten, wodurch sie selber auf den Thron gelangte, viele Ägypter umgebracht, um so seinen Tod zu rächen. Sie ließ nämlich einen Saal unter der Erde bauen, über die Maßen groß, und gab vor, daß sie ihn einweihen wollte, in ihrem Herzen aber dachte sie anders. Sie richtete ein großes Gastmahl aus und lud dazu alle diejenigen, von denen sie wußte, daß sie die Hauptschuldigen waren an dem Mord, und als sie alle saßen und schmausten, öffnete sie einen verborgenen Kanal und ließ den Fluß über sie herein. Mehr wußten sie von dieser Königin nicht zu erzählen, außer dem einen, daß sie nach dem Gelingen ihres Anschlages aus Angst vor Strafe eine Kammer voll Wasser gefüllt und sich hineingestürzt habe.«[6]

Nun hat der »Vater der Geschichtsschreibung«, Herodot, als er im fünften vorchristlichen Jahrhundert neugierig und mit offenen Augen und Ohren durch Ägypten reiste, neben inzwischen bestätigten geschichtlichen Daten auch eine Menge bunter Geschichten aufgeschnappt, wie sie selbst heute noch die Dragomane den Touristen in Pyramiden, Tempeln und Königsgräbern aufbinden, und die spannende Geschichte von der Rache einer Königin, die genug Stoff für eine Fernsehserie hergäbe, entspricht zu sehr spätägyptischen Volkserzählungen und Märchen, als daß man sie für bare Münze nehmen könnte. Aber immerhin – daß sich der Name einer regierenden Königin über fast zwei Jahrtausende erhalten hat, ist doch ein Beweis dafür, wie stark ihre Existenz in der Erinnerung des Volkes fortlebte.

Auch Manetho, der etwa zwei Jahrhunderte nach Herodot schrieb, war die Königin Nitokris noch bekannt, und sie galt ihm als »edelste und lieblichste Frau ihrer Zeit«. Er hebt hervor, sie sei »blond und rosenwangig« gewesen, und sie habe »die dritte Pyramide« (in Gise) gebaut. Also auch hier dieselbe Hochachtung vor dieser Frau auf dem Thron.

Wenn wir versuchen, historische Beweise für ihre Existenz anzuführen, können wir leider keinerlei archäologische vorweisen. Das ist allerdings nicht überraschend, denn nach allen Angaben müßte sie ja ganz am Ende der VI. Dynastie regiert haben, in einer Zeit des Umsturzes, von der die folgende Revolution keinen Stein auf dem anderen ließ. Aber der Name Neith-iqert findet sich in dem Turiner Königspapyrus mit dem Titel »König von Ober- und Unterägypten« davor, und zwar genau an der Stelle, wo sie laut Manetho zu erwarten ist: nach dem Sohn des greisen Phiops II. namens Merenrê II., der weniger als ein Jahr regierte, und unmittelbar vor der Umsturzzeit, die Manetho mit »70 Könige in 70 Tagen« vielleicht als ein Revolutionskomitee umschreibt. Somit wird in der modernen Ägyptologie an der Geschichtlichkeit ihrer Alleinregierung nicht mehr gezweifelt.[7]

219

Ob Nitokris tatsächlich eine Schwester Merenrês II. gewesen ist oder aber das übliche griechische Mißverständnis für »Gemahlin« vorliegt, wissen wir nicht. Die Geschichte Herodots gewänne eine gewisse Bestätigung, wenn die Vermutung des deutschen Ägyptologen Joachim Spiegel zuträfe, daß Merenrê II. von den Revolutionären ermordet worden ist[8], wenn auch die faszinierende Rachegeschichte spätere Ausschmückung ist. Und auch Manethos Angaben über die »dritte Pyramide« mögen auf Überlieferung der Tatsache beruhen, daß am Ende der VI. Dynastie im Pyramidenbezirk des Mykerinos Reparaturen durchgeführt wurden, dessen Totenkult in einem Edikt Merenrês II. bestätigt wird.

Mindestens eine der Königsgemahlinnen der IV. Dynastie, nämlich Hetepheres II., wird in einem heute noch gut erhaltenen Wandbild im Grab ihrer Tochter als blond und blauäugig dargestellt. Sie war vielleicht eine libysche Prinzessin, und diese verblüffende Erscheinung unter den schwarzhaarigen und dunkeläugigen Ägypterinnen mag in Volkserzählungen noch lange umgegangen sein.

Die erste Pharaonin auf dem Thron, deren volle Königstitulatur auf zeitgenössischen Quellen überliefert wird, mit allen fünf »Großen Namen«, und von der wir eine nicht unbeträchtliche Anzahl archäologischer Funde besitzen, ist am Ende der glanzvollen XII. Dynastie Sobeknofru (1789–1785 v. Chr.); aber über sie werden gar keine Geschichten erzählt, geschweige so hübsche oder dramatische wie über Nitokris. Im Ägyptischen Museum von Berlin steht ein erst 1966 erworbenes Stück eines Reliefs aus Alabaster, das uns einiges von der Geschichte dieser Frau verrät. Auf der rechten Seite liest man nämlich »König von Ober- und Unterägypten Sobek-ka-Rê« und erfährt damit gleich einen der »Großen Namen« der Königin. Neben einigen Anrufungen des Krokodilgottes Sobek, aus dessen Heiligtum im Fayyum das Relief stammen dürfte, folgt auf der linken Seite »Der Vollkommene Gott Ni-Maat-Rê«, der Thronname Amenemhets III. (1842–1798 v. Chr.). Dieser war der Vater Sobeknofrus und hat die Erschließung des Fayyums vollendet und damit das Fruchtland Ägyptens erheblich vergrößert, und hier wurde er bis in die griechisch-römische Zeit unter dem Namen »Lamares« als Lokalgott verehrt.[9] Er gab seine Tochter dem Thronfolger Amenemhet IV. zur Frau.

Nach dessen frühem, kinderlosen Tod im Jahr 1789 v. Chr. bestieg Sobeknofru den Thron und regierte drei Jahre, zehn Monate und vierundzwanzig Tage allein.[10] Wie das Berliner Relief zeigt, berief sie sich bei der Thronbesteigung auf eine Einsetzung durch ihren Vater, wie wir sie ganz ähnlich dreihundert Jahre später auf einer Inschrift Hatschepsuts in ihrem Tempel von Der-el-Bahari finden und deren historischer Hintergrund hier wie dort die Ernennung zur Erbprinzessin (»Große« oder »Älteste Königstochter«) durch den Vater gewesen sein dürfte.

Es gibt keinerlei Hinweise, daß ihre Herrschaft in Zweifel gezogen oder gar bekämpft worden wäre. Im Gegenteil spricht die weite Verbreitung ihrer archäologischen Spuren vom Delta bis zu einer Nilflutmarke weit in Obernubien bei Semna, zwischen dem 2. und 3. Katarakt, für eine anerkannte und ungestörte Regierungszeit. Ihre Nennung auf dem Turiner Königspapyrus wie auf der Königsliste von Saqqara aus der Ramessidenzeit bezeugen sie ebenfalls als legitime Throninhaberin und noch eineinhalb Jahrtausende später ist sie Manetho als »Skemiophris« bekannt.

Die nächste Frau auf Ägyptens Thron ist die am besten

und ausführlichsten bezeugte, am längsten regierende und erfolgreichste Königin: Hatschepsut, mit Thronnamen Makarê, die über zwanzig Jahre das Weltreich als »Herrin Beider Länder« beherrschte, das die ersten Pharaonen der XVIII. Dynastie nach der Befreiung von der Hyksosherrschaft erobert hatten und das vom Euphrat über Syrien und Palästina bis zu den äußeren Oasen der Libyschen Wüste und tief im Süden bis zum 4. Katarakt des Nils im heutigen Sudan reichte. Dieses »beherrscht« ist bei ihr ganz wörtlich zu nehmen: Nicht nur die sehr zahlreichen Äußerungen aller Zeitgenossen bezeugen ihre völlig unangefochtene Autorität, die durch einige ironisch-karikierende Wandkritzeleien der stets spottlustigen Ägypter eher noch unterstrichen wird, weil sie für ihre Popularität sprechen. Nicht nur fehlt jeder Hinweis auf Unruhen, auch ihre gewaltigen Bauten überall im Lande bis weit nach Nubien hinein konnten nach Ausmaß und Material sowie künstlerischer und technischer Vollendung nur unter einem Herrscher errichtet werden, der über alle menschlichen und materiellen Ressourcen des Landes verfügte und es fest in der Hand hatte.

Hatschepsut war keine Lückenbüßerin, sie war keine Randerscheinung eines untergehenden Zeitalters, wie in älteren Werken ägyptische Königinnen gern eingeschätzt werden. Sie folgt ihrem großen Vater Thutmosis I. (etwa 1508–1494 v. Chr.) nach dem frühen Tod ihres Gatten Thutmosis II. etwa im Jahre 1490 als Regentin für den höchstens vierjährigen Stiefsohn Thutmosis III. Nach Hatschepsuts Tod hat sich dieser in den langen Jahren seiner Alleinregierung als ungemein fähiger, auf allen Gebieten tüchtiger, willensstarker Herrscher gezeigt, ein gewaltiger Krieger, aber auch ein hinreißender Menschenführer und großer Baumeister. Daß Hatschepsut einen solchen zum König geradezu vorherbestimmten Mann, der viel eher als der monomane Ramses II. und manch anderer in der Menschheitsgeschichte den Beinamen »der Große« verdient hätte, zwar mit allen Ehren eines Mitregenten, aber doch deutlich an zweiter Stelle stehend behandeln konnte, auch nach seiner Mündigkeit, das spricht für eine Überlegenheit Hatschepsuts, die in ihrer Persönlichkeit gelegen haben muß.

Im Regierungsjahr 7 von Thutmosis III. und demnach dem 7. Jahr ihrer Regentschaft, so die heute weitgehend akzeptierte Ansicht der Wissenschaft, hat Hatschepsut ihre bisherigen, der Regentinnenstellung entsprechenden Titel »Königstochter, Königsschwester, Gottesgemahlin, Große Königliche Gemahlin, Herrin Beider Länder« in die volle Königstitulatur gewechselt. Die Geschichte ihrer Erwählung durch Amun erzählt sie selbst auf Reliefs ihres Allerheiligsten für die Tragbarke des Gottes, der »Roten Kapelle«, aus deren Inschriften wir im vorigen Kapitel schon die einmaligen Schilderungen von Kulthandlungen der Gottesgemahlin im Tempel erfahren haben. Der Krönungsbericht ist bei aller an diesem hochheiligen Ort gebotenen Religiosität und Betonung des Mythos so dramatisch und lebendig geschrieben, daß ich wenigstens einige kurze Auszüge aus der Übersetzung von Pierre Lacau zitieren will. Einige zum besseren Verstehen für Nichtfachleute nötige Ergänzungen habe ich in Klammern eingefügt.

Gott Amun, so beginnt der Text, der darin meist nur »Seine Majestät« genannt wird, Gott Amun zieht also in seiner Tragbarke auf den Schultern kräftiger Priester aus dem Tempelinnern, auf der auch noch heute erkennbaren Prozessionsstraße, aus dem Tempel aus, damit die Bevölkerung, die keinen Zugang zum Tempelinnern hatte, seines Segens und seiner Orakelsprüche teilhaftig würde, wie es seit

Beginn des Neuen Reiches an Götterfesten Brauch geworden war. »Aber er gab nicht seine Orakel vor den (dafür von den Königen errichteten) ›Stationskapellen des Herrn‹ ab. Die ganze Erde verharrte in Schweigen. ›Man weiß nicht (was das bedeutet)‹, sagten die Würdenträger des Königs, und die Höflinge neigten den Kopf. Seine Gefolgsleute (die des Gottes, also die Priester) fragten sich ›wieso?‹ Die, welche vorher heiter waren, wurden nachdenklich, ihr Herz erzitterte unter der Wirkung seiner Wunder (...)

Seine Majestät erreichte den Kopf des Kanals (ein Kai zum Anlegen der großen Gottes- und Königsboote an einem Kanal, der damals vom Nil zum Tempel führte und an dessen einem Ufer ein königlicher Palast lag), wobei er ein sehr bedeutsames Orakel an dem Doppelportal des Königspalastes vollführte... Die Majestät des Allherrn verneigte sich tief nach Osten (also die Barke auf den Schultern ihrer Träger, mit dem verhüllten Götterbild darauf) und gab damit sein ganz großes Orakel gegenüber dem doppelten Westportal des Palastes kund.(...)

Die Herrin Beider Länder (Hatschepsut, noch als Regentin und Gottesgemahlin) kam aus dem Glanz ihres Palastes und erwies dem Herrn der Götter ihre Verehrung. Dann warf sie sich vor S.M. auf den Bauch und sprach: ›Wie sehr geht das noch über alle Pläne Deiner Majestät hinaus! Du bist es, mein Vater, der alles erdacht hat, was existiert! Was willst Du, daß geschehen soll? Ich tue gewiß alles, was Du befiehlst!‹ Die Majestät dieses Gottes tat dann noch große, zahlreiche und bedeutsame Wunder.(...)

Dann nahm er sie (Hatschepsut) vor sich und führte sie zur ›Festung der Gerechtigkeit‹ (Tempel der Ma'at). Sie legt (dort) die Zeichen ihrer Dienerin-(Priester-)schaft und ihren Schmuck als Gottesgemahlin an, die in diesem Tempel

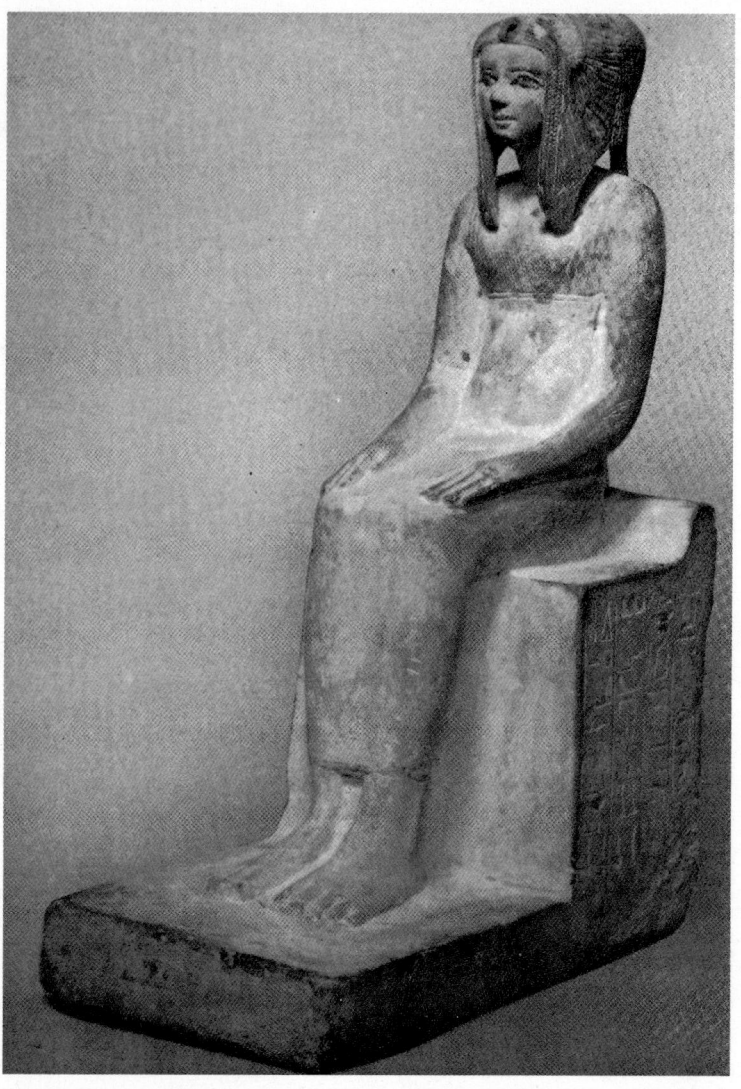

Vorhergehende Seite: Imert-nebes, früheste Gottesgemahlin aus der 12. Dynastie. Holz, bemalt, mit Einlagen aus Glaspaste und Bronze, 48 cm hoch, Basis 21 x 9,5 cm, Mittleres Reich, um 1900 v. Chr. Rijksmuseum van Oudheden, Leiden

Linke Seite: Nichtköniglicher Herkunft, aber Stammmutter: Tetischêre. British Museum, London

Links: Amun überträgt den Ka auf Hatschepsut

Links: Echnaton und Tochter Merit-Aton mit Königskrone. Leere Kartuschen zeigen unruhige Zeiten an. Stele aus Kalkstein, 18. Dynastie, um 1370 v. Chr. Ägyptisches Museum, Staatliche Museen Preußischer Kulturbesitz, Berlin

Oben links: Königin Teje – bedeutendste Frau hinter Amenophis III. und Echnaton. Steatit, 7 cm hoch, 5 cm breit, 5 cm tief, Neues Reich, 18. Dynastie, um 1355 v. Chr. Ägyptisches Museum, Kairo

Oben rechts: Noch immer neue Funde – Sphinxköpfchen der Hatschepsut, erworben 1986. Granit, 16,5 cm hoch, Neues Reich, 18. Dynastie, um 1450 v. Chr. Ägyptisches Museum, Staatliche Museen Preußischer Kulturbesitz, Berlin

Mitte rechts: Hatschepsut in ihrer »Roten Kapelle« opfert Amun-Min mit Doppelkrone. Diese, ihre Gestalt und ihr Name sind nicht ausgelöscht

Unten rechts: Kijê – später durch Prinzessinnenlocke in Merit-Aton verwandelt – mit ihrer Tochter. Fragment eines Kalksteinreliefs, 22 cm hoch. Sammlung Norbert Schimmel

Rechte Seite: Pavian als göttlicher Ahne mit Namen Merit-Neiths. Assuangranit, 19 cm hoch, Sockel 16 x 12 cm und 4 cm hoch

Oben: Relieffragment mit
den Namen von Amenem-
het III. und der Königin
Sobeknofru. Alabaster,
50 cm breit, Ende der
12. Dynastie, um 1790
v. Chr. Ägyptisches Mu-
seum, Staatliche Museen
Preußischer Kulturbesitz,
Berlin

Rechts: Nofretete und
Echnaton bringen anläß-
lich des 12. Regierungs-
festes Opfer dar. Gelän-
derfragment aus hartem
kristallinen Kalkstein,
Amarna-Zeit. Ägypti-
sches Museum, Kairo

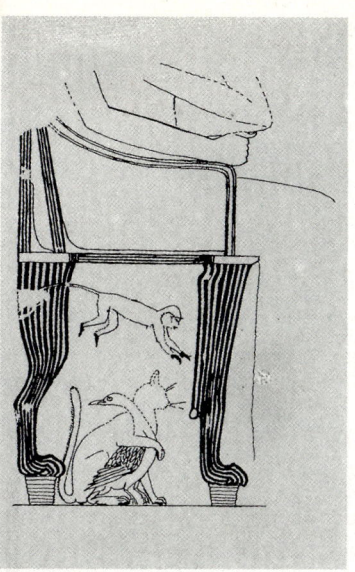

Links: Äffchen mit Gans und Katze auf Grabwand. Wandmalerei in dem thebanischen Grab Nr. 120 (Anen), 19. Dynastie

Unten: Regentinnen- oder Pharaoninnensiegel Hotep-Neiths

Ganz unten: Die noch intakte »Heilige Familie« opfert Aton. Grab des Ipy, Amarna. Zeichnung: Norman Davies

Nächste Seite: Wahrscheinlich die Mumie Hatschepsuts

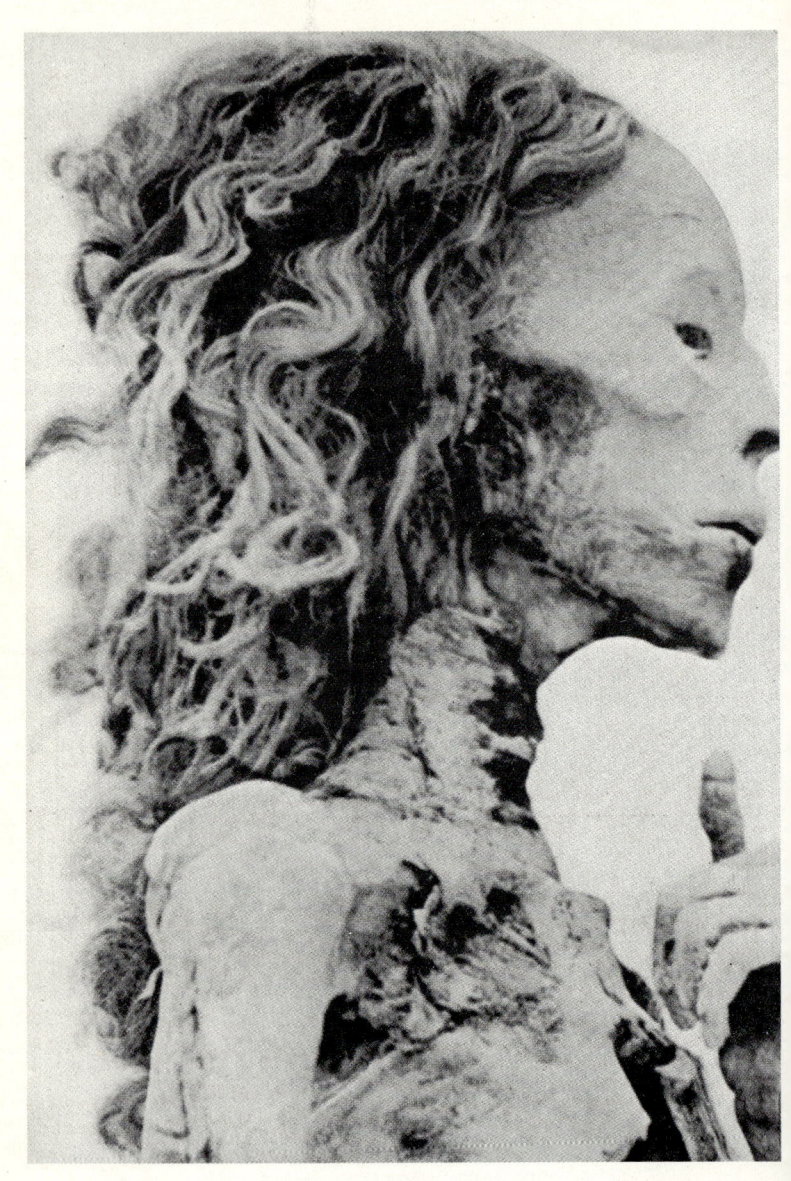

sind.« Amun führt Hatschepsut darauf zu »ihrer Mutter, der Göttin Hathor«, die wohl durch eine hohe Priesterin mit den Attributen der Göttin dargestellt wird. Diese nimmt ihr das Diadem der Gottesgemahlin ab, eine Voraussetzung zur Königskrönung. Dann betritt die Prozession die inneren Tempelräume, die ihr Vater Thutmosis I. errichtet hatte. Hier folgt die entscheidende Rede Amuns, die Hatschepsut im Mythos, für die Ägypter aber auch in der Wirklichkeit, zum regierenden König machte:

»Du bist ein König, den die fremden Länder fürchten wie den Ursprung des Feuers (die Kronenschlange)... Ich setze dich auf meine Throne. Ich ergreife für dich die Spitze und Feder (der Doppelkrone Ägyptens). Ich gestalte dich (als Königin), die ich erschaffen habe, daß du die Opfer für deinen Schöpfer bringst und die Tempel der Götter wiederherstellst. Daß du dieses Land schützt durch eine gute Regierung...« Und so geht die Proklamation Amuns mit einer langen Aufzählung der Pflichten des vollkommenen Königs fort, für deren Vollbringung er ihr verkündet: »Du regierst die Lebenden, sie werden deinen Befehlen gehorchen!«

»Die königlichen Würdenträger aber«, so heißt es mit vorzüglicher psychologischer Beobachtung weiter, »die dem Gott gefolgt waren (höchste Beamte hatten zugleich Priesterränge und durften den Tempel betreten), machten erstaunte Gesichter.« Inzwischen – ausgerechnet diese Stelle ist zerstört – hat Amun Hatschepsut mit der Doppelkrone zum König von Ober- und Unterägypten gekrönt.

Im Vorhof des Tempels aber wartete inzwischen eine große Menge an Beamten und Priestern, Handwerkern, Bauern und Soldaten, Frauen und Fischern, wie dies zu jeder Götterprozession üblich war. »Ihre Majestät (zum erstenmal wird Hatschepsut jetzt mit diesem Titel angeredet) war vor ihrem Vater (führte also die Prozession vor dem Götterbild an), der innerhalb des Volkes (im Vorhof) kreiste. Verehrungsvolle Gottesfurcht ergriff Himmel und Erde. Jeder wandte sich an seinen Nachbarn. Keiner dachte mehr an sich selbst, ja, die Leute verloren ihr Bewußtsein. Keiner kannte sich mehr. Schließlich (beim Anblick ihrer gekrönten Königin) verstand ihr Herz, weil der Gott ihnen enthüllte, was bisher verborgen war.«

Die Prozession setzt ihren Weg fort in den Palast, zur »Treppe des Einzigen Herrn«, ein im Ägyptischen häufiger Ausdruck für eine Art Estrade für Thron oder Götterbild. »Er (Amun) machte fest ihren Platz auf dem Großen Thron. Er hieß sie dort sitzen, während sie vor aller Welt genährt wurde wie ein Horus (nämlich mit Milch, welche die stärkende Gotteskraft von Göttinnen symbolisierte).« Es folgt eine Rede der »Zauberreichen« an die Königin, die darin auch zum erstenmal mit ihrem Thronnamen Makarê angesprochen wird. Die »Zauberreiche« ist die Kronengöttin, die ihr alle Macht gibt. Danach werfen die Höflinge sich vor dem »dauernden Königtum« ihrer thronenden Königin zu Boden, wie es sich vor Göttern und Pharaonen gebührt, und es folgt eine für eine gültige Thronbesteigung sehr wichtige Szene:

»Die Majestät des Allherrn setzt das Protokoll Ihrer Majestät fest als vollkommener König inmitten Ägyptens, die sich der Erde bemächtigt und ihre Tribute festlegt. Seine Majestät sprach und setzte das Protokoll fest, indem er ihr viele Wiederholungen (des Sed-Festes) voraussagte: Es lebe der Horus ›Reich an Kas (Seelenkräften)‹, die von den Beiden Herrinnen ›Blühend an Jahren‹, Goldhorus, ›Göttlich an Erscheinungen‹, König von Ober-und Unterägypten ›Makarê‹ (die Weltordnung ist das Wesen des Rê), Sohn des Rê Hatschepsut, welche Amun umfängt.«[II]

Mit Krönung, Inthronisation und Festlegung ihrer »Großen Namen« ist Hatschepsut nun vollgültige Herrscherin auf dem Thron des Horus, wenn auch die Krönungszeremonie nach der Schilderung mit Rückkehr in den Tempel, Reden Amuns und der Königin und ihren ersten, kultisch gebotenen Königsopfern vor dem Gottesbild weitergeht.

Bei den großen Namen fällt uns auf, daß weibliche und männliche Formen wechseln, und das geschieht auch nicht selten in ihren anderen Inschriften. Lange hat man hierin eine Unsicherheit Hatschepsuts gesehen, da ja »das Königtum nun einmal männlich« sei. Und die angebliche Unvereinbarkeit von männlichem Königtum und weiblichem Geschlecht habe ebenso dazu geführt, daß sie auf den Statuen ihres Totentempels »nur anfangs als Frau, später und überwiegend als Mann« dargestellt sei.

Richtig ist, daß in Schrift wie Bild die weiblichen und männlichen Formen abwechseln. Mit einer Unsicherheit der Königin hat das aber nichts zu tun; alle ihre Inschriften zeigen ein tief ausgeprägtes Selbstbewußtsein, und Beamte, Priester und Militärs, also die Mächtigen ihrer Zeit, standen nach ihren Grabbiographien voll hinter ihr. Nach gründlichem Studium aller Texte von Der-el-Bahari und der »Roten Kapelle« hält Pierre Lacau es für sicher, daß die Texte von der Königin absichtlich so gestaltet wurden, um *beide* Aspekte des Königtums hervorzuheben, männliche wie weibliche, und er verweist dabei auf die meist androgyn (zweigeschlechtlich) dargestellten Schöpfungsgötter.[12]

In dem Barkenschrein des Karnaktempels ist die Hervorhebung der Erwählung durch Amun und seine Orakel als Grundlage für Hatschepsuts Krönung selbstverständlich — ebenso wie einige Jahrzehnte später auch Thutmosis III. im selben Tempel seiner Krönung die Legitimation durch ein ganz ähnliches Wunder Amuns gibt. Von Hatschepsut gibt es noch eine andere Schilderung ihrer Ernennung zur Königin, und zwar über der Geburtsgeschichte in Der-el-Bahari. Danach war es ihr Vater Thutmosis I., der sie als junges Mädchen zur Königin, Mitregentin und Thronfolgerin proklamierte, ganz ähnlich wie das ja auch früher schon Sobeknofru getan hatte. Die drei in sich unterschiedlichen Versionen, die Hatschepsut über ihre Bestimmung für den Thron, einmal durch den Vater, dann durch die göttliche Geburt und schließlich durch das Amunorakel im Tempel gibt, sind für ägyptisches Denken keine Widersprüche oder gar, wie man lange geglaubt hat, Propagandaerklärungen, eine Art antiker Werbespots. Das ist schon allein deshalb auszuschließen, weil das Innere von Tempeln nur für Priester und höchste Beamte zugänglich war, und um deren Zustimmung für ihr Königtum brauchte sie nicht zu werben. Diese Kreise standen nicht nur aus Überzeugung hinter ihr, sondern waren zudem von ihren Gaben, Pfründen und Stiftungen völlig abhängig. Wir dürfen, wenn wir die Königin verstehen und ihre Inschriften deuten wollen, ihre tiefe Religiosität nicht übersehen, die sich in Handlungen wie Worten ausweist, und dazu die immer wieder begegnende Weise ägyptischen Denkens, das aus dem Zusammendenken verschiedener Aspekte das für sie Wirkliche und Wesentliche entstehen läßt.

Dazu gibt es natürlich auch ganz handfeste politische und psychologische Gründe, die Hatschepsut den entscheidenden Schritt von der Regentin zur Herrscherin tun ließen. An ihrem Ehrgeiz, ihrem Stolz und ihrer Überzeugung, die Bessere auf dem Thron zu sein, kann man nicht vorbeisehen – Eigenschaften, die in der Geschichtsschreibung bei jedem König hochgepriesen, einer Frau auf dem Thron aber meist als »unweiblich« vorgeworfen werden. Bei ihrem hochentwickelten Sinn für Tradition, der sich in Stil und Lage ihrer Bauten wie in ihren Inschriften ausdrückt, ist es selbstverständlich, daß sie sich in einer Reihe mit ihren großen Ahnfrauen fühlte, einer Tetischêre, einer Ahhotep, einer Ahmes-Nefertari, und daß sie deshalb die Legitimation Thutmosis' III. als Sohn einer Konkubine für so schwach hielt, nachdem schon sein Vater Thutmosis II. nur »halbblütig« und nur durch die Eheschließung mit ihr legitimiert war, daß sie vielleicht innere Unruhen befürchtete. Wie oft in der Geschichte ist auch hierbei nicht entscheidend, ob solche Erbregeln überhaupt zwingend waren — für sie, für Hatschepsut bedeuteten sie Wirklichkeit, und für ihre Berater ebenfalls, und nur das zählte. Sie muß wohl auch in der Herrschaft eines unmündigen Kindes eine außenpolitische Bedrohung Ägyptens gesehen haben; der Schock der Fremdherrschaft der Hyksos war in dieser Generation noch lebendig und wirksam.

Das ist aber nur die eine Seite ihres Verhältnisses zu ihrem Stiefsohn. Man muß sich darüber klar sein, daß sie in einer Zeit und einer Umgebung lebte, in der ein mißliebiger Throninhaber oder Thronerbe umgebracht zu werden pflegte. Sie aber tötete ihn nicht nur nicht, sie setzte ihn, entgegen den Behauptungen in manchen Geschichtsbüchern auch nicht etwa ab, sondern sie behandelte ihn als freilich jüngeren — was er ja auch war — Mitherrscher. Thutmosis III. behielt seine fünf Großen Namen, hatte seinen eigenen Palast mit eigenem Hofstaat einschließlich eines Harems, vollzog königliche Kulthandlungen gemeinsam mit Hatschepsut, aber auch allein, wirkte an ihrem Sed-Fest mit, baute an Tempeln und gab Stiftungen im eigenen Namen und war nach dem Heranwachsen Kommandeur der Streitwagengruppe, wenn nicht Oberkommandierender der Armee.

Ein besonderes Zeichen der Respektierung gerade angesichts der Traditionsgebundenheit Hatschepsuts war, daß sie ihre Regierungsjahre nach denen Thutmosis' III. zählte, und nicht etwa von ihrer eigenen Thronbesteigung an, wie dies bei den Mitregentschaften des Mittleren Reiches für den älteren König selbstverständlich war. Häufig sind auch die Fälle, in denen die in Namensringen stehenden Thronnamen der beiden Regenten nebeneinander stehen, ja, sogar Mischformen aus dem Thronnamen Hatschepsuts und dem »Sohn des Rê«-Namen Thutmosis' vorkommen[13] – und sie hätten ohne ausdrückliche Genehmigung der Königin nie erscheinen können. Denn man darf nie vergessen, daß sie es war, die letztlich entschied und die die volle Macht in Händen hielt.

Über Einzelheiten von Hatschepsuts Politik, ihre zahlreichen Bauten, ihre Handelsexpeditionen nach Kreta und Zypern, Sinai und in das Weihrauchland Punt sowie über die tüchtigen Mitarbeiter, die sie auf allen Gebieten gewann und für sich begeisterte zu berichten, würde ein ganzes Buch erfordern.

Sehr wichtig und auf jeden Fall interessant ist ein Blick auf ihre Außenpolitik. Noch bis vor wenigen Jahren war es in der Ägyptologie üblich, von Hatschepsut als »Friedensherrscherin« zu sprechen und als Folge einer weiblich-pazifistischen Politik die ernste Bedrohung zu sehen, der sich Thutmosis III. am Beginn seiner Alleinregierung durch ein Bündnis des Mitannireiches mit einer ganzen Gruppe syrischer und palästinischer Stadtstaaten ausgesetzt sah. Auch in der Wissenschaft ist nichts so zählebig wie alte Vorurteile, und deshalb findet man solche Deutungen noch immer. Aber heute ist doch weitgehend akzeptiert: 1) daß Hatschepsut keine prinzipiell pazifistische Politik betrieb, sondern selbst einige, wenn auch kleinere, Feldzüge gegen Syrien und Nubien unternahm und ihre Armee gut mit Waffen ausrüstete; 2) daß sie auf große Kriege verzichtete, nicht weil sie Frau war (die Geschichte kennt genug sehr kriegerische Frauen auf dem Thron), sondern weil sie eine kluge Herrscherin war, die sich genau über die Entwicklungen im auch schon damals ständig unruhigen Nahen Osten unterrichtete und wußte, daß das Mitannireich nach den Schlägen durch ihren Vater und infolge innerer Thronwirren stark geschwächt war, zumindest in den ersten eineinhalb Jahrzehnten ihrer Herrschaft, und die syrischen Fürsten sich der ägyptischen Übermacht zuneigten, so daß in dieser Zeit größere Feldzüge völlig unnötig waren[14]; 3) daß ein ägyptisches Heer, als eine neue Bedrohung durch das erstarkende und um sich greifende Mitannireich deutlich wurde, unter Hatschepsuts Regierung und Weisung und unter dem Kommando Thutmosis' III. die Stadt Gaza erobert hat, denn es heißt in den Annalen von Thutmosis' III. »erstem« (selbständigen, unter seiner Alleinregierung durchgeführten) Feldzug »die Stadt, die der Herrscher (schon vorher) eingenommen hatte«.[15] Höchst dramatisch sind auch die Ereignisse um Hatschepsuts Tod und was darauf folgte. Ich fasse sie nach meinem Buch und den neuesten Erkenntnissen seit dessen Abschluß kurz zusammen:

1) Es ist inzwischen wissenschaftlich unumstritten, daß Hatschepsut eines natürlichen Todes gestorben ist, zwischen ihrer letzten datierbaren Erwähnung im Regierungsjahr 20 auf einer Sinai-Inschrift und der frühesten, eindeutig unter Thutmosis' III. Alleinregierung entstandenen Inschrift aus dem Tempel von Erment vom Regierungsjahr 22,

so daß die Angabe von Manetho, daß die von ihm Amessis genannte Hatschepsut einundzwanzig Jahre und neun Monate regiert habe, sehr genau sein dürfte.

2) Mit ihrem Tod werden aber die Probleme um Hatschepsut eher größer; sie sind bis heute nicht völlig gelöst und werden vielleicht weitgehend rätselhaft bleiben, wenn uns nicht neue Funde oder bessere Erkenntnismethoden zu Hilfe kommen. Mit ihrem Grab beginnen schon die Schwierigkeiten: 1903 gruben Theodore M. Davis und der durch Tutenchamuns Grabentdeckung später berühmt gewordene Howard Carter in einem Seitental des »Tales der Könige« das bei weitem längste und tiefste aller Königsgräber aus. Es war bis zur Sargkammer zweihundertdreizehn Meter lang und ging siebenundneunzig Meter in die Tiefe. Die bei Tempeln und Königsgräbern übliche Beigabengrube am Eingang enthielt Werkzeugmodelle und zahlreiche Amulette, meist mit dem Thronnamen Makarê. In der Sargkammer standen zwei Sarkophage, und beide waren leer. Der eine war für Hatschepsut bestimmt gewesen, wie die − unzerstörten − Aufschriften zeigen, der andere für ihren Vater Thutmosis I. Die Ausgräber waren nach diesem Fund völlig sicher, das Grab der großen Königin gefunden zu haben. Diese habe ihren Vater, auf den sie ja weitgehend ihre Legitimität zurückführte, aus dessen ursprünglichem Grab in ihr eigenes umbetten lassen. Ihr Nachfolger Thutmosis III. habe aber, so wurde allgemein vermutet, seine Stiefmutter nicht in dem von ihr angelegten Grab beigesetzt und auch die Mumie seines Großvaters wieder in dessen ursprüngliches Grab umbetten lassen. Heute bezweifeln einige Forscher, daß das »lange Grab« überhaupt von Hatschepsut angelegt war, und fragen sich, ob nicht umgekehrt sie sich habe neben ihrem Vater in dessen Grab beisetzen lassen wollen,

das sie gewissermaßen durch gefälschte Beigaben usurpiert hätte, und die Umbettung sei durch Thutmosis III. in ein von diesem neu angelegtes Grab erfolgt.[16] Diese Darstellung erscheint mir zu kompliziert, ihre Durchführung zu aufwendig, und auch das dabei vorausgesetzte Versäumnis Hatschepsuts, ein eigenes Königsgrab anzulegen, wird ihrem so vielfach bezeugten Baueifer nicht gerecht. Die erste, seit der Ausgrabung zunächst allgemein akzeptierte Version kommt mir viel wahrscheinlicher vor, zumal direkt unterhalb das von Hatschepsut angelegte Grab ihrer Amme gefunden wurde (Nr. 60), löst aber auch nicht sämtliche Fragen.

Das Rätsel wird natürlich noch dadurch vergrößert, daß Hatschepsut mit Sicherheit nie in dem Sarkophag beigesetzt wurde, der an so vielen Stellen ihren Titel und Königs- sowie Eigennamen trägt. Es sind einige Fälle bekannt, in denen Könige nicht in den von ihnen gebauten Gräbern bestattet wurden, so etwa Thutmosis II., dessen Mumie aber sorgfältig einbalsamiert und, wenn auch von antiken Grabräubern beschädigt, in der Cachette von Der-el-Bahari zusammen mit so vielen anderen Königsmumien des Neuen Reiches gefunden wurde. Ähnliches mag mit Hatschepsut geschehen sein. Die französische Ägyptologin Suzanne Ratié, die sich eingehend mit dem Schicksal der Königin befaßt hat, deutet eine Szene auf einem Block Thutmosis' III. aus Karnak entweder als Darstellung der Beisetzung Hatschepsuts durch Thutmosis III. oder als eine Verehrung ihres Bildes in Osirisgestalt durch den König beim »Schönen Fest vom Wüstental«, was in jedem Fall gleichbedeutend mit einer königlichen Beisetzung ihrer Mumie sei, wie kurze Zeit diese Opferverehrung für sie auch immer angehalten haben möge.[17]

3) Amerikanische Ärzte und Ägyptologen, die seit 1966

alle königlichen Mumien mit Röntgenstrahlen untersuchten, brachten eine ganze Anzahl guter Gründe dafür vor, warum sie eine weibliche Mumie aus dem zweiten großen Versteck königlicher Mumien, dem Grab Amenophis' II. im Tal der Könige, für die von Hatschepsut hielten, obwohl sie völlig ohne Mumienbinden oder gar Sarg und Sarkophag war, die durch Aufschriften ihre Identität hätten bestätigen können — womit sie freilich das Schicksal vieler anderer Mumien von Königen und ihren Angehörigen teilte. Grabräuber hatten sie in den unruhigen Zeiten der XX. Dynastie aus ihren Särgen gerissen, sie ihrer Leinenbinden beraubt, um an die kostbaren Amulette und Schmuckstücke darunter zu kommen, und brechende Knochen, abfallende Schädel oder abgerissene Mumienteile störten sie in ihrer Habgier nicht. Amuns Hohepriester und Beherrscher des »Gottesstaates des Amun« der XXI. Dynastie, nach Erlöschen des Neuen Reiches um 1000 v. Chr., und seine Nachfolger sammelten die Mumien und ihre Reste, soweit sie nicht durch Feuer völlig vernichtet worden waren, aus den zerstörten Gräbern, setzten sie notdürftig instand und begruben sie schließlich nach mehreren Umbettungen in den beiden Verstecken, in denen sie dann Ende des vorigen Jahrhunderts gefunden wurden. Die Beraubungen wie die wiederholten Nacht- und Nebelaktionen der Umbettungen beschädigten nicht nur viele Mumien, sondern ließen auch manche ohne Identifizierungsmöglichkeiten oder vertauschten diese gar.

Für die Zuweisung einer der Mumien an Hatschepsut sprach nach Ansicht der amerikanischen Forscher, daß die Technik der Einbalsamierung in der zu ihrer Zeit üblichen Art erfolgte (die wechselnden »Moden« der Mumifizierung ermöglichen eine ziemlich genaue Datierung); ihr Alter müsse beim Tode zwischen fünfunddreißig und fünfundvierzig Jahren gelegen haben, was mit Hatschepsuts anzunehmendem Todesalter recht gut übereinstimmt; ihre Gesichtszüge zeigten starke Ähnlichkeiten mit denen der Mumien ihrer Verwandten Thutmosis II. und Thutmosis III.; ihr linker Arm ist über der Brust angewinkelt, und ihre Hand müsse einen Gegenstand gehalten haben, wahrscheinlich ein Zepter.[18]

Nach späteren wissenschaftlichen Untersuchungen, vor allem auch der braunen, lockigen Haare der Mumie, wurde in der wissenschaftlichen Literatur häufig behauptet, es sei nun einwandfrei nachgewiesen, daß es sich bei dieser Mumie nicht um die Hatschepsuts, sondern um die Tejes handele, der Gemahlin Amenophis' III. und Mutter Echnatons.

Mit Recht führt die deutsche Ägyptologin Renate Germer einige zweifelhafte Punkte dieser Untersuchung auf[19]:

a) Die röntgenologisch gewonnenen Skelettbefunde geben ein schon nicht genau begrenzbares Alter der Mumie von etwa dreißig Jahren an. Teje aber muß über fünfzig Jahre gelebt haben, da sie in Amenophis' III. zweitem Regierungsjahr schon seine Große Königliche Gemahlin war, dieser mindestens siebenunddreißig Jahre regierte und sie im Regierungsjahr 8 ihres Sohnes Echnaton noch lebte, wie archäologisch nachgewiesen ist[20];

b) Blutgruppenuntersuchungen an der Mumie und den recht gut erhaltenen von Tejes Eltern Yuya und Tuja (beide haben Blutgruppe A2, die fragliche Mumie hat 0) sprechen mit ziemlich großer Sicherheit gegen eine Verwandtschaft;

c) der erwähnte Vergleich der Haare mit denen einer Locke im Grab Tutenchamuns, die in einem Kästchen mit dem Namen Tejes gefunden wurde, reicht ebenfalls nicht für den Beweis aus, daß es sich bei der fraglichen Mumie um die Tejes handelt.

Wenn ich hier einmal ausnahmsweise eine noch nicht beendete wissenschaftliche Auseinandersetzung in kurzer Zusammenfassung wiedergegeben habe, dann aus zwei Gründen: Einmal ist es höchst spannend, mitzuerleben, wie mit modernsten wissenschaftlichen Methoden versucht wird, Fragen der ägyptischen Geschichte zu klären. Dann aber wollte ich auch zeigen, welche Schwierigkeiten selbst heute noch eindeutigen und für alle annehmbaren Lösungen entgegenstehen. Ein weiteres Beispiel in dieser Liste unermüdlicher Versuche mit immer neuen Enttäuschungen ist die Radiocarbonmethode zur Altersbestimmung von biologischem Material, seien es nun menschliche, tierische oder pflanzliche Überreste. Sie hat bisher in der geschichtlichen Zeit Altägyptens kaum einmal zur Lösung chronologischer Probleme in nützlichen Zeitgrenzen beitragen können (ganz im Gegensatz zur Vorgeschichte Ägyptens, wo freilich die möglichen Abweichungen von hundert Jahren nicht so bedeutsam sind).

Nicht zuletzt aber lag mir daran, zu zeigen, daß die in meinem Buch »Herrin Beider Länder« begründete Ansicht, dies sei die Mumie Hatschepsuts, keineswegs wissenschaftlich widerlegt ist.

4) Neben Tod, Grab und Mumie bleiben auch hinsichtlich der Verstümmelung von Statuen, Bildern und Namen der Königin Fragen offen. Fest steht, daß ihre Statuen aus dem Totentempel bis auf zwei zerschlagen und in einen benachbarten Steinbruch geworfen worden sind. Der bisher als ganz eindeutig bezeichnete Grund hierfür, die Auslöschung einer verhaßten Vorgängerin, muß nach einer Entdeckung des polnischen Ägyptologen Szafrański neu überdacht werden[21]: Er fand 1982 in einer Grube nahe Der-el-Bahari eine zerschlagene und gesichtslose Statue Ameno-

phis' I.; ähnliche Funde gab es von Mentuhotep — und keiner ihrer Nachfolger hatte Gründe für deren Auslöschung.

Bei den Hatschepsut-Statuen wissen wir das heute als glücklichen Umstand zu schätzen. Von den Standbildern anderer Könige der XVIII. Dynastie sind später sehr viele durch Umarbeitungen, als Baumaterial oder in Kalköfen vernichtet worden. Von Hatschepsut aber sind mindestens achtundvierzig Standbilder vorhanden[22], oft in so gutem Zustand, daß sie ohne große Mühe wiederhergestellt werden konnten und heute Zierde aller großen ägyptologischen Museen der Welt sind. Manche tragen sogar noch Spuren der ursprünglichen Bemalung. Und es finden sich immer noch neue, wie der jetzt erworbene vorzügliche Kopf im Ägyptischen Museum Berlin zeigt.

Fest steht, daß viele Reliefs und Namen der Königin ausgelöscht sind; meist so sauber ausgemeißelt, daß die Umrisse von Gestalt wie Hieroglyphen noch deutlich erkennbar sind. Die auch hierbei bestehenden Probleme wollen wir an einem einzigen Beispiel zeigen, das aber für alle Bauten Hatschepsuts gilt: an der »Roten Kapelle« im Amuntempel von Karnak. Pierre Lacau stellt in der Veröffentlichung aller bisher gefundenen Blöcke fest, daß die Königin ihr Barkensanktuar nicht hat vollenden können; bei ihrem Tod waren Teile der siebten und die gesamte achte Lage noch unbeschriftet. Thutmosis III. hat diese Arbeiten dann beendet und damit nach den Anschauungen seiner Zeit zu Recht nicht nur an diesen, bisher leeren Stellen, sondern auch an anderen seinen Namen anbringen lassen, weil ja er es war, der das Bauwerk vollendet und damit Amun dargebracht hatte. So haben viele Könige vor und nach ihm gehandelt. Gegen Ende seiner langen Regierungszeit hat schließlich Thutmosis III. neben vielen anderen Neu- und Erweiterungsbauten in den Tempeln auch ein neues Barkensanktuar errichten lassen, das später wiederum von einem anderen König durch dasjenige ersetzt wurde, das wir heute noch in Karnak sehen. Thutmosis hat vor Errichtung seines neuen Heiligtums sorgfältig die »Rote Kapelle« abreißen und ihre Blöcke aufstapeln lassen, dabei aber keineswegs, was ja jetzt technisch besonders leicht gewesen wäre, die noch zahlreichen Szenen mit Namen und Bildern der Königin auslöschen lassen. Und Lacau fragt sich und den Leser verblüfft nach dem Sinn dieser Inkonsequenz, da doch nach ägyptischem Glauben diese Namen und Bilder, selbst in ihrer späteren Vermauerung im 3. Pylon Amenophis' III., genügten, um das jenseitige Wohlergehen Hatschepsuts als Königin zu sichern.[23]

Auch bei allen anderen Bauten Hatschepsuts ist von jedem aufmerksamen Beobachter heute noch diese merkwürdige Inkonsequenz bei der Auslöschung der Königin festzustellen, und sie ist natürlich bereits den früheren Ägyptologen aufgefallen: Im Totentempel von Der-el-Bahari sind etwa an leicht zugänglichen und an besonders heiligen, also magisch höchst wirksamen Orten Namen und Figur erhalten, an vielen anderen, darunter sehr schwer zugänglichen, beides – oder, noch erstaunlicher, nur eines von beiden – ausgelöscht[24]; selbst an der Spitze des noch stehenden und den ganzen Amuntempel weit überragenden Obelisken Hatschepsuts sind gerade in der für den königlichen Ka entscheidenden Szene der Übertragung des Ka von Amun auf die Königin ihr Bild und ihr Thronname völlig unversehrt, während doch gerade diese Spitze so unerhört wichtig (und erreichbar) war, daß Echnaton Figur und Namen Amuns ausmeißeln ließ. Ramses II. hat beides wiederhergestellt, nicht ohne gleich eine eigene Inschrift hinzuzufügen – aber wiederum, ohne Hatschepsut anzutasten.

Ich habe in meinem Buch die vielen Argumente zusammengestellt, die gegen eine planmäßige Verfemung Hatschepsuts durch Thutmosis III. sprechen[25], darunter auch die Funde mit ihrem Namen unter Amenophis II. und Thutmosis IV. bis hin zu den Königsannalen der Tempel, in denen ja noch zwölfhundert Jahre später Manetho den Namen Hatschepsuts als Königin fand. Daß Thutmosis III. der hauptsächliche und einzige Verursacher einer Auslöschung gewesen sei, dagegen spricht nicht nur der Befund, sondern auch die Psychologie. Wir wissen über diesen König eine ganze Menge, denn er und seine Zeitgenossen — Militärs, Beamte, Priester, Handwerker — haben viele Texte hinterlassen, aber nichts, gar nichts spricht dafür, daß er zögernd oder inkonsequent gewesen wäre.

Wegen seiner Erziehung zum König, von der er selbst erzählt, daß sie zeitweise »im Tempel« erfolgte, wußte er sehr genau über die magischen und Jenseits-Wirkungen von Name und Gestalt Bescheid. Wenn er wirklich einen »unauslöschbaren Haß« auf die Stiefmutter empfunden hätte, wie das viele Historiker voraussetzten, wären die Auslöschungen sofort begonnen und in seiner verbleibenden langen Alleinregierungszeit ebenso vollständig durchgeführt worden, wie in der viel kürzeren Echnatons die Amuns und aller anderen Götter. Man kann sich manchmal des Eindrucks nicht erwehren, daß der verwirrende und unvollständige archäologische und inschriftliche Befund eine andere Deutung gefunden hätte, wenn Hatschepsut nicht eine Frau gewesen wäre. Wer redet bei den so häufigen Ausmeißelungen früherer Königsnamen und ihrer Ersetzung durch die Ramses' II. von Auslöschung? Reizworte wie »Stiefmutter«, »unweibliche Königsrolle«, »Frau auf dem Thron in Männertracht« (was Hatschepsut ernsthaft immer wieder vorgehalten wird), »Gefährdung des Landes durch Friedenspolitik« und (nach der anderen Seite ebenso ein Totschlagwort) »Konservatismus« und ähnliche verlocken noch immer sehr, trotz Emanzipation und Gleichberechtigung, eigene anerzogene Maßstäbe an die Geschichte anzulegen.

Der Kriminalroman von Amarna

Zu den Grundlagen, die Hatschepsut in vielen künstlerischen, geistigen und religiösen Bereichen gelegt hat, gehört auch eine, die auf den ersten Blick unscheinbar wirkt und deshalb oft übersehen worden ist: eine starke Betonung des Sonnenkultes[26] bei häufiger Benutzung der Bezeichnung »Aton« für den Schöpfergott, wie sie sich in ihrer Inschrift in Karnak ausdrückt: »Ich bin auch der Aton, der alle Lebewesen hervorgebracht hat, der der Erde Grenzen gab und ihre Gestalt festigte.«[27] Das Wort Aton, das man damals wie »Jati« aussprach, kommt schon seit der 1. Zwischenzeit vor, wird aber fast ausschließlich für die Sonne als Himmelskörper verwendet; die Gleichsetzung mit dem Sonnengott und eine kultische Verehrung ist erst unter Hatschepsut häufiger geworden und taucht auch bei ihren Nachfolgern immer öfter auf. Aber erst Amenophis IV.-Echnaton gibt ihm die Bedeutung und die Ausschließlichkeit, ohne die wiederum Stellung und Rolle der Frauen an seinem Hofe nicht zu verstehen sind.

Er führt gleich nach seinem Regierungsantritt im Jahre 1365 v. Chr. einen Kult für Aton ein, für den er in Theben direkt neben dem Karnak-Tempel eine weiträumige Anlage bauen läßt. Schon bald folgen dann die einschneidenden,

Religion und Politik Ägyptens grundlegend verändernden Schritte: Aton wird mit »Großen Namen«, wie die des Königs in Kartuschen geschrieben, in seinem Wesen erklärt, als alleiniger Gott dekretiert, und nicht nur die Namen aller anderen Götter, und natürlich ihre Bilder, werden vernichtet, sondern auch die Hieroglyphen für »Gott« oder gar für »Götter« überhaupt in allen Inschriften getilgt. Zugleich bereitet der König die Verlegung der Hauptstadt von Theben nach dem heutigen Tell-el-Amarna in Mittelägypten vor, um mit seinem Gott auf einem Gebiet zu herrschen, das »weder einem Gott noch einer Göttin, weder einem Prinzen noch einer Prinzessin« gehörte, und »niemand hatte ein Recht, als sein Besitzer aufzutreten«.[28] Der König änderte seinen Namen in »Echnaton« – »dem Aton wohlgefällig«, ebenso den der Königin Nofretete in »Neferneferu-Aton« – »Schön ist die Vollkommenheit des Aton«. Im Regierungsjahr 6 wird die im wahrsten Sinne des Wortes aus dem Sand gestampfte neue Residenz bezogen, welche den Namen »Akhet-Aton« – »Lichtort des Aton« trägt. Der ausführliche, das Wesen des Gottes erklärende Name Atons findet nach dem Regierungsjahr 8 seine endgültige Form und zeigt das ganz planmäßige, theologische und politische Vorantreiben eines konsequenten Monotheismus durch den König. Aton ist nun in seinem Ausschließungsanspruch ein eifernder Gott, der keine anderen Götter neben sich duldet, und Echnaton ist sein einziger Prophet.[29]

Keines der vertrauten Götterbilder bleibt übrig, statt dessen erscheint Aton als Sonnenkugel, deren Oberfläche im Relief deutlich gerundet ist. Seine Strahlen laufen in Hände aus, welche König und Königin das Lebenszeichen vor das Gesicht halten; einziger Überrest einst menschlicher Göttergestalt. So zeigen ihn Reliefs und Bilder auf Tempel-,

Palast- und Grabwänden, vor allem aber die zahllosen Stelen, die in fast jedem Haus in Amarna gefunden wurden. Die Masse der Bürger durfte auch in der neuen Religion den Tempel nicht betreten; das blieb auch jetzt dem König, seiner Familie und wenigen Priestern vorbehalten. Alle Mittler, die man bisher anrufen konnte, Bilder, vergöttlichte Große der Vergangenheit oder göttliche Tiere, waren abgeschafft, und es war gefährlich, auch nur in den Verdacht solcher »Götzenverehrung« zu geraten. So blieb der ägyptische Mensch jetzt ganz auf den König angewiesen, der von sich selbst sagte: »Es gibt keinen anderen, der Dich (Aton) kennt!«[30], und die Königsfamilie auf dem »Hausaltar« unter dem Strahlenaton ist einziges Verehrungsziel und einziger Verkünder und Vermittler zu Gott.

Diese, vom Ägypter her gesehen, Verkürzung und Verarmung der Religion ist eine ganz wesentliche Grundlage der Stellung von Frau und Töchtern am Hofe Echnatons. Sie spielen auch unmittelbar im Aton-Kult und seiner Theologie eine große Rolle: Die Königin opfert stets neben dem König vor den Sonnenaltären auf den offenen Höfen der Aton-Tempel; die Töchter begleiten die Opferhandlungen der Eltern, indem sie − schon als ganz kleine Mädchen − den Gott mit Musik erfreuen. Es ist nur die königliche Familie selbst, welche Aton opfert, alle anderen Anwesenden, Priester und hohe Beamte, verehren dagegen die Königsfamilie. Sie ist recht eigentlich die »Göttliche Familie«, und ihre so häufige Darstellung in inniger Vertrautheit, die uns so intim und ganz persönlich-herzlich anmutet, ist religiöses Programm. Sie treten an die Stelle der einstigen Götterfamilien des alten Glaubens − wie Ptah, Sakhmet und Nefertem in Memphis oder Amun, Mut und Chons in Karnak − und verkörpern im vollen Sinne des Wortes die Schöpferkraft, Zeugungsmacht und Liebe Atons.

Das gilt für alle diese Reliefs und Wandmalereien, ja auch die Statuen der Amarnazeit — ob nun König und Königin unter einem Baldachin sitzend ihre Töchter liebkosen, ob König und Königin sich auf dem Streitwagen stehend küssen, ob der König seine Gattin auf den Knien hält und küßt (eine Darstellung, die bewußt an die Amuns mit der Königin bei der »Heiligen Hochzeit« auf den Gotteskindszenen von einst erinnern soll), oder auch zwei kleine Prinzessinnen beim Essen oder Spielen. Diese einst für den König und seine Familie ganz unmöglichen Szenen sind keine Zeichen für ein besonders liebevolles Familienleben, sondern verdanken ihre Entstehung zunächst einmal einem ganz rationalistischen Kalkül.

In manchen anderen Dingen hat Echnaton freilich ägyptisches Wesen weder ändern wollen« noch können, auch nicht in der Kunst. Wenn auch der Stil sich zu einem, für ägyptische Verhältnisse, furiosen Expressionismus ändert, wenn bisher nicht gewagte Inhalte erscheinen, in einem gilt für die Kunst der Amarnazeit, was für ägyptische Kunst schon immer galt und bis ans Ende der pharaonischen Kultur so bleibt: Sie wurde nicht der Ästhetik wegen geschaffen, so schwer das für uns nachzuvollziehen ist. Am besten hilft uns das Verständnis, daß ja gerade die meisten der schönsten Kunstwerke in Gräbern gefunden wurden, von denen man hoffte, daß sie auf ewig für Menschenaugen verschlossen blieben. Ägyptische Kunst hatte vor allem religiöse und magische Aufgaben, die sie freilich um so besser erfüllen konnte, je genauer alles für den Ägypter Wesentliche dargestellt war. Diesem Bemühen um Wesenhaftigkeit und den hohen Fähigkeiten ägyptischer Künstler, sie auszudrücken, verdanken so viele ägyptische Bildwerke ihre uns noch ergreifende Schönheit, bis hin zur Porträtbüste Nofretetes.

So finden sich häufig Bilder Nofretetes, die unmittelbar an frühere religiöse Szenen anknüpfen und in denen die Königin an die Stelle von Göttinnen wie Sakhmet oder Ma'at, Isis oder Nut, Hathor oder Nephtys tritt. Die Niederschlagung der Feinde mit hocherhobener Keule etwa soll nicht einen Feldzug der Königin abbilden, sondern ihre Rolle beim Vernichten alles Bösen, aller Dämonen und aller Feinde Atons unterstreichen und Wirklichkeit werden lassen, wie das früher Aufgabe Sakhmets oder Neiths war. Nofretetes Abbild an den vier Ecken des Sarkophages von Echnaton sind auch nicht — oder nicht an erster Stelle — Zeichen einer Liebe über den Tod hinaus, sondern nehmen die Stelle der vier Schutzgöttinnen ein und spielen damit deren Rollen, wie sie für uns besonders anrührend den Kanopen-Schrein aus dem Tutenchamun-Grab umfangen.

Gerade auf dem Gebiet des Jenseitsglaubens hatte ja die sehr rationale, ganz auf die sichtbare Natur ausgerichtete Religion Echnatons für jeden Ägypter empfindliche Lücken aufgerissen. Nacht und Tod waren für den König nur noch Verneinungen Atons, das Nichts, das Böse schlechthin. Auch hier wuchsen also der Königin unmittelbar religiöse Aufgaben zu. Sie hatte, wie die einfühlsame deutsche Ägyptologin Emma Brunner-Traut unterstreicht, »teil an der Göttlichkeit, aber war nicht selbst Göttin im vollen Wortsinne«.[31]

Wenn wir auch die Abstammung Nofretetes nicht genau kennen, so wissen wir doch heute zwei Dinge: Ihre Eltern gehörten nicht zur Königsfamilie, und sie war Ägypterin von Geburt, nicht etwa eine Mitanni-Prinzessin, wie früher einmal vermutet wurde. Sie hat Echnaton noch vor seiner

Thronbesteigung geheiratet. Ihre Namen erscheinen in Kartuschenringen, und die »Aton«-Zeichen ihres Thronnamens blicken sie an, wie auch beim König selbst. Sechs Töchter hat sie dem König geboren; jedenfalls sieht man immer nur diese mit dem Königspaar. Es wird heute als unwahrscheinlich angesehen, ist aber nicht völlig auszuschließen, daß das Paar auch Söhne hatte, die aus religiösen Gründen nicht dargestellt worden seien. Eine uns erkennbare politische Rolle spielten nur die drei ältesten Töchter, Merit-Aton, Meket-Aton und Ankhes-en-pa-Aton. Zum engeren und politisch einflußreicheren Kreis um die Königsfamilie gehörte vor allem die Königinmutter Teje, die einen eigenen Aton-Tempel in Amarna besaß und also dort zuweilen residierte oder häufig zu Besuch weilte, und die im Regierungsjahr 8 Echnatons zum letztenmal als lebend bezeugt ist. Nofretetes Schwester Mut-Nedjmet, die später als Gattin Haremhabs dessen Legitimität als Pharao stärkte, gehörte ebenfalls zu diesem Familienkreis.

Echnaton hatte aber noch mehrere Nebenfrauen, von denen nur eine wirklich Bedeutung erlangt hat. Sie hieß Kijê (ein Kosename, vielleicht mit der Bedeutung »Äffchen«) und mußte sich mit einem Titel zufriedengeben, der sie zwar über die anderen Haremsmädchen erhob, aber ebenso deutlich in Protokoll und Religion hinter Nofretete zurücksetzte: »Gemahlin und Große Geliebte des Königs von Ober- und Unterägypten, der von der Wahrheit lebt, Herrn der Beiden Länder Nefer-khepru-Rê-wa-n-Rê, des vollendeten Kindes des lebenden Aton, der in Ewigkeit leben wird«; also im Gegensatz zu den Namen Nofretetes und deren Eigenständigkeit ein ganz auf Echnaton bezogener Titel, der natürlich auch nicht in Kartuschen stand. Dieser umständliche Titel kam freilich nur in offiziellen

Dokumenten vor, sonst wird sie kurz als »Ta-schepset« — »Die hohe Frau« bezeichnet.[32] Sie stammte nach der Form ihres Namens aus Mitanni. Man ist versucht, in ihr die Mitanniprinzessin Tadukhepa zu sehen, eine Tochter des dortigen Königs Tuschratta, der sich mehrmals in seiner erhaltenen Korrespondenz nach seiner, also unter Echnaton lebenden, Tochter erkundigt[33], aber es gibt keinen Beweis dafür. Sprechen schon die Nebenfrauen Echnatons und die Hervorhebung Kijês gegen die lange Zeit hindurch verkündete Idylle am Hof von Amarna, so zeugen neueste genaue Analysen aller Bilder und Inschriften, Siegel und Stelen mit ihren Ausmeißelungen, Neufassungen und leergebliebenen Namenskartuschen, verlassenen Gräbern und usurpierten Särgen für eine unruhige, von Machtkämpfen erfüllte Zeit, die im letzten Drittel der Regierung Echnatons deutlich faßbar wird, sich aber zuvor schon vorbereitete. An diesen Machtkämpfen sind die königlichen Frauen entscheidend als Handelnde beteiligt.

Im Regierungsjahr 12 hält Echnaton eine politisch sehr bedeutsame Zeremonie ab, die in einem großen Empfang gipfelt, der einige Male dargestellt wurde. Die bunte Schar von huldigenden Ägyptern und tributbringenden Ausländern wirft sich vor dem König nieder, vor Königin Nofretete und ihren sechs Töchtern. Auf diesen Grabgemälden aus dem Jahr 12 scheint also die Welt von Amarna und der Königsfamilie noch in Ordnung. Im Jahr 13 ist die zweitälteste Tochter Meket-Aton im Wochenbett gestorben, und wiederum auf der Wand eines Beamtengrabes ist ihre aufgebahrte Leiche zu sehen, an der Echnaton und Nofretete gemeinsam wehklagen.

Das ist das letzte datierbare Auftreten Nofretetes. Dann verschwindet die schöne Königin völlig, und bis heute ist das Rätsel ihres Schicksals ungelöst. Mehrere Möglichkeiten werden diskutiert, für jede gibt es einleuchtende Begründungen, die sich aber gegenseitig ausschließen. Einige Jahre hat sie wohl noch in ihrem eigenen Palast im Norden von Amarna gelebt. War sie dorthin vom König wegen Kijê verbannt? Dagegen spricht, daß auch weiterhin ihre Töchter bei Inschriften stets ihre Abstammung von Nofretete betonen, was sie ohne königliche Genehmigung nicht hätten tun können. Es wirkt eher wie eine auf eigenen Entschluß der Königin zurückgehende Trennung von ihrem Gatten. Wir kennen die Möglichkeit einer Scheidung in Ägypten auch von seiten der Frau her. Freilich haben wir bisher kein Dokument über eine solche Scheidung im Königshaus, aber informelle Trennungen wie hier mögen auch sonst vorgekommen sein. Sollte diese Vermutung zutreffen, so bleiben doch alle dafür geäußerten Gründe reine Spekulation. Waren es etwa religiöse? War Nofretete vom reinen Atonglauben abgefallen? Oder wollte Echnaton gegen Ende seiner Regierung als Realpolitiker dem alten Glauben wieder etwas entgegenkommen und Nofretete widersetzte sich? Für beides gibt es nicht die geringsten Beweise. Oder waren rein persönliche Gründe maßgeblich, von Ärger bis Eifersucht? Hatte sie einfach genug von dem in seinem religiös-politischen wie menschlichen Anspruch immer unduldsamer und diktatorischer werdenden Gatten?

Als Tatsache faßbar bleibt über ihr Verschwinden hinaus nur eine stärkere Herausstellung Merit-Atons, ihrer ältesten Tochter, im kultischen und internationalen Bereich. Beim Atonopfer nimmt sie die Stellung ihrer Mutter ein, und die ausländischen Könige lassen in ihrer Keilschrift-Korrespondenz mit Echnaton »Majati, Herrin des Palastes« ehrfurchtsvoll grüßen. Sie trägt auch weiterhin den Titel einer

»Königsgemahlin« als Ehrenrang, der die Stellvertretung für ihre Mutter im Kult erst ermöglicht, und dazu den ihrer Stellung entsprechenden Titel »Große Königstochter«.[34]

Ihre Schwester Ankhes-en-pa-Aton trägt ebenfalls den Titel »Königsgemahlin«, ist nun Kultstellvertreterin von Merit-Aton und bleibt daneben einfache »Königstochter«. Die ältere Schwester hat die bevorzugte Rolle einer First Lady im 13., spätestens im 14. Regierungsjahr angenommen und war damals wohl zwischen fünfzehn und zwanzig Jahre alt, denn ihre Geburt liegt sicher vor Echnatons Thronbesteigung.

Im Regierungsjahr 16 änderte sich Merit-Atons Stellung plötzlich dramatisch. Kijê gebahr Echnaton eine Tochter, und der König ernannte diese zur Thronfolgerin beziehungsweise Erbtochter. Kijês Rang stieg damit automatisch. Wenn sie auch nicht »Große Königliche Gemahlin« wird, ist sie doch plötzlich im Protokoll auf die zweite Stelle nach dem König gerückt, die früher Nofretete und nach deren Verschwinden vom Hof Merit-Aton eingenommen hatte. Sie erhielt einen eigenen Palast und Kapellen auf ihren Namen im Aton-Tempel.[35] Für Merit-Aton aber muß eine Welt zusammengebrochen sein: Mindestens drei Jahre lang stand die junge Frau neben dem König auf der Höhe der Macht, und sie hatte in der sicheren Aussicht gelebt, selbst den Thron zu besteigen oder wenigstens an der Seite eines durch sie legitimierten Thronfolgers die Macht hinter dem Thron zu werden. Die Erinnerung an die große Ahnin Hatschepsut war bei den Amarna-Königinnen bestimmt noch wach. Merit-Aton war wohl auch charakterlich Erbin der großen Vorfahrinnen und Vorfahren ihrer Dynastie. Sie beschloß, zu kämpfen.

Wir können uns nur vorstellen, wie sie Verbündete

gesucht hat, in der Familie zunächst, dann unter den hohen Militärs und Beamten. Das war höchst gefährlich, denn der König hatte nichts an Macht verloren. Man darf aber auch nicht vergessen, daß der Schock der einstigen Hyksos-Besetzung als nationales Trauma im Volk noch immer sehr tief saß und wohl besonders bei den Militärs, so daß Appelle an den Nationalismus gegen die »Fremde«, die da plötzlich von der gehobenen Beischläferin zur Königinmutter hochstilisiert wurde, ihre Wirkung taten. Auch mochten Beamte und Generäle sich schon auf Merit-Aton als »Macht von morgen« eingestellt haben und befürchten, von der Clique der »Neuen« verdrängt zu werden. Bei Nofretete, Ankhes-en-pa-Aton und anderen Familienmitgliedern können wir ohnehin davon ausgehen, daß sie Kijê nicht mochten und sie nach der Geburt einer vom König anerkannten Erbtochter erst recht haßten.

Aber zunächst kam eine sehr bittere Zeit für die bisherige Königsfamilie. Auf Reliefresten in Kijês Tempelkapellen sehen wir den König mit Kijê bei der Verehrung Atons in stehender Haltung, also so, wie vorher Echnaton mit Nofretete und/oder gemeinsamen Töchtern abgebildet waren. Und noch schlimmer: Merit-Aton und Ankhes-en-pa-Aton liegen vor Kijê und ihrer Tochter auf dem Bauch![36]

Der König stirbt in seinem 17. Regierungsjahr oder Anfang des 18., wahrscheinlich eines natürlichen Todes, obwohl das, wie so vieles aus dieser Zeit, nicht ganz sicher ist. Begraben wurde er in dem früher für ihn und Nofretete vorbereiteten Felsgrab nahe Tell-el-Amarna, aber allein. Irgendwann später wurde seine Mumie aus dem Sarkophag gerissen und vernichtet; Teile seiner Begräbnisausstattung wurden aber noch von den Ausgräbern unseres Jahrhunderts gefunden.

Über den nächsten Jahren bis zur Thronbesteigung Tutenchamuns (waren es drei, vier oder fünf?) liegt wiederum ein dichter Schleier von Auslöschungen, Namenswechseln und anderen deutlichen Anzeichen heftiger Machtkämpfe in Amarna, wobei es ebenso um persönlichen Einfluß, Politik wie Religion ging. Ganz allmählich zeichnen sich durch neueste Funde und neue Deutungsansätze einige Umrisse dessen ab, was da geschehen sein könnte.

Zunächst einmal war Kijê als Königsgemahlin und Mutter der Erbprinzessin an der Macht. Aus dieser Zeit muß ein Bericht stammen, der bei den Grabungen in der alten hethitischen Hauptstadt, dem heutigen Boghazkoy aufgefunden wurde, in hethitischer Sprache geschrieben.

»Während mein Vater«, so berichtet der Hethiterkönig Murschili II. über seinen Vater Schuppiluliuma, »in dem Land Karkemisch (syrische Festung) weilte... schickte er... gegen das Land Amqa (im Libanon, damals ägyptisches Einflußgebiet). Als die Leute Misras (Ägyptens) die Zerstörung Amqas erfuhren, erfaßte sie Furcht. In der Tat, um die Lage noch schwieriger zu machen, starb ihr Herr Nib-khuru-riasch (nach neuesten Forschungen Wiedergabe von Echnatons Thronnamen Neferkhepru-Rê[37]), und die Königin von Ägypten, Dahamunzu, die nun Witwe geworden war, schickte zu meinem Vater einen Gesandten und schrieb ihm mit folgenden Worten: ›Mein Gatte ist tot, und ich habe keinen Sohn. Die Leute sagen, daß du viele Söhne hast. Wenn du mir einen deiner Söhne schickst, wird er mein Gatte werden, denn ich will keinen meiner Diener (Untertanen) nehmen, um ihn zu meinem Gatten zu machen...‹«[38]

Der Hethiterkönig war zunächst höchst mißtrauisch und schickte einen Sondergesandten nach Ägypten, der aber nach seiner Rückkehr alles bestätigte, und ein ägyptischer Gesandter brachte fast gleichzeitig einen neuen Brief der Königin, in dem sie die Richtigkeit der Angaben unterstrich und Schuppiluliuma beschwor, schleunigst einen Prinzen zu senden. So ließ sich der König überreden und schickte seinen Sohn Zannanza mit einer Eskorte ab. Aber »die Männer und Pferde Ägyptens« fingen ihn noch vor der Grenze ab und ermordeten ihn.

Man hat lange darüber gerätselt, wer die Königin Dahamunzu gewesen sein könnte, die diesen erstaunlichen, sehr nach einem Staatsstreich aussehenden Brief an den König eines feindlichen Landes geschrieben hat, der noch eben einen Kriegszug gegen ägyptisches Gebiet geführt hatte. Die chronologischen Verhältnisse sind unglücklicherweise in der fraglichen Zeit für Ägypten wie für das Land Hatti nicht vollkommen geklärt. Lange Zeit waren Ägyptologen der Meinung, der als jüngst verstorben erwähnte Nibkhururia sei Tutenchamun unter seinem Thronnamen Nebkhepru-Rê und somit Dahamunzu eine Verschreibung des Namens seiner Witwe Ankhes-en-Amun. Jetzt ist aber sehr wahrscheinlich geworden, daß es sich bei dem Toten um Echnaton handelt, was auch durch die Angaben über den Zug gegen Amqa gestützt wird. Dann kann aber die Briefschreiberin nur Kijê gewesen sein, und in der modernen Ägyptologie herrscht weitgehend Übereinstimmung, daß Dahamunzu kein Name, sondern die Wiedergabe des ägyptischen Titels »Die Gemahlin des Königs« ist.[39] Genau diesen Titel trug Kijê in der fraglichen Zeit; die Echnatontochter Merit-Aton hätte den Verstorbenen »mein Vater« genannt; Nofretete (die auch zu den »Verdächtigen« gehörte) und Tutenchamuns Gattin aber waren »Große Königliche Gemahlinnen« und wären nach dem schon damals höchst protokollbewußten internationalen Sprachgebrauch niemals nur als »Königsgemahlin« erwähnt worden, ganz abgesehen von vielen anderen Argumenten, die gegen sie als Schreiberinnen dieses Briefes sprechen.

So wäre einmal eines der Rätsel von Amarna eindeutig gelöst, wenn nicht wieder neue Fragen auftauchten: Wie konnte Kijê nicht nur den König in einem Brief, sondern auch den gewiß höchst mißtrauischen hethitischen Sondergesandten als Beobachter davon überzeugen, daß sie in der Lage war, einen Gatten zum Pharao zu machen (wobei wir das zusätzliche Problem eines Ausländers nicht einmal stellen wollen). Das wäre nur denkbar, wenn sie nach Echnatons Tode die Macht nicht nur ausüben, sondern auch eindrucksvoll zeigen konnte, und wenn sich wenigstens bis zum Ende des Gesandtenaufenthalts kein anderer Thronbewerber gezeigt hatte. Und weiter ist zu fragen, warum sie nicht ihre und Echnatons Tochter, die doch nach ägyptischer Auffassung einen viel stärkeren Thronanspruch hatte als Kijê, als Gattin für einen künftigen König anbot. Sicher war diese damals noch sehr jung, aber wir wissen ja auch sonst von dynastischen Hochzeiten Minderjähriger. Aber in einer so verworrenen Zeit war freilich vieles möglich, was sonst kaum hätte geschehen können.

Die Opposition gegen Kijê in Ägypten muß allerdings stark gewesen sein, und wir dürfen dahinter Nofretete — falls sie noch lebte —, die Königstochter und vor allem die militärischen Befehlshaber vermuten, denn diese werden ja ausdrücklich in den hethitischen Annalen für die Ermordung Prinz Zannanzas verantwortlich gemacht. Von ägyptischer Seite ist natürlich kein Wort über diese ganze Affäre gefallen. Dafür sind die Spuren eines gescheiterten Staatsstreichs der Kijê unübersehbar: Sie wird gewaltsam getötet, ebenso ihre kleine Tochter, und sofort danach wird ihr Andenken ausgelöscht – sehr viel gründlicher, als das einst mit dem Hatschepsuts geschehen war.

Auf allen Reliefs und Wandbildern werden ihr und der Tochter Namen getilgt und durch andere ersetzt, so daß wir den Namen der Kleinen bis heute nicht kennen. Ihre Bilder wurden überarbeitet und erhielten anstelle der für Kijê typischen Löckchenperücke die »Prinzessinnenlocke« und dazu den Namen einer der Echnaton-Töchter, und für ihre kleine Tochter trat jeweils eine (Angebliche?) Tochter Merit-Atons oder Ankhes-en-pa-Atons ein. Der bereits vorbereitete kostbare Sarg Kijês wurde, nach entsprechender Umarbeitung von Namen und Titeln, wenige Jahre danach für Semenchkarê in einem Notgrab des Tales der Könige verwendet.

Wie aber unmittelbar nach Kijês Tod der Thron besetzt wurde, ist nicht völlig klar – wie könnte es in solchen Zeiten anders sein. Der immer wieder als erstaunlich zuverlässig erwiesene Priester-Historiker Manetho spricht davon, daß auf Echnaton »dessen Tochter Achencheres« gefolgt sei, und auf sie zwei männliche Könige desselben Namens. Das griechische »Achencheres« ist aus dem Thronnamen »Ankh-khepru-Rê« entstanden, und diesen gibt es tatsächlich unter den Funden von Amarna, auf Siegeln und anderen kleinen Gegenständen, und das bisweilen in männlicher Form, bisweilen in weiblicher. Der deutsche Ägyptologe Rolf Kraus schließt aus einer genauen sprachlichen, archäologischen und historischen Untersuchung, daß Manetho auch hier recht hatte: Auf Echnaton/Kijê (die ja nie den Thron bestiegen hat) folgt Merit-Aton mit dem Thronnamen »Ankhet-khepru-Rê«. Ihr folgt nach Eheschließung mit ihr Semenchkarê als König, der den Thronnamen seiner Frau in männlicher Form übernahm. Damit wäre Merit-

Aton die vierte, durch Funde nachgewiesene Herrscherin auf dem Pharaonenthron.

Semenchkarê stammt aus einer Nebenlinie des Königshauses. Er war, wie sein jüngerer Bruder Tutenchamun, der Enkel einer der Töchter Amenophis' III. und Tejes. Ob die Generäle Merit-Aton zu dieser Ehe gedrängt haben, oder ob es ein eigener, persönlicher oder politischer Entschluß war, oder ob noch andere Kräfte dahinterstanden, ist unklar. Auffallend ist, daß in Nofretetes Nordpalast bei neuen Grabungen ziemlich viele Siegel mit den Prinzennamen Semenchkarês und Tutenchamuns (noch in seiner alten Namensform als Tutenchaton) gefunden wurden.[40]

Hatte Nofretete die beiden jungen Prinzen aus der Familie ihrer Schwiegermutter, mit der sie gut stand, aufgenommen, geschützt, erzogen und auf den Thron lanciert? Das würde aber bedeuten, daß sie um diese Zeit noch lebte. Angesichts des völligen Fehlens ihrer Grabbeigaben im Grab Echnatons ist das nicht ausgeschlossen, aber es ist auch nicht beweisbar. In diesem Fall wäre auch zu vermuten, daß sie die einjährige Regierung ihrer Tochter und die dreijährige ihres Schützlings Semenchkarê überlebte und mit dem Paar Tutenchamun-Anchesenamun (wie diese Prinzessin sich nach ihrer Eheschließung mit Tutenchamun nennt) in deren neue Residenz Memphis zog. Tutenchamun hatte nicht nur schon im 1. Regierungsjahr seinen Frieden mit den Amun-Priestern gemacht, sondern auch Tell-el-Amarna verlassen, das, bald vom Sand bedeckt, als Steinbruch verwendet und schließlich vergessen wurde.

Der letzte König der XVIII. Dynastie, Haremhab, übersprang die ganze Amarnazeit, indem er seine Regierungsjahre seit dem Tod Amenophis' III. zählte, und er benutzte auch Blöcke aus den Atontempeln für eigene Bauten. Aber die planmäßige Verfolgung und Ausmerzung des »Frevlers von Amarna«, wie Echnaton nun genannt wurde, setzte erst unter den Ramessiden ein, die auch in ihren Königslisten jede Erwähnung der Könige und Königinnen zwischen Amenophis III. und Haremhab auslöschten. Das war das Ende der Amarnazeit, deren künstlerische und geistige Folgen freilich andauerten. Auf vielen Gebieten waren es Frauen, die hier eine bedeutende Rolle spielten.

Die letzte Pharaonin

Manchmal wird behauptet, Hatschepsut habe für alle Zeiten in Ägypten ein Matriarchat unmöglich gemacht. Das stimmt einmal schon soziologisch nicht, weil man nicht die Herrschaft einer Frau als Matriarchat bezeichnen kann – Großbritannien, Dänemark sind, Österreich oder Rußland waren keine Matriarchate, trotz ihrer regierenden Monarchinnen. Und diese Behauptung stimmt auch historisch nicht, weil uns noch zwei weitere weibliche Thronbesteigungen in Ägypten bekannt sind. Wenn man vielleicht die der Merit-Aton noch als einen Sonderfall in einer völlig chaotischen Zeit bezeichnen will, der zudem nicht ganz unumstritten ist, so liegen die Verhältnisse zweihundertfünfzig Jahre später ganz klar, als mit Tausret, bisweilen auch Tewosre geschrieben, wiederum eine Königin den Thron bestieg.

Es war eine unruhige Zeit, als Sethos II. nach seinem bedeutenden Vater Merenptah um 1210 v. Chr. König wurde, an seiner Seite seine (Halb-)Schwester Tausret als »Große Königliche Gemahlin«. Libysche Beduinen und entlassene Söldner plünderten Oberägypten, nicht ohne Beihilfe einer korrupten Beamten- und Priesterschaft; die ersten Räubereien im Tal der Könige werden in dieser Zeit gemeldet, und Sethos II., Tausret und beider Günstling Bay, ein geborener Hurriter aus Syrien, hatten alle Hände voll zu, von ihrer Hauptstadt im Delta aus die Ansprüche eines Prätendenten Amenmesse abzuwehren, der einige Jahre lang zumindest Teile des Staatsgebiets beherrscht haben muß. Etwa 1191 v. Chr. folgte dem verstorbenen Vater Siptah, noch unmündiger Sohn einer Haremsfrau, auf den Thron. Er muß eine sehr unglückliche Kindheit gehabt haben. Seine Mumie zeigt, daß er infolge einer Kinderlähmung ein verkürztes und gelähmtes rechtes Bein hatte[41]; seine Stiefmutter Tausret, die für ihn die Regentschaft ausübte, liebte ihn nicht, und schließlich — hier liegt der entscheidende Unterschied zum Verhalten Hatschepsuts gegenüber Thutmosis III. — ließ sie ihn umbringen, zweifellos mit Hilfe Bays, des »Großkanzlers aller Lande«, wie er sich titulierte.

Tausret wurde 1198 v. Chr. gekrönt, zählte ihre Regierungsjahre seit dem Tod ihres Gatten Sethos II. und nahm wie jeder Pharao die fünf »Großen Namen« an. Sie hat in den wenigen Jahren ihrer Alleinregierung in Palästina, Sinai und Ägypten gebaut. Bedeutende Reste sind nur von ihrem Totentempel in Westtheben und von ihrem Grab im Tal der Könige auf uns gekommen, das durch noch sehr qualitätvolle Wandbilder auffällt. In ihrer Regierungszeit ereignete sich etwas, worauf sie keinerlei Einfluß hatte, das aber für Ägypten, ja für die Entwicklung der ganzen Alten Welt höchst bedeutungsvoll war: »Seevölker«, eine bunte Mischung aus Westen und Norden über das Mittelmeer kommender Stämme und Völker, bemächtigten sich des wohl kurz zuvor aus inneren Gründen zusammengebrochenen Hethiterreiches, des früheren Gegners und seit Ramses II.

Verbündeten Ägyptens. Dadurch brach nicht nur für lange Zeit das Gleichgewicht im Nahen Osten zusammen, stand nicht nur Ägypten den Angriffen der Seevölker und Libyer allein gegenüber, sondern die Eisenerzgruben von Anatolien gelangten so in die Hand aus Norden eindringender Stämme, aus denen sich das Griechentum formte, während Ägypten ohne eigene Eisenerze und die dadurch verursachte Unterlegenheit in der Rüstung immer mehr weltpolitische Bedeutung einbüßte. Noch Manetho waren diese Ereignisse bekannt. In seiner Geschichte heißt die Königin Thuoris, und er berichtet, daß während ihrer Herrschaft »Troja zerstört« worden sei.

Spätestens zwei Jahre nach ihrer Thronbesteigung folgte ihr Setnacht, Gründer der XX. Dynastie, als Pharao.[42] Ob sie eines natürlichen Todes starb oder ermordet wurde, wissen wir nicht. Sie wurde wenigstens zeitweise in ihrem vorbereiteten Königsgrab beigesetzt. Ihre nicht mit letzter Sicherheit identifizierbare Mumie zeigte bei der Röntgenuntersuchung keine Spuren eines gewaltsamen Todes.[43] Mit ihr fand die Reihe der Frauen, die gekrönt und mit voller Titulatur als Pharao auf dem Thron Ägyptens saßen, ihren Abschluß.

Die regierenden Gottesgemahlinnen

Aber Tausret war nicht die letzte Frau, die über einen großen Teil Ägyptens mit pharaonischen Machtbefugnissen herrschte. Der politische Ursprung der als »Dynastie der Jungfrauen« bezeichneten, über Oberägypten herrschenden Gottesgemahlinnen liegt in der Endzeit des Neuen Reiches. Die späten Ramessiden, die in Tanis im Delta residierten,

verloren immer mehr an tatsächlicher Macht über Oberägypten, dessen faktischer Oberherr im Gegenzug immer
stärker der Hohepriester des Amuntempels von Karnak
wurde. Unter Ramses XI. (1110–1080 v. CHR.) zeichnete sich
dann immer deutlicher eine Dreiteilung des Reichsgebietes
ab, die mit Beginn der 3. Zwischenzeit ab 1080 v. Chr. auch
offiziell wurde: Die Pharaonen, meist libyscher Abkunft,
regierten von Tanis aus das Delta einschließlich Memphis
bis etwas südlich des Fayyums; der »Königssohn von
Kusch«, Panhesi, einst Gouverneur und Militärbefehlshaber
des Königs in Nubien, machte sich selbständig, womit
Nubien endgültig für Ägypten verlorenging; das Gebiet
vom 1. Katarakt bis südlich des Fayyums wird als »Gottesstaat des Amun« Herrschaftsgebiet des Hohenpriesters des
Amun. Wie in einer Dynastie folgen Vater und Sohn in dieser Stellung.

Die Beziehungen zwischen Gottesstaat und den Pharonen
von Tanis waren im allgemeinen nicht schlecht. Die Souve-
ränität des Königs wird theoretisch anerkannt, obgleich der
Hohepriester jetzt königliche Titel und Vorrechte bean-
sprucht: Man mischt sich möglichst wenig in die Angelegenheiten des andern, und es gibt bisweilen auch dynastische Heiraten. So werden weiterhin Prinzessinnen aus Tanis
nach Theben als »Gottesgemahlinnen des Amun« entsandt,
deren Pflichten aber nur auf die rein priesterlichen Aufgaben einer Gottesgemahlin beschränkt waren. Irgendwann in
dieser Zeit muß die Sitte aufgekommen sein, daß diese Prinzessinnen als Gottesgemahlinnen nicht heiraten durften und
Jungfrauen bleiben mußten, wohl eher aus politisch-dynastischen als religiösen Gründen, wenn diese natürlich auch
vorgeschoben wurden. Die erste dieser unverheirateten Gottesgemahlinnen ist nach den sehr genauen Untersuchungen

des französischen Archäologen Michel Gitton vermutlich Makarê gewesen, eine Tochter des Pharaos Psusennes I. (etwa 1054–1004 v. Chr.). Sie ist auf einem Relief des Chonstempels im Bezirk von Karnak mit dem vollen Ornat einer Gottesgemahlin dargestellt. Neben ihrem Namen Makarê, der vielleicht absichtlich dem Thronnamen Hatschepsuts nachgebildet wurde, führte sie noch zusätzlich einen eigenen Thronnamen »Mut-em-hat«.[44] Als ihr Sarg aus der berühmten Cachette der Pharaonenmumien von Der-el-Bahari geöffnet wurde, zogen die Ägyptologen die Brauen hoch: Zwischen den Beinen der sehr sorgfältig balsamierten und bandagierten Mumie lag noch eine kleine, anscheinend die eines Kindes. Dies mußte offensichtlich das ihrige sein; da sie aber nicht verheiratet war, mußte es einer unehelichen Verbindung entsprungen oder gar eine Bestätigung für die griechischen Nachrichten über Tempelprostitution sein. Die Röntgenaufnahmen der Mumien haben die »Ehre« der Gottesgemahlin gerettet: In der kleinen Mumienhülle steckte nicht ein Kind, sondern ein junger Pavian.[45]

Aber Probleme stellt natürlich auch dieser Fund — wie stets in einer lebendigen Wissenschaft gefundene Antworten neue Fragen aufwerfen. War es einfach das Lieblingshaustier der Makarê? Äffchen wurden oft von den tierliebenden Ägyptern gehalten, und man sieht sie sogar in Grabgemälden unter den Stühlen der Grabinhaber ihre Sprünge machen, oft in trautem Verein mit einer zahmen Gans oder einer Katze. Oder war es ein heiliges Tier des Thot, des Gottes des Wissens und der Magie? Gerade seit der 3. Zwischenzeit nehmen die Bestattungen heiliger Tiere in sorgfältig mumifizierter Form zu; aber die Mitbestattung in einem Sarg mit der Menschenmumie ist seit der Frühzeit nicht mehr belegt.

Mag Makarê auch die erste unverheiratete Gottesgemahlin gewesen sein, die volle Macht über die Thebais lag in den ersten Jahrhunderten des Jahrtausends ausschließlich in den Händen des Hohenpriesters des Amun, der unumschränkt über den Gottesstaat herrschte. Die Hohepriester-Dynastien wurden bisweilen durch Usurpatoren unterbrochen – die Zeiten waren unruhig, und wo sich große Macht sammelt, gibt es auch große Gefährdungen.

Das änderte sich, soweit wir aus Inschriften wissen, erst unter Osorkon III. (759–749 v. Chr.), einem von Bubastis im Delta aus regierender Teilherrscher libyscher Abkunft, der es verstand, durch Einsetzung seiner Tochter Schepenupet I. als Gottesgemahlin des Amun die Herrschaft über den Gottesstaat in die Hand zu bekommen. Diese muß eine bemerkenswerte Frau gewesen sein. Sie hielt nicht nur die Fäden der Regierung, sondern verstand es auch, die Funktion der Gottesgemahlin zu einer ganz neuartigen Institution werden zu lassen, die erstaunlicherweise von allen Eroberern und wechselnden Dynastien der nächsten zweihundertfünfzig Jahre respektiert wurde, bis zum Persereinfall 525 v. Chr.

Eine wesentliche Grundlage dieser Machtstruktur war die Nicht-Heirat der Gottesgemahlin, verbunden mit – und das war das Neue – der Adoption der Nachfolgerin durch die regierende Gottesgemahlin zu ihren Lebzeiten, die meist auch, wie die Thronfolger der XII. Dynastie als Mitregenten, bis zum Tod der Älteren das Amt gemeinsam versahen. Dieses System erwies sich als Geniestreich: Es sicherte Macht und Fortführung der Institution, war aber so anpassungsfähig, daß auch starke und mächtige Pharaonen es anerkannten und benutzten, indem sie ihre Schwestern oder Töchter adoptieren ließen, ohne daß man auch nur ein einziges Mal von Zwistigkeiten oder gar Gewalttaten gehört hätte. Da die Geschwätzigkeit der Grabbiographien hoher Beamten jener Zeit bekannt und berüchtigt ist, wäre es aber verwunderlich, wenn solche Zwischenfälle gar keine Spuren hinterlassen hätten. Eine für die unruhigen Zeiten der 3. Zwischenzeit und der Spätzeit bemerkenswert lange Regierungszeit der sieben Gottesgemahlinnen – im Durchschnitt sind es unter Einrechnung der Mitherrschaft fünfzig Jahre – spricht für eine sehr geschickte Politik.[46] Als um 745 v. Chr. Kaschta, der König von Nubien (Kusch), dessen Hauptstadt damals Napata am 4. Nilkatarakt war, Theben besetzte, adoptierte Schepenupet dessen Tochter Amenirdis, lebte aber weiter im vollen Besitz ihrer Titel bis etwa zum Jahr 700. Amenirdis I. war Gottesgemahlin unter den nubischen Pharaonen Pije, Schabaka und Schabataka, die auch meroitische (XXV.) Dynastie genannt werden. Sie adoptierte die Tochter des Pije, Schepenupet II., die bis in die Zeit Taharqas (680–664 v. Chr.) die Thebais regierte, zuletzt gemeinsam mit Amenirdis II., Tochter Taharqas und damit ihre Nichte. Sie überstanden die Invasion der Assyrer im Jahre 650 v. Chr., bei der die Reste der Reichtümer geplündert wurden, welche die Raubzüge und Diebstähle der Ramessidenzeit in den Tempeln zurückgelassen hatte, wie goldene Götterbilder, Verkleidung des Gottesschiffes des Amun aus Gold und Edelsteinen, und auch die aus einer Gold-Silber-Legierung bestehenden Verkleidungsbleche der Hatschepsut-Obelisken verschwanden bei dieser Theben furchtbar verheerenden Plünderung.

Oberägypten blieb aber nach dem Rückzug der Assyrer weiter unter der Herrschaft der nubischen Pharaonen, auch als in Unterägypten ab 664 v. Chr. Psammetik I. den Thron bestiegen und Sais zur neuen Hauptstadt bestimmt hatte. Durch eine sehr geschickte Politik von Druck verbunden mit Bestechung und mit Appellen an das Nationalgefühl erreichte er, daß 656 v. Chr. die beiden gemeinsam regierenden Gottesgemahlinnen Schepenupet II. und Amenirdis II. seine Tochter Nitokris I. adoptierten, so daß mehrere Jahre lang eine gemeinsame nubisch-saitische Oberherrschaft über die Thebais, eine Art Kondominium bestanden hat. Diese wurde noch durch die Person des Oberhofmeisters Monthuemhat, aus alter thebanischer Familie stammend, unterstrichen, der unter den Nubiern und unter den Assyrern mit großem Geschick agiert hatte und auch unter Psammetik I. sein Amt versah.[47]

Unter Nitokris' I. Herrschaft erreichte die Macht der Gottesgemahlinnen über den Gottesstaat ihren Höhepunkt. Nitokris drängte die Macht der Hohenpriester des Amun so zurück, daß der entscheidende Schritt ihrer Adoptivtochter und Nachfolgerin, selbst den Titel und das Amt eines »1. Propheten des Amun von Karnak« zu übernehmen, ganz auf dieser Linie lag.[48] Zu den königlichen Privilegien, über die auch schon ihre Vorgängerinnen verfügten, trat jetzt noch die Vollziehung von bisher nur dem König vorbehaltenen Ritualhandlungen im Tempel und die Begehung des uralten Königsjubiläums, des Sed-Festes[49], durch die Gottesgemahlin.

Nitokris übernahm sogar den uralt-geheiligten Königsbrauch eines zusätzlichen Horusnamens zu ihren beiden in Kartuschen geschriebenen Namen.[50] Die Oberherrschaft des fernen Pharaos stand dabei nie in Frage, ihre faktische Durchsetzung hing von einer komplizierten Balance zwischen der Persönlichkeit der Gottesgemahlin, der des Pharaos, den Fähigkeiten der thebanischen hohen Beamten und den außenpolitischen, wirtschaftlichen und militärischen Zeitumständen ab.

Nitokris I. adoptierte Ankhnes-nefer-ib-Rê, Tochter Psammetiks II., im Jahr 595 und starb hochbetagt 586 v. Chr. nach einer siebzigjährigen Regierungszeit als Gottesgemahlin des Amun – ein Rekord, der von keinem Pharao seit Phiops II. übertroffen wurde.[51]

Ankhnes-nefer-ib-Rê adoptierte, dem alten Brauch folgend, eine Tochter von König Amasis (570–526 v. Chr.), welche den Namen Nitokris II. annahm. Mit der ersten persischen Herrschaft, seit 525 v. Chr., erlosch die Regentschaft der Gottesgemahlin über den »Gottesstaat« Oberägypten. Es gab zwar weiterhin hohe Priesterinnen im Tempel des Amun von Karnak, auch in persischer und ptolemäischer Zeit, aber sie übten keinerlei politische Macht mehr aus.

Dem Umfang ihrer kultischen und politischen Aufgaben entsprach auch die Größe des Hofstaates der Gottesgemahlinnen. Ein großer Stab weiblicher und männlicher Beamter und Priester stand ihnen zur Seite. Über neunzig verschiedene Amtstitel aus dieser Zeit sind uns bisher bekannt, und über zweihundertvierzig Namen ihrer Trägerinnen und Träger haben sich über die Zeiten erhalten[52], wobei es auch hier, wie wir schon immer im alten Ägypten festgestellt haben, im einzelnen schwierig ist, zwischen priesterlichen Aufgaben, Verwaltungstätigkeiten und reinen Hofrängen zu unterscheiden, was bei der schillernden Institution der regierenden Gottesgemahlinnen gar nicht überrascht.

Der Hof der Gottesgemahlinnen hieß »Haus der Gottesverehrerin«. An seiner Spitze stand der »Große Haushofmeister der Gottesverehrerin«, der zugleich den umfangreichen Landbesitz als »Oberdomänenvorsteher« verwaltete. Dazu unterstand ihm eine Schar von Schatzhausvorstehern, Schreibern, Feld- und Herdenaufsehern, Handwerkern, Bauern und Knechten. Wenn wir zufällig erfahren, daß

Nitokris I. über Besitzungen in sieben Gauen Oberägyptens und in vier Gauen Unterägyptens von zusammen 3300 Aruren, etwa 900 Hektar, verfügte, zu deren Erträgen noch erhebliche Lieferungen der Tempel kamen[53], und man sich dazu noch den altägyptischen Hang zur Bürokratie vor Augen hält, dann kann man sich Größe und Bedeutung dieser Verwaltung vorstellen.

Die »Großen Haushofmeister« waren mächtige Herren, deren Auftreten an das der königlichen Wesire erinnert, und die sich in oft riesigen Gräbern auf Thebens Westseite begraben ließen. Die Gräber selbst höchstrangiger Beamter des Neuen Reiches wirken gegen die der Spätzeit wie armselige Hütten gegen Paläste! Es gab auch bei ihnen durch mehrere Generationen verfolgbare Amtsnachfolgen in derselben Familie.

Aus der Zeit Psammetiks I. kennen wir seit dem Jahr 639 v. Chr. einen »Ersten Groß-General des Hauses der Gottesverehrerin«.[54] Sein hoher militärischer Rang ist wohl eher ein Zeichen für die Einflußnahme des Königs auf Oberägypten als für eine Armee unter dem Kommando der Gottesgemahlin. Jedenfalls fehlen bis auf diesen »Generalfeldmarschall« weitere militärische Titel am thebanischen Hof.

Sehr umfangreich war natürlich auch der weibliche Hofstaat der Gottesgemahlinnen, auf den wir bereits in früheren Kapiteln zu sprechen kamen. So genügt hier eine kurze Erinnerung: An der Spitze all der Priesterinnen, Beamtinnen und Hofdamen stand die »Oberste der Gefolgsdamen der Gottesverehrerin«, die sowohl verwaltungsmäßige wie priesterliche Aufgaben hatte. Ihr folgten im Rang die »Großen Gefolgsdamen«, von denen uns eine bereits als hohe Beamtin und Priesterin mit dem stolzen Zusatztitel »Schreiberin« begegnet ist. Die einfachen »Gefolgsdamen«, soweit sie nicht weitere Titel oder Ränge haben, sind vielleicht eher als Hofdamen denn als Beamtinnen anzusehen. Es waren, wie ihre Stammbäume zeigen, meist Töchter und Gattinnen aus alten thebanischen Familien, ebenso wie einfache Priesterinnen und die Schar der Musikantinnen und »Tänzerinnen vom Haus der Gottesverehrerin«.

Dieses Theben der regierenden Gottesgemahlinnen war eine alte, etwas heruntergekommene und schläfrige Residenz. Längst war der Sitz der Pharaonen in das Delta verlegt worden, das die politische und wirtschaftliche Basis von Ägyptens immer geringer werdendem Gewicht in der Alten Welt bildete. Der Verlust Nubiens brachte für Oberägypten nicht nur mit dem Ausbleiben dessen Goldes und bedeutenden Viehlieferungen sehr fühlbare wirtschaftliche Einbußen, sondern die Thebais war auch verkehrsmäßig zur Sackgasse geworden. Ihre Nilhäfen waren nicht länger Ausgangspunkte und Ziele von Handelsflotten, und die Wüstenstraßen zu den Oasen Libyens, in den Sudan und zu den Häfen des Roten Meeres wurden von immer weniger und immer kleineren Karawanen begangen. Die Pharaonen kehrten nicht einmal nach ihrem Tode in das »Tal der Könige« zurück, und so war auch das Dorf der Gräberbauer Dêr-el-Medineh verlassen worden, ein spürbarer Verlust nicht nur an Wirtschaftskraft und Arbeitsplätzen, sondern auch an erstklassigen Künstlern und Handwerkern.

Wir wissen nicht genau, wo die Gottesgemahlinnen mit ihrem Hof residierten, denn ihr Palast wie die Paläste aller Pharaonen zuvor, bestand aus ungebrannten Lehmziegeln und ist längst zerfallen. Vielleicht errichteten sie ihre Residenzen auch an verschiedenen Stellen, wahrscheinlich innerhalb der Umfassungsmauern der großen Tempel, die doch einen gewissen Schutz vor umherstreifenden Banden boten. Besonders Medinet Habu, der riesige Totentempel Ramses' III., war mit seinen festungsartigen dicken Mauern sehr beliebt als Wohn- und Verwaltungsplatz in der Spätzeit. Während die alte, vornehme und dicht besiedelte Wohnstadt von Theben auf der rechten Nilseite zwischen Luxor und Karnak allmählich zerfiel, reichten die zunehmend bevorzugten Tempelhöfe und -plätze der Westseite für die Wohnbedürfnisse der zur Landstadt geschrumpften ehemaligen Metropole völlig aus.

Es gab aber immer noch tüchtige Handwerker in Theben, und die Gottesgemahlinnen und ihr Hof waren geschmackvolle Auftraggeber. Die Neubauten erreichten freilich bei weitem nicht mehr die Ausdehnung derer aus dem Neuen Reich, ihre Reliefs wurden plumper und ließen an Qualität nach; bisweilen gelingen aber noch hervorragende Meisterwerke, oft als Kopien alter Vorbilder aus dem Neuen, dem Mittleren, ja besonders aus dem Alten Reich. Auf den alten Friedhöfen dehnten sich die neuen riesigen Beamtengräber aus, und wie in den jetzt gebauten Tempelteilen sind auf ihren Wänden die graziösen Silhouetten der Gottesgemahlinnen zu sehen.

Sie waren vor allem auch der bevorzugte Kundenkreis des örtlichen Kunsthandwerks, und neben Schmuck, Kosmetikbehältern, gläsernen Salbentöpfchen und verzierten Möbeln haben wir aus ihrer Zeit eine Vielzahl von amulettähnlichen Götterfiguren, oft vorzügliche Kleinbronzen, von Totendienern aus Fayence, den sogenannten Uschebtis, und vor allem von Statuetten der Gottesgemahlinnen selbst, die dem Geschmack der Hofkünstler wie der Auftraggeberinnen alle Ehre machen. Mit derselben Eleganz tragen sie beim Kultvollzug die längst ganz altmodischen Priesterinnenkleider des Mittleren Reiches und die raffinierten, durchsichtig-dünnen Plisseestoffe der zeitgenössischen Mode. Die Geierhaube sitzt höchst dekorativ über der kleinen priesterlichen Kugelperücke, wie über den höfischen hohen Stufenperücken, und die zwei hohen Goldfedern als Symbole Amuns auf einem niedrigen Golddiadem krönen den hinreißenden Anblick.

So scheint uns das Theben der ersten Hälfte des ersten Jahrtausends v. Chr. fast wie eine spitzweghafte Idylle, nur daß anstelle des Serenissimus eine Serenissima stand. Nur mit einiger Mühe und nach Durcharbeitung dicker Geschichtswerke — in denen diese Zeit sehr stiefmütterlich behandelt wird — können wir uns klarmachen, daß auch diese, wie alle Zeiten der Menschheitsgeschichte, keineswegs eine heile Welt war. Zu Überfällen, Besatzungen, Plünderungen und Machtkämpfen kamen Naturkatastrophen wie Erdbeben, die an den hohen Steinbauten der Tempel gewiß mehr Schaden anrichteten als an den Lehmhäusern der Bewohner, aber auch häufig erwähnte gewaltige Nilüberschwemmungen, die ganze Stadtteile wegspülten.

Die Gottesgemahlinnen müssen bei solchen Katastrophen, die ja zudem im zentralistisch verwalteten Ägypten oft Hungersnöte von schrecklichen Ausmaßen zur Folge hatten, verantwortungsbewußt und geschickt gehandelt haben. Jedenfalls hören wir aus dem von der Ramessidenbis zur Römerzeit sonst immer aufstands-, streik- und spottlustigen Theben nichts dergleichen gegen die Gottesgemahlinnen. Das Zentrum der ägyptischen Literatur befand sich freilich längst nicht mehr in Oberägypten, und für die unterägyptischen Dichter und Schreiber lag wohl die Thebais ganz außerhalb ihres Gesichtskreises; jedenfalls haben nicht die regierenden Gottesgemahlinnen und ihr jungfräulicher Hof in den gerade aus der Spätzeit reich überlieferten Märchen, noch in Geschichten oder Satiren die dichterische Phantasie bewegt, sondern nur der Pharao und die Prinzen.

Die letzte Ruhestätte der Regentinnen ist jeweils sehr viel kleiner und bescheidener als die Gräber ihrer Beamten, aber gut geschützt, und vor allem entsprechen sie völlig denen der gleichzeitig regierenden Pharaonen: Sie liegen im Tempelvorhof, wie die Königsgräber von Tanis und Sais.[55] Noch heute erblickt der Besucher des großen Tempelbezirkes von Medinet Habu nach Durchschreiten des einer syrischen Festung nachgebauten »Hohen Tores« zur linken Hand vier nebeneinander stehende Kapellen, die eine architektonische Einheit bilden. Die beiden mittleren, ganz aus Stein errichtet, sind recht gut erhalten und zeigen farbige Reliefs und Inschriften. Im hinteren Teil, unter einem Tonnengewölbe, beginnt der Grabschacht mit der Gruft, in der – wiederum den Königsgräbern ähnlich – bisweilen mehrere Gottesgemahlinnen gemeinsam gebettet waren. Von Schepenupet I. bis Ankhnes-nefer-ib-Rê liegen hier alle Regentinnen des Gottesstaates, die einem ganzen Zeitalter Ägyptens ihren unverwechselbaren Stempel aufgedrückt haben.

Gleichrangige Partner

Der berühmte Basler Rechtshistoriker und Altertumsforscher J. J. Bachofen spricht in seinem grundlegenden Werk *Das Mutterrecht* schon 1861 vom »vorzugsweise dem Mutterrecht huldigenden Nillande«, und seitdem wurde diese Bezeichnung lange Zeit auch von Ägyptologen gebraucht, wenn sie die Stellung der Frau oder die Beziehungen zwischen Mann und Frau im alten Ägypten auf eine griffige Formel bringen wollten. Denn daß in dieser Hinsicht im Nilland vieles anders war, als man es aus Europa kannte, war schon den Begründern der Ägyptologie aufgefallen, und nicht wenige gingen in ihrer Begeisterung so weit, gar von einem »Matriarchat«, wenigstens von »matriarchalischen Zügen« zu sprechen. Es waren freilich zu Beginn dieser jungen Wissenschaft nur verhältnismäßig wenige, die sich für solche Fragen interessierten, denn es galt ja erst einmal mit Schrift-, Sprach- und Spatenforschung Grundlagen für weitere Arbeiten zu legen. Wir wissen heute, daß diese Begriffe, aus der frühen Mythenforschung und Völkerkunde stammend, nie auf Ägypten zutrafen. Ob überhaupt je ein Matriarchat im strengen Sinn des Wortes als »Herrschaft nur der Frauen im politischen, religiösen und familiären Bereich«[1] irgendwo in der gesellschaftlichen Wirklichkeit der Menschheit bestanden hat, wird heute bezweifelt; jedenfalls ist es griechischen Mythen von Amazonen entnommen, genauso wie die ersten Einblicke der Ägyptologie in gesellschaftliche Zustände im Nilland aus griechischen Quellen stammten.

Etwas anders sieht es mit dem »Mutterrecht« aus, das in der modernen Soziologie infolge der Suche nach möglichst wissenschaftlich klingenden Ausdrücken, die bisweilen auch genauer bestimmbar und enger definiert sind, gern als »Matrilinearität« wiedergegeben wird. Darunter versteht man die Erbfolge rein in der weiblichen Linie, wobei aber nicht — wie im Matriarchat — Männer als Erben ausgeschlossen werden, jedoch Rang, Stellung und Besitz von ihren Müttern oder deren Brüdern erben. Dies gibt es auch in noch heute zu beobachtenden Gesellschaften. Die Tuareg, Nomaden berberischer Sprache in der Zentralsahara, sind hierfür ein Beispiel. So ist bei ihnen etwa der Sohn einer Adligen mit einem Hörigen ein Adliger, das Kind eines Adligen mit einer Sklavin ein Sklave; Nachfolger des Stammesfürsten, des Amenokal, wird in der Regel sein Schwestersohn; nach der Eheschließung gehört der Mann zur Familie (besser gesagt zum Clan) der Frau. So sah es bei den Tuareg noch 1938 aus, als ich eine Zeitlang unter ihnen lebte. Ob sie dem zunehmenden Druck der Gesellschaftsform des algerischen Nationalstaates, zu dem sie seit der Befreiung von französischer Kolonialherrschaft größtenteils gehören, und dem des fundamentalistischen Islam in ihrer Eigenart widerstehen können, ist ungewiß. Dieses Beispiel der Tuareg, dem sich noch eine Anzahl andere aus Kulturen in aller Welt anfügen lassen, ist nicht nur für die Erläuterung des Begriffes »Mutterrecht« sehr interessant. Wie zu erwarten, beschränkt sich die bevorzugte Stellung der Frau nicht nur auf die Erbfolge; sie hat im Rat bei Stammesange-

271

legenheiten Sitz und Stimme, sie ist es, die den Ehepartner wählt. Und in völligem Gegensatz zu manchen Schulen der Völkerkunde oder der Soziologie, welche die Achtung der Frau aus der Landwirtschaft entstehen lassen, liegt hier eine rein nomadisch-viehzüchtende Gruppe vor. Und die Tuareg zerstören einen weiteren schönen Traum, daß nämlich mutterrechtliche Gesellschaften immer besonders friedliebend seien: Die Tuareg waren stets extrem kriegerisch, und sehr oft waren es die Frauen, die bei Beschlüssen zu Kriegs- oder Raubzügen den Ausschlag gaben.

Mutterrechtlich verfaßte Gesellschaften gibt es nicht nur heute, sie sind auch aus der Geschichte bekannt. Ganz in der Nähe Ägyptens gab es dafür ein Beispiel: das nordsudanesisch-nubische Reich von Meroë, das sich selbst mit dem ägyptischen Namen »Kusch« bezeichnete und seit dem neunten Jahrhundert vor Christus bis in das vierte nachchristliche existierte. Hier wurde der König nach matrilinearer Erbfolge bestimmt, also über die Abkunft seiner Mutter.[2] Daher war in diesem Reich die Königsmutter, die Kandake, eine staatliche Institution, wie wir im sechsten Kapitel gesehen haben. War dies der »afrikanische Boden«, die »hamitische Erbschaft«, von der doch mutterrechtliche Züge sich seit frühgeschichtlicher Zeit in Ägypten finden sollten, wie manche Forscher annahmen?

Bei solcher Betrachtung werden zum einen die Zeiten munter durcheinandergeworfen. Als das Reich Meroë entstand, waren ägyptische Kultur und Gesellschaft seit Jahrtausenden ausgeformt und hatten mit dem Ende des Neuen Reiches den Höhepunkt ihrer lebendigen Entwicklung überschritten. Aber auch über Nubien und Sudan waren seit der Steinzeit Völkerverschiebungen tiefgreifender Art hinweggegangen, so daß es kaum möglich ist, auf die gesellschaftlichen oder gar Völkerverhältnisse im späten vierten Jahrtausend, bei der Bildung der ägyptischen Kultur, und eventuelle Einflüsse darauf zurückzuschließen.

Dazu kommt, daß »hamitisch« eine Sprachgruppe und ebensowenig identisch mit einer kulturellen, geschweige denn anthropologischen Einheit ist wie »indogermanisch« oder »semitisch«.

Vor allem aber: Ägypten war seit seiner frühesten für uns faßbaren Geschichte eben nicht mutterrechtlich verfaßt. Der König oder die Königin wurden nicht matrilinear bestimmt, jedenfalls nicht vorwiegend oder als Regel. Wir haben im sechsten Kapitel gesehen, wie verschieden die Erbgänge im Königtum waren; daß zwar gern und aus auf der Hand liegenden Familieninteressen eine Königsgemahlin aus der engeren Familie gewählt wurde, daß aber Söhne von »Bürgerlichen«, ja von Konkubinen, den Thron ohne schwerwiegende Legitimitätsprobleme besteigen konnten. Gewiß konnte man schon seit frühester Zeit in Ägypten *auch* von der Mutter erben, wobei es dieser bei der Vergabe ihres Eigentums frei stand, wem sie es vermachte. Aber die Kinder aus der Ehe einer Königstochter mit einem »Bürgerlichen« waren eben nicht Prinzessinnen oder Prinzen.

Offenbar ist es also kaum möglich, die Stellung der Frau in Ägypten und ihr Verhältnis zum Mann auf eine Kurzformel zu bringen, vor allem wenn man dabei so einseitig nur auf rechtliche Begriffe abstellt. Menschen jedoch und ihre Beziehungen zueinander sind vielfältiger und komplizierter und gehen in Begründung und Folgen ihrer Bindungen weit über das juristische Feld hinaus.

Es ist nicht verwunderlich, daß es in der Ägyptologie, wie in jeder Wissenschaft über den Menschen und seine Kultur, auch hinsichtlich des Interesses für die und der Bewertung von der Stellung der Frau durch den Zeitgeist bestimmte Unterschiede gab und noch gibt; fast könnte man von Moden sprechen. Nach der ersten Begeisterung der frühen Ägyptologen kam die so notwendige, für die Öffentlichkeit trocken erscheinende Kärrnerarbeit des geduldigen Sammelns, Übersetzens und Deutens von Inschriften und Papyri, des Ausgrabens von Tempeln und Gräbern. Das ganze sachliche Interesse richtete sich zunächst auf die Geschichte und damit auf Namen, Taten und chronologische Abfolge der Pharaonen. Darauf folgte ein Interesse für den altägyptischen Menschen mit den Versuchen, seine Religion, aber auch sein tägliches Leben näher zu ergründen und aus ihm selbst heraus zu verstehen. Auch hier gelangen, aufbauend auf den Arbeiten der vorigen Generationen von Ägyptologen und in Auseinandersetzung mit ihnen, ganz wesentliche Fortschritte, und neue Erkenntnisse wurden gewonnen. Die Welle der Begeisterung für die »hohe Stellung der Frau im Alten Ägypten« erreichte einen neuen Höhepunkt. Dabei schoß man bisweilen über das Ziel hinaus, deutete einzelne Züge unbefangen als bestimmend für das Ganze und nur zeitbegrenzte Erscheinungen auf die gesamte Gesellschaftsgeschichte um.

Seit wenigen Jahrzehnten, verstärkt in jüngster Zeit, ist nun ein deutlicher Zug in die entgegengesetzte Richtung zu beobachten. Nicht nur werden Tatsachen genauer unter die Lupe genommen und auf ihr sachliches und zeitliches Maß zurückgeführt, sondern die grundsätzliche Deutung wandelt sich bis zu der Behauptung, die Frau habe in Altägypten gar keine hervorragende Stellung gehabt, ja, keinerlei Achtung geschweige denn Rechte genossen. Und auch diese Reaktion ist verständlich, nicht nur nach den Übertreibungen der vorherigen Epoche, sondern aus der sehr naheliegenden menschlichen Neigung, aus den eigenen Zeitumständen heraus zu urteilen, zu beurteilen oder gar zu verurteilen — dann ist schnell die Elle der Gleichberechtigung oder der Emanzipation zur Hand, beides mit dem umfangreichen Bedeutungsgehalt, den wir diesen Begriffen heute geben, und sie stößt natürlich bei den Ägypterinnen auf eine offensichtliche Rückständigkeit. Daß diese zeitbedingte Elle auf die Frauen am Nil gar nicht paßt und es daher im vollen Wortsinn unangemessen ist, sie überhaupt anzulegen, wird dabei oft übersehen.

Wenn also in einem heutigen Beitrag zur Stellung der Frau in Ägypten von »vorwiegend patriarchalischer Struktur« gesprochen wird, weil der Ehemann »aufgrund seines Einkommens für den Unterhalt der Familie verantwortlich war«[3], dann ist einmal die Ableitung des »Patriarchats« nur aus dem Familieneinkommen viel zu verengt, zweitens gibt es, wie wir gesehen haben, auch Fälle, in denen die Frau vorwiegend für den Familienunterhalt sorgte, ohne daß man deshalb von »matriarchalisch bestimmten Strukturen« spräche, und schließlich passen eben beide Begriffe nicht auf die Gesellschaft Ägyptens und sein Geschlechterverhältnis. Im Gegensatz zu unserem Zweifel an einem reinen Matriarchat gibt es durchaus zahlreiche Beispiele für das Patriarchat als rechtliche, finanzielle, politische, ja menschliche Herrschaft des Mannes über die Frau, sowohl in der Geschichte (denken wir nur an Rom) wie in der Gegenwart, aber sobald wir irgendeines von ihnen näher betrachten, sehen wir sofort, daß es in vieler Hinsicht auf Ägypten eben nicht anwendbar ist.

Viel differenzierter spricht sich der um die Ägyptologie hochverdiente Wolfgang Helck in der Einleitung des Katalogs zu der einmalig schönen Ausstellung (einmalig auch deshalb, weil es kaum wieder gelingen wird, so viele Ausstellungsstücke erster Qualität aus allen großen Museen der Welt, auch aus Ost-Berlin, zusammenzubringen) »Nofret — Die Schöne« in Hildesheim aus.[4] Er versucht darin, dem ägyptischen Begriff der »Wahrheit« als allein welt- und wirkungsbestimmend die »Wirklichkeit« entgegenzusetzen, die für uns das eigentlich Bestehende ist. Hier ist ein ganz wichtiger Unterschied des ägyptischen Denkens zu dem unsrigen aufgedeckt, und in unseren früheren Kapiteln sind ja auch wir immer wieder auf die »Ma'at«, die Weltordnung — von der die »Wahrheit« nur ein Teil, ein Ausfluß ist — gestoßen.

Wenn nun allerdings Wahrheit und Wirklichkeit als einander ausschließendes Entweder-Oder gesehen werden, so daß schließlich für »Wahrheit« nicht mehr viel anderes übrigbleibt als schöner Schein, dann mag das auf ein dualistisches, im Abendland lange Zeit überwiegendes Denkschema zutreffen[5], aber es wird dem ägyptischen Denken in Zweiheiten, Dualitäten, keineswegs gerecht. Und weiter fällt uns auf, wie Helck zwar mit vollem Recht Begriffe wie Emanzipation, Mitbestimmung oder Gleichberechtigung für Altägyptens Frauen ablehnt, aber doch zugleich ihre gesellschaftliche Stellung an diesen Begriffen mißt. Wir hatten schon in einem früheren Kapitel auf die Gefahr des Trugschlusses hingewiesen, aus einzelnen Verstößen gegen das Ideal (die Wahrheit) der Partnerschaft zwischen Mann und Frau zu schließen, daß es diese überhaupt nicht gegeben habe.

Eine genaue Betrachtung der außerordentlich großen Zahl von Beispielen aus allen Jahrtausenden, die uns in diesem Buch begegnet sind und selbstverständlich schon aus Raumgründen bei weitem keinen Anspruch auf Vollständigkeit erheben können, zeigt uns vielmehr, wie oft und wie weitgehend gerade im Verhältnis zwischen Mann und Frau Wahrheit und Wirklichkeit in Ägypten übereinstimmten; selbst wenn wir diese Begriffe einmal für unser besseres Verständnis als Gegensatzpaar verwenden wollen, was die Ägypter sicher nicht taten. Besonders überzeugend ist dies zumal auf Gebieten, auf denen das, was hier als »Wirklichkeit« abgehoben wird, erfahrungsgemäß besonders in den Vordergrund tritt, nämlich in der Arbeitswelt, in der die tägliche Praxis schnell die Oberhand über noch so tiefgreifende Theorien und schöne Ideale gewinnt, sobald diese nicht mit ihr übereinstimmen. Aber in der Landwirtschaft wie beim Handwerk, als Verkäuferin wie als Magd sehen wir die Ägypterin nicht geringer geachtet, nicht schlechter entlohnt und nicht schwerer arbeitend als ihre männlichen Kollegen, wobei ihre soziale Stellung immer derjenigen der Männer im jeweiligen Beruf zur betreffenden Zeit gleicht.

Es gibt auch kein Ausnahmerecht für Frauen, sondern der Satz »Frauen und Männer sind vor dem Gesetz gleich« gilt in Ägypten voll. In allen Prozessen, in die Frauen verwickelt sind, werden sie ebenso wie die männlichen Prozeßbeteiligten behandelt, ob als Ankläger, Zeugen oder Angeklagte und ob es nun um einen Topf Fett, um die Vererbung ihres Besitzes oder um schwerere Klagen geht. Auch als Angeklagte stehen sie vor demselben Gericht und haben mit demselben Spruch zu rechnen, gehe es um kleine Diebstähle, um Hehlerei aus Grabraub oder gar um Verschwörungen gegen den König. Und weder gibt es geschlechtsspezifische Frauenverfolgungen, etwa Verfahren, die in irgendeiner Form auch nur entfernt Ähnlichkeit mit Hexenprozessen hätten, noch hält man andererseits Frauen für strafunmündig und daher vor Gericht nicht für verantwortlich.

Wenn man also den ursprünglichen Wortsinn anlegt, kann man durchaus von »Gleichberechtigung« in Ägypten sprechen, auf dem Gebiet des Rechts nämlich.

In jeder Hinsicht ist hier das Verhältnis der Geschlechter zueinander anders als in anderen Kulturen. Diese Unterschiede beruhen nicht auf Wirtschaft, Klima oder Lebensweise. Das beste Beispiel gegen solche Gleichsetzung ist das alte Sumer: Seine Kultur entstand etwa zur gleichen Zeit wie die ägyptische, am Ende des vierten Jahrtausends vor Christus beim Übergang von der Jungsteinzeit zur Kupferzeit; diese Kultur entwickelte sich in einem regelmäßig überschwemmten Flußtal, beruhte auf Landwirtschaft und Viehzucht und kannte städtische Zentren; und doch ist das Geschlechterverhältnis bei ihnen, wie auch Religion, Totenkult, Kunststil und Denkstruktur, ganz anders als in Ägypten. Und mit diesem Begriff der Denkstruktur treffen wir auf das Wesentliche, das auch alle anderen Kulturschöpfungen wie auch Gesellschaftsform und Geschlechterverhältnis hervorgebracht hat: Wesen und Stil des ägyptischen Denkens. Schon seit frühester Zeit konnten die Ägypter Ganzheiten sich nur vorstellen als Zweiheiten, als aus Wesenheiten bestehend, die sich ergänzten, sich überschnitten im Ganzen. Ägypten war für sie »die Beiden Länder«, das Königtum wurde verkörpert von den beiden Göttern Horus *und* Seth und den »Beiden Herrinnen«, den Kronengöttinnen Nekhbet und Uto.

Diese Art des Denkens in Zweiheiten nennt man duales Denken, und es ist von ganz anderer Struktur als dualistisches. Im dualistischen Denken stehen die beiden Begriffe sich feindlich gegenüber, schließen sich gegenseitig aus, und jeweils einer von ihnen ist Träger alles Positiven, der andere völlig abgewertet zum Negativen, wie Gott und Teufel,

Seele und Leib, Tag und Nacht und folglich, im dualistischen Denken, auch Mann und Frau. Das ägyptische duale Denken (es gibt durchaus verschiedene Stile dualen Denkens, wie es auch verschiedene dualistische und ganzheitliche gibt) war für die frühen Forscher, sobald sie es erst einmal herausgefunden hatten, recht befremdlich und schien jeder gewohnten Logik zu widersprechen.[6] Wenn der Name eines der ältesten Schöpfergötter, Atum, sowohl übersetzt werden kann als »der ist« wie als »der nicht ist«, so erschien das ebenso unlogisch, ja »wirr«, wie die Beschreibung der Sonne einmal als männlich, wenn der Sonnengott am Abend die Himmelsgöttin befruchtet, ein andermal als weiblich, wenn sie am Morgen als Uterus der Himmelsgöttin erscheint und das Sonnenkind in sich trägt. Hierzu kommt die Vielfalt der Bilder für Schöpfung und All, Himmel und Erde, das Jenseits, von Göttern und Göttinnen, Bilder, die alle zugleich gültig und gleichwertig waren. »Alogisch« oder »prälogisch« waren noch die mildesten Ausdrücke, mit denen man altägyptisches Denken belegte. Zugleich bestaunte man die offensichtliche Höhe und Dauer der altägyptischen Kultur und ihre hochentwickelte Technik und fragte sich, wie dies überhaupt miteinander vereinbar gewesen sei.

Wir sind heute, da wir mit Systemen vieldimensionaler Logik arbeiten oder in der Quantenmechanik das Denkmodell komplementären Verhaltens kleinster Teilchen nutzen, sehr viel verständnisvoller für das ägyptische Denken geworden und sehen auch in seiner Vielfalt der Bilder eine nachvollziehbare Symbolsprache für die Vielfalt der Aspekte, die eine Annäherung an das sonst nicht Sagbare ermöglichen. Grundlage aller dieser ägyptischen Bilder und Symbole bleibt aber immer das duale Denken, in dem sich das Eine oder Ganze in die Zweiheit entfaltet. So steht in Ägypten am Beginn der verschiedenen Schöpfungsberichte immer das Nicht-Sein (von uns meist nach griechischem Vorbild als »Chaos« übersetzt), das Urgewässer Nun, aus dem der Schöpfer − als Göttin oder Gott − kommt, sich daraus entfaltet. Ohne daß dies ausgesprochen werden muß, ist damit aus dem einen »Nichts«, in dem dennoch das Potential für alles Werdende ruht, die erste Zweiheit geboren. Denn das Chaos, das Nun, verschwindet nicht mit der Schöpfung, sondern bleibt um die werdende Welt herum bestehen, bedroht ihre Ordnung und ist doch zugleich unverzichtbare Ergänzung zu ihr, denn nur im Eintauchen in das Urwasser-Nichts kann Erneuerung und Neuschöpfung geschehen, bei Göttern und Menschen, Himmelskörpern und Erde, sei es nach der Krise des Todes im Jenseits, sei es im Schlaf, sei es mit der aus Nun entstehenden Nilüberschwemmung.

Der Schöpfer hat ebenso das gesamte Schöpfungspotential in sich und wird daher als androgyn, als mannweiblich vorgestellt, wie wir im fünften Kapitel schon beobachtet haben.[7] Das Schöpferische, wie man deshalb hier besser sagen sollte, entläßt aus sich heraus, in den Mythen auf verschiedene Arten, das erste Götterpaar, die erste vollkommene Zweiheit, weil sie ein Mann und eine Frau sind und damit die Schöpfung zeugend fortsetzen können. So entstehen die Götter, unter denen, wiederum schwer für uns zu verstehen, auch ganz abstrakte sind, die wir als »Begriffe« bezeichnen würden, wie Trockenheit und Feuchte, Dunkelheit und Licht; stets jedoch paarweise. So entstehen auch, wie alles Leben, die Menschen, und selbstverständlich als Paar, das wie alle Paare der Schöpfung in seiner gegenseitigen Ergänzung zur Erhaltung der Weltordnung und zu ihrer Weiterführung in der täglichen Neuschöpfung nötig ist und daraus für den Ägypter nicht nur seine logische Begründung, sondern auch seine Würde erhält.

Diese Würde hat das Menschenpaar, haben Mann und Frau nicht nur im ägyptischen Mythos, der ja in seiner Formung ebenso aus dem ägyptischen Denken stammt wie jede andere Kulturäußerung, etwa in der Kunst. So wie es im Königtum der Frauen bedarf, um den König erst zu einem voll aktionsfähigen Ganzen zu machen[8], wie im Kult die Priesterin so nötig war wie der Priester, um das Göttliche zu stärken, herbeizurufen und zu besänftigen, so bedurfte die menschliche Gemeinschaft der Männer und Frauen nicht nur zum biologischen Überleben, sondern weil erst ihre gegenseitige Ergänzung, ihr Miteinander oder, mit einem modernen Wort ausdrückt, ihre Partnerschaft ein Ganzes ergab. Dies entsprach nach ägyptischem Glauben dem Sinn der Schöpfung und damit der Ma'at, aber diese »Wahrheit« war eben viel mehr als nur ein schöner Traum. Sie verwirklichte sich im täglichen Leben, in Arbeit und Ehe, in Möglichkeiten und Rechten, im Verhältnis von Mann und Frau, von denen dieses Buch erzählt.

So wie es keine Wahrheit gibt, die vollkommen wäre, so wie es keine Wirklichkeit gibt, die nicht Ausnahmen kennte, und wie es mehr als genug Menschen gibt, die bewußt oder unbewußt gegen Ideale — oder, um große Worte zu vermeiden, gegen Verhaltensnormen — handeln, so kennen wir auch in Ägypten Scheidungen, handfeste Kräche in Ehen; da gab es Pharaonen wie Arbeiter, kurz: Männer jeder Klasse, die sich als Paschas, als Machos gebärdeten; da sprachen Weise in ihren Lehren manchmal nur zu und von Männern, und da gibt es (späte) Märchen, in denen ein böses Weib vorkommt.

Das alles aber sind nur Hinweise auf die Selbstverständlichkeit, daß auch die alten Ägypter Menschen mit all ihren Fehlern und Gefährdungen waren. Wie unendlich groß ist dagegen die Zahl der Beispiele und Beweise, die über dreitausend Jahre hindurch zu uns von der gleichrangigen Partnerschaft zwischen Frau und Mann im Alten Ägypten sprechen.

Anmerkungen

(Vollständige Titel siehe Literaturverzeichnis)

Kapitel 1: Die Große Herzensfreude

1 Hermann, Liebesdichtung, 148 ff.
2 Schott, Liebeslieder, 10
3 Hermann, Liebesdichtung, 3, Anm. 4
4 Schulze, Horusfalke, 148
5 Hermann, Liebesdichtung, 149, Anm. 53
6 Hermann, Liebesdichtung, 3, Anm. 1
7 Schulze, Hatschepsut pass.
8 Hunke, Allahs Sonne, 312 ff.
9 LÄ IV, 1127 ff.
10 Brunner-Traut, Literatur, 27
11 Fecht, Stilistische Kunst, 47
12 Fecht, Stilistische Kunst, 44
13 Hermann, Liebesdichtung, 66 ff.
14 Drioton, Comptes, 140 ff.
15 Schulze, Hatschepsut pass.
16 Brunner-Traut, Ägypter, 129 ff.
17 Hermann, Liebesdichtung, 82 ff.
18 Hunke, Allahs Sonne, 328
19 Brunner, Lehren, 966 ff.
20 Schott, Liebeslieder, 112

Kapitel 2: Erfreue ihr Herz, solange du lebst!

1 Lüddekens, Eheverträge, 1181 f.

2 Hunke, Im Anfang,
Einl.
3 Wenig, Frau 46
4 Schmitz, Königstochter,
660
5 Montet, Ägypten, 63
6 Théodoridès, Frau,
280 ff.
7 Brunner, Enthaltsam-
keit, 1229 f.; Westendorf,
Keuschheit, 416 f.
8 Hunke, Im Anfang,
59 ff.
9 Hunke, Tod, 37 ff.
10 v. Beckerath, Abriß, 49
11 Gardiner/Sethe, Letters,
9
12 Störk, Erotik, 4
13 Hermann, Liebesdich-
tung, 165
14 Omlin, Papyrus, 39 f.
15 Eggebrecht, Ägypten,
159
16 Schulze, Horusfalke, 222
17 Bonnet, Reallexikon, 94
18 Allam, Ehe, 1168
19 Gödecken, Meten, 11
20 Ebda.
21 Schulze, Sturz, 16
22 Lüddekens, Eheverträge,
21
23 Lüddekens, ebda., 23

24 Lüddekens, ebda., 69
25 Allam, Ehe, 1170 f.
26 Lesko, Women, 24
27 Schott, Liebeslieder, 115
28 Brunner-Traut, Ägypter,
227; Lesko, Women, 30
29 Schott, Liebeslieder, 106 f.
30 Schott, Liebeslieder, 108
31 Müller, Eheethik, 352
32 Hunke, Im Anfang, 199
33 Allam, Ehe, 1178
34 Romer, Königsgräber,
248
35 Allam, Ehe, 1162
36 Schott, Liebeslieder, 141
37 Lüddekens, Eheverträge,
119
38 Hunke, Im Anfang, 24
39 Platon, Timaios, 104 f.
40 Lesko, Women, 41
41 Stein, Herodot, II, 35
42 Lesko, Women, 25

Kapitel 3: Trage sie, wie
sie dich trug
1 Schott, Liebeslieder,
107 f.
2 Brunner, Schule, 741 f.
3 Sandison, Empfängnis-
verhütung, 1227
4 Sandison, Frauenheil-
kunde, 295 f.

5 Schott, Liebeslieder, 114

6 Stein, Herodot, II, 84

7 Wolf, Kulturgeschichte, 279

8 III. Buch Mosis, 12

9 Wolf, Ägypten, 181f.

10 Brunner-Traut, Ägypter, 56

11 Brunner-Traut, Hebamme, 1074

12 Sandison, Frauenheilkunde, 296

13 Hornung, Totenbuch, 367

14 Beltz, Mythen, 55

15 Schulze, Hatschepsut, 182

16 Allam, Familie, 107

17 Franke, Verwandtschaftsbezeichnungen, 329

18 Schulze, Sturz, 136ff.

19 Hornung, Totenbuch, 13

20 Hornung, ebda., 95f.

21 Brunner, Religion, 136

22 Hornung, Totenbuch, 435

23 Schulze, Sturz, 218ff.

24 Feucht, Kind, 425

25 Romer, Königsgräber, 122f.

26 Wenig, Frau, 13

Kapitel 4: Vorsteherin der Ärztinnen

1 Graefe, Gottesgemahlinnen, 41ff.

2 Baines, Schreiben, 695

3 Bonnet, Reallexikon, 806f.

4 Bonnet, ebda., 699

5 Schulze, Horusfalke, 212

6 Lesko, Women, 16

7 Schulze, Sturz pass.

8 Lauer, Saqqara, 86

9 Wenig, Frau, 14

10 Kaplony, Inschriften, 224f.

11 Schulze, Horusfalke, 244

12 Brunner, Berufsbewertung, 715

13 Der Manuelian, Essay 2

14 Ghalioungui, Physicians, 18

15 Ghalioungui, ebda., 19

16 Vittmann, Taricheut, 233f.

17 Martin-Pardey, Wesir, 1227

18 Kaplony, Iripat, 177f.

19 Schmitz, Truchseß, 771

20 Lesko, Women, 19f.

21 Graefe, Gottesgemahlinnen, 49f.

22 Brack, Titel, 183 ff.
23 Schulze, Sturz, 208 ff.
24 Goedicke, Heqanakhte, 100 ff.
25 Helck, Seschat, 886
26 Müller, Friseuse, 332
27 Schulze, Schöne, 47 f.
28 Seeber, Klagefrau, 444
29 Schulze, Schöne, 55 f.
30 Brunner-Traut, Literatur, 51
31 Bakir, Slavery, 64
32 Bakir, ebda., 98 f.
33 Kaplony, Totenpriester, 679
34 Schulze, Horusfalke, 28
35 Helck, Opferstiftung, 589 f.
36 Gödecken, Meten, 228, 262
37 Der Manuelian, Essay, 1 ff.
38 Kaplony, Totenpriester, 601
39 Allam, Gerichtsbarkeit, 538

Kapitel 5: Die die Götter gebar

1 Assmann, Neith, 49 f.
2 Roeder, Götterwelt, 80
3 Roeder, ebda., 90
4 Roeder, Mythen, 41
5 Hunke, Im Anfang, 44 f.
6 Hornung, Der Eine, 232
7 Barta, Epilog, 81
8 Altenmüller, Herrin, 1154
9 Schulze, Hatschepsut, 96
10 Hunke, Tod, 134 f.
11 Barta, Epilog, 8
12 Schulze, Hatschepsut, 90
13 Ebda.
14 Kaplony, Inschriften, I, 373
15 Der Manuelian, Essay, 2
16 Der Manuelian, ebda., 9
17 Altenmüller, Pyramident., 16 ff.
18 Spiegel, Unas, 134 f.
19 Seipel, Königin, 467
20 Bonnet, Reallexikon, 607 f.
21 Schulze, Schöne, 55 f.
22 Seeber, Klagefrau, 445
23 Wildung, Sesostris, 88
24 Schulze, Sturz, 206
25 Nofret 2, 40
26 Gitton/Leclant, Gottesgemahlin, 792
27 Bonnet, Reallexikon, 607 f.

28 Helck, Amtsverkauf, 231
29 Gitton, Divines, 29 ff.
30 Gitton, Ahmose Nofre-
tere, 102
31 Gitton, Clergé, 227
32 Lacau, Chapelle, XVII
33 Lacau, ebda., 26
34 Lacau, ebda., 316
35 Lacau, ebda., 319
36 Lacau, ebda., 321
37 Lacau, ebda., 328
38 Bonnet, Reallexikon,
607 f.
39 Wenig, Frau, 16

*Kapitel 6: Schöner als
alle Dinge*
1 Schott, Liebeslieder, 95
2 Schulze, Hatschepsut, 31
3 Schulze, ebda., 66
4 Goedicke, Stellung, 84
5 Lesko, Women, 6
6 Helck, Nofret 2, 9 ff.
7 Schulze, Horusfalke, 186
8 Lehner, Tomb, pass.
9 Seipel, Hetepheres I.,
1172
10 Allam, Geschwisterehe,
568 ff.
11 Wolf, Funde, 188
12 Meyer, Titel, 254
13 Meyer, ebda., 260 ff.

14 Schulze, Hatschepsut, 28
15 Seipel, Chent-Kaus, 931
16 Seipel, Königsmutter, 538
17 Kaiser, Reput, 261 ff.
18 Brunner, Geburt, 187
19 Bell, Luxor, 257
20 Gitton, Divines, 57
21 Gitton, ebda., 60
22 Gitton, ebda., 61
23 Redford, History, 73
24 Apostelgeschichte, 8, 27
25 Zivie, Ibis, 117
26 Goedicke, Dokumente,
81
27 Schulze, Horusfalke, 200
28 Beckerath, Abriß, 18
29 Lichtheim, Literature, 1,
19
30 Schulze, Sturz, 196
31 Schulzem, ebda., 197
32 Weber, Harimsver-
schwörung, 987 ff.
33 Ermann, Ägypten, 161
34 Ermann, ebda., 162
35 Ermann, ebda., 163
36 Ermann, ebda., 162 f.

*Kapitel 7: Herrin Beider
Länder*
1 Krauss, Erbe, 28 f.
2 Kaiser, Umm el-Qaab,
250

3 Schlichting, Neith-
hotep, 394 f.
4 Helck, Meret-Neith, 93
5 Ermann, Ägypten, 104
6 Stein, Herodot II, 100
7 v. Beckerath, Königsna-
men, 57
8 Spiegel, Soziale, 20
9 v. Beckerath, Abriß, 27
10 v. Beckerath, Sobekno-
fru, 1050
11 Lacau, Chapelle, 100 ff.
12 Lacau, ebda., 281
13 Seipel, Hatschepsut,
1047
14 Seipel, ebda., 1047 f.
15 Redford, History, 60,
Anm. 27
16 Seipel, Hatschepsut,
1047; Meyer, Thutmosis
I., 537
17 Ratié, Reine, 297
18 Harris, X-Raying, 135 f.
19 Germer, Mumie, 87 ff.
20 Schmitz, Teje, 305
21 Szafrański, Buried, 257 ff.
22 Tefnin, Statuaire, pass.
23 Lacau, Chapelle, 27
24 Ratié, Reine, 305
25 Schulze, Hatschepsut,
223 ff.
26 Ratié, Reine, 322

27 Kees, Ägypten, 153
28 Aldred, Echnaton, 210
29 Hornung, Der Eine, 245
30 Hornung, ebda., 244
31 Brunner-Traut, Nofre-
tete, 520
32 Helck, Kijê, 160
33 Helck, ebda., 161
34 Krauss, Ende, 36 f.
35 Helck, Kijê, 163
36 Helck, ebda., 163
37 Krauss, Erbe, 36 f.
38 Desroches, Tutench-
amun, 202
39 Helck, Kijê, 164
40 Helck, ebda., 167
41 Harris, X-raying, 159
42 Kichener, Tausret, 244
43 Harris, X-raying, 160
44 Gitton, Gottesgemahlin,
797
45 Harris, X-raying, 174
46 Gitton, Gottesgemahlin,
797
47 v. Beckerath, Abriß, 52
48 Seipel, Anchnesmerirê,
264
49 Graefe, Gottesgemahlin,
112
50 Gitton, Gottesgemahlinnen, 798
51 Bianchi, Nitocris, 515

52 Graefe, Funktionäre, 243 ff.

53 Gitton, Gottesgemahlin, 807 f.

54 Graefe, Verwaltung, 111

55 Stadelmann, Grab, 114

Kapitel 8: Gleichrangige Partner

1 Franke, Verwandtschaftsbezeichnungen, 327

2 Wenig, Meroë, 98

3 Seipel, Staat, 156

4 Helck, Nofret 2, 9 ff.

5 Hunke, Ende, 33 ff.

6 Hunke, ebda., 28 f.

7 Troy, Queenship, 12 f.

8 Troy, ebda., 3 ff.

Literaturverzeichnis

1. Abkürzungen

ADIK – Abhandlungen des Deutschen Archäologischen Instituts, Kairo

ASA – Annales du Service des Antiquités en Égypte

ÄgAbh – Ägyptologische Abhandlungen, Wiesbaden

ÄgFo – Ägyptologische Forschungen, Glückstadt

AnOr – Analecta Orientalia, Rom

CAH – The Cambridge Ancient History, Cambridge 1971

HÄB – Hildesheimer Ägyptologische Beiträge, Hildesheim

JEA – Journal of Egyptian Archeology, London

JNES – Journal of Near East Studies, Chicago

LÄ – Lexikon der Ägyptologie, Wiesbaden

MÄS – Münchner Ägyptologische Studien, Berlin

MDIK – Mitteilungen des Deutschen Archäologischen Instituts, Kairo

Rärg – Reallexikon der Ägyptischen Religionsgeschichte, Berlin

ZÄS – Zeitschrift für ägyptische Sprache und Altertumskunde, Berlin

2. Verzeichnis

Aldred, Cyril: Echnaton, Gott und Pharao Ägyptens. Bergisch Gladbach 1968.

Allam, Schafik: Ehe. LÄ I, 1162 ff.

Allam, Schafik: Familie, Struktur. LÄ II, 104.

Allam, Schafik: Gerichtsbarkeit. LÄ II, 536 ff.

Allam, Schufik: Geschwisterehe. LÄ II, 568 ff.

Altenmüller, Brigitte: Herrin des Himmels, Herrin der Beiden Länder. LÄ II, 1154.

Altenmüller, Hartwig: Bes. LÄ I, 720 ff.

Altenmüller, Hartwig: Himmelsgöttin. LÄ II, 1211 ff.

Altenmüller, Hartwig: Markt. LÄ III, 1191 ff.

Arnold, Dieter: Deir el Bahari. LÄ I, 1017 ff.

Arnold, Dieter: Familie — soziale Funktion. LÄ II, 101 ff.

Arnold, Dieter: Familiengrab. LÄ II, 103.

Arnold, Dieter: Vom Pyramidenbezirk zum »Haus für Millionen Jahre«; MDIK 34, 1978.

Arnold, Dieter und Settgast, Jürgen: Fünfter Vorbericht über die vom DIK unternommenen Arbeiten in Qurna; MDIK 26, 1970.

Assmann, Jan (Hrsg.): Fragen an die altägyptische Literatur, Wiesbaden 1977.

Assmann, Jan: Furcht. LÄ II, 359 ff.

Assmann, Jan: Gott. LÄ II, 756 ff.

Assmann, Jan: Muttergottheit. LÄ IV, 266.

Assmann, Jan: Neith spricht als Mutter und Sarg; MDIK 28, 2, 1972.

Baines, John R.: Schreiben. LÄ V, 694 ff.

Bakir, Abd El-Mohsen: Slavery in Pharaonic Egypt. ASA, Suppl. 18, 1978.

Barta, Winfried: Der Epilog der Götterlehre von Memphis. MDIK 28, 1, 1972.

Barta, Winfried: Bemerkungen zur Etymologie und Semantik der Götternamen von Isis und Osiris. MDIK 34, 1978.

Barta, Winfried: Zur Darstellung der Kolossalstatuen Amenophis' VI. aus Karnak, ZÄS 102, 2, 1975.

Barta, Winfried: Legitimation. LÄ III, 961 ff.

Beckerath, Jürgen v.: Abriß der Geschichte des Alten Ägypten. München 1971.

Beckerath, Jürgen v.: Eje. LÄ I, 1211.

Beckerath, Jürgen v.: Handbuch der ägyptischen Königsnamen. MÄS 20, 1984.

Beckerath, Jürgen v.: Meretamun. LÄ IV, 88 ff.

Beckerath, Jürgen v.: Sobeknofru. LÄ V, 1050 f.

Beckerath, Jürgen v.: Ein Wunder des Amun bei der Tempelgründung in Karnak. MDIK 37, 1981.

Behrens, Peter: Phallus. LÄ IV, 1018.

Beinlich, Horst: Umarmung. LÄ VI, 843.

Bell, Lanny: Luxor Temple and the Cult of the Royal Ka. JNES 44, 1985.

Beltz, Walter: Die Mythen der Ägypter. Düsseldorf 1982.

Bergmann, Jan: Isis. LÄ III, 186 ff.

Bianchi, Robert: Nitocris I. und II., LÄ IV, 515/517.

Bianchi, Richard S.: Tätowierung, LÄ VI, 145 f.

Bidoli, Dino: Die Papyrusfunde. MDIK 26, 1970.

Bleeker, C. J.: The Rainbow. A Collection of Studies in the Science of Religion. Leiden 1975.

Bonnet, Hans: Die Libation ein Fruchtbarkeitsritus? MDIK 14, 1956.

Bonnet, Hans: Reallexikon der ägyptischen Religionsgeschichte, 2. Aufl. Berlin 1971.

Brack, Artur: Diskussionsbeitrag zu dem Titel HKRT NJSWT. Festschrift Helck. Hamburg 1984.

Brovarski, Edward: Tempelpersonal. LÄ VI, 387 ff.

Brunner, Hellmut: Abstammung. LÄ I, 13 ff.

Brunner, Hellmut: Berufsbewertung. LÄ I, 715 f.

Brunner, Hellmut: Enthaltsamkeit. LÄ I, 1229.

Brunner, Hellmut: Erziehung. LÄ II, 23 ff.

Brunner, Hellmut: Fruchtbarkeit. LÄ II, 336 ff.

Brunner, Hellmut: Fruchtbarkeitsgötter. LÄ II, 643.

Brunner, Hellmut: Die Geburt des Gottkönigs. ÄgAbh 10, 1964.

Brunner, Hellmut: Geburtslegende. LÄ II, 475.

Brunner, Hellmut: Grundzüge einer Geschichte der alt-ägyptischen Literatur. Darmstadt 1966.

Brunner, Hellmut: Lehren. LÄ III, 966 ff.

Brunner, Hellmut: Metrik. LÄ IV, 120 ff.

Brunner, Hellmut: Grundzüge der altägyptischen Religion. Darmstadt 1983.

Brunner, Hellmut: Schule. LÄ V, 741 f.

Brunner, Hellmut: Trunkenheit. LÄ VI, 773 ff.

Brunner-Traut, Emma: Ekstase. LÄ I, 1212 f.

Brunner-Traut, Emma: Fabel. LÄ II, 69.

Brunner-Traut, Emma: Geier. LÄ II, 513 ff.

Brunner-Traut, Emma: Geierhaube. LÄ II, 515.

Brunner-Traut, Emma: Hebamme. LÄ II, 1074.

Brunner-Traut, Emma: Liebe. LÄ III, 1034 f.

Brunner-Traut, Emma: Altägyptische Literatur. In: Neues Handbuch d. Literaturwissensch.; Bd. 1: Altorientalische Lit. Wiesbaden 1978.

Brunner-Traut, Emma: Namenstilgung. LÄ IV, 338 ff.

Brunner-Traut, Emma: Nofretete. LÄ IV, 519 ff.

Brunner-Traut, Emma: Satire. LÄ V, 490.

Brunner-Traut, Emma: Stilwandel. LÄ VI, 41 ff.

Brunner-Traut, Emma: Der Tanz im Alten Ägypten. ÄgFo 6, 1958.

Brunner-Traut, Emma: Tanz. LÄ VI, 215 ff.

Brunner-Traut, Emma: Die alten Ägypter. Verborgenes

Leben unter Pharaonen. Stuttgart 1974.

Brunner-Traut, Emma: Volkserzählungen. LÄ VI, 1057 f.

Curto, Silvio: Krieg. LÄ III, 774.

Daumas, François: Geburtshaus. LÄ II, 462 ff.

Daumas, François: Hathor. LÄ II, 1024 ff.

Decker, Wolfgang: Schwimmen. LÄ V, 765.

Derchain-Urtel, Maria Theresia: Tait. LÄ VI, 185 f.

Der Manuelian, Peter: An Essay in Document Transmission: Nj-k3-'nh and the earliest hrjw-rnpt. JNES 45, 1986.

Desroches-Noblecourt, Christiane: Tut-Ench-Amun. London 1963.

Desroches-Noblecourt, Christiane: La femme au temps des Pharaons. Paris 1986

Drioton, Étienne: Comptes Rendus. In: Revue d'Égyptologie, 13, Paris 1961.

Eggebrecht, Arne (Hrsg.): Das Alte Ägypten. München 1984.

Erman, Adolf: Ägypten und ägyptisches Leben im Altertum. Hildesheim 1977.

Erman, Adolf: Die Literatur der Ägypter. Leipzig 1923.

Fecht, Gerhard: Prosodie. LÄ IV, 1127.

Fecht, Gerhard: Ptahhotep und die Disputierer. MDIK 37, 1981.

Fecht, Gerhard: Stilistische Kunst. In: Handbuch der Orientalistik, Ägyptologie, Literatur. Leiden 1970.

Fecht, Gerhard: Die Wiedergewinnung der altägyptischen Verskunst. MDIK 19, 1963.

Feucht, Erika: Verjüngung und Wiedergeburt. In: FS Helck. Hamburg 1984.

Feucht, Erika: Gold, Verleihung des. LÄ II, 731 ff.

Feucht, Erika: Halsschmuck. LÄ II, 933 f.

Feucht, Erika: Kind. LÄ III, 424 ff.

Feucht, Erika: Mutter. LÄ IV, 253.

Fischer, Henry G.: Kopfstütze. LÄ III, 686.

Fischer, Henry G.: Priesterin. LÄ VI, 1100 ff.

Franke, Detlef: Verwandtschaftsbezeichnungen. LÄ VI, 1032 ff.

Franke, Detlef: Altägyptische Verwandtschaftsbezeichungen im Mittleren Reich. Hamburg 1983.

Gardiner, A. H. und Sethe, Kurt: Egyptian Letters to the Dead. London 1928.

Germer, Renate: Die angebliche Mumie der Teje. Probleme interdisziplinärer Arbeiten. In: FS Helck. Hamburg 1984.

Ghalioungui, Paul: The Physicians of Pharaonic Egypt. Cairo 1983.

Ghalioungui, P. und Wagner, G.: Terres cuites de l'Égypte grécoromaine de la collection Ghalioungui. MDIK 30, 2, 1974.

Gitton, Michel: Ahmose Nofretere. LÄ I, 102 ff.

Gitton, Michel: Le clergé féminin au Nouvel Empire. Acts lst ICE, Berlin 1979.

Gitton, Michel: Les divines épouses de la 18^E dynastie. Besançon 1984.

Gitton, Michel und Leclant, Jean: Gottesgemahlin. LÄ II, 792.

Giveon, Raphael: Skarabaeus. LÄ V, 968 ff.

Gödecken, Karin Barbara: Eine Betrachtung der Inschriften des Meten im Rahmen der sozialen und rechtlichen Stellung von Privatleuten im ägyptischen Alten Reich. Wiesbaden 1976.

Goedicke, Hans: Die Stellung des Königs im Alten Reich. ÄgAbh. 2, Wiesbaden 1960.

Goedicke, Hans: Königliche Dokumente aus dem Alten Reich. ÄA 14, Wiesbaden 1967.

Goedicke, Hans: Ein Brief aus dem Alten Reich. MDIK 22, 1967.

Goedicke, Hans: Studies in the Heqanakhte Papers. Baltimore 1984.

Goedicke, Hans: Vergöttlichung. LÄ VI, 990.

Görg, Manfred: Komparatistische Untersuchungen an ägyptischer und israelitischer Literatur. Wiesbaden 1977.

Graefe, E.: Bericht über die Arbeit an einem Korpus der Funktionäre und Priester der Thebanischen Gottesgemahlinnen. Acts lst. ICE, Berlin 1970.

Graefe, Erhart: Untersuchungen zur Verwaltung und Geschichte der Institution der Gottesgemahlin des Amun vom Beginn des Neuen Reichs bis zur Spätzeit. ÄgAbh. 37. Wiesbaden 1981.

Graefe, Erhart: Schepenupet I – III. LÄ V, 581.

Grieshammer, Reinhard: Feuer. LÄ II, 206.

Guglielmi, Waltraud: Konservierung. LÄ III, 684.

Guglielmi, Waltraud: Papyrusboot. LÄ IV, 670.

Guglielmi, Waltraud: Stilmittel. LÄ IV, 22 ff.

Gundlach, Rolf: Tefnut. LÄ VI, 296 ff.

Hagemann, Sabine: Webstuhl. LÄ VI, 1160.

Harris, James E. und Weeks, Kent R.: X-Raying the Pharaos. London 1973.

Hayes, William C.: Varia from the Time of Hatshepsut. MDIK 15, 1957.

Heerma van Voss, Matthieu: Nechbet. LÄ IV, 366.

Helck, Wolfgang: Amtsverkauf. LÄ I, 231.

Helck, Wolfgang: Beischläferin. LÄ I, 684 f.

Helck, Wolfgang: Domänenvorsteher. LÄ I, 1120

Helck, Wolfgang: Heile Welt. LÄ II, 1086.

Helck, Wolfgang: Kija. LÄ III, 422 f.

Helck, Wolfgang: Kijê MDIK 40, 1984

Helck, Wolfgang: Kultureinfluß, fremder. LÄ III, 869 f.

Helck, Wolfgang: Mahlzeiten. LÄ III, 464 f.

Helck, Wolfgang: Meketaton. LÄ IV, 22.

Helck, Wolfgang: Meret-Neith. LÄ IV, 93.

Helck, Wolfgang: Neferneferuaton, Neferneferurê. LÄ IV, 378.

Helck, Wolfgang: Neith-Hotep. LÄ IV, 394.

Helck, Wolfgang: Ni-maat-Hap. LÄ IV, 507 f.

Helck, Wolfgang: Opferstiftung. LÄ IV, 589 f.

Helck, Wolfgang: Politische Gegensätze im alten Ägypten. HÄB 23, Hildesheim 1984.

Helck, Wolfgang: Preise. LÄ IV, 1081 f.

Helck, Wolfgang: Bemerkungen zu den Pyramidenstädten im Alten Reich. MDIK 15, 1957.

Helck, Wolfgang: Scheidung. LÄ V, 559.

Helck, Wolfgang: Semenchkarê. LÄ V, 837.

Helck, Wolfgang: Seschat. LÄ V, 884 ff.

Helck, Wolfgang: Sklaven. LÄ V, 982 ff.

Helck, Wolfgang: Tusratta. LÄ VI, 811 f.

Helck, Wolfgang: Vormundschaft. LÄ VI, 1076.

Hermann, Alfred: Altägyptische Liebesdichtung. Wiesbaden 1959.

Hickmann, Ellen: Gesang. LÄ II, 556 ff.

Hickmann, Ellen: Musiker. LÄ IV, 232.

Hoffman, Michael: Egypt before the Pharaos. The prehistoric foundations of Egyptian Civilisation. New York 1979.

Holaubek, Johanna: Vater. LÄ VI, 913.

Hornung, Erik: Zur geschichtlichen Rolle des Königs in der 18. Dynastie. MDIK 15, 1957.

Hornung, Erik: Meisterwerke altägyptischer Dichtung. Zürich 1978.

Hornung, Erik: Das Totenbuch der Ägypter. Zürich 1979.

Hornung, Erik: Der Eine und die Vielen. Ägyptische Gottesvorstellungen. Darmstadt 1983.

Hunke, Sigrid: Allahs Sonne über dem Abendland. Unser arabisches Erbe. Stuttgart 1987.

Hunke, Sigrid: Das Ende des Zwiespalts. Zur Diagnose und Therapie einer kranken Gesellschaft. Bergisch Gladbach 1971.

Hunke, Sigrid: Im Anfang waren Mann und Frau. Vorbilder und Wandlungen der Geschlechterbeziehungen. Hamm 1955, Hildesheim 1955/1987.

Hunke, Sigrid: Tod, was ist dein Sinn? Pfullingen 1986.

Junge, Friedrich: Küche. LÄ III, 830.

Känel, Frédéric v.: Selqet. LÄ V, 830ff.

Kaiser, Werner: Zu den nsw.t ms der älteren Bilddarstellungen und der Bedeutung von rpw.t (Zu den Königskindern der älteren Bilddarstellungen und der Bedeutung von Reput.) MDIK 39, 1983.

Kaiser, Werner und Dreyer, Günter: Umm el-Qaab, II. Vorbericht. MDIK 38, 1982.

Kákosy, László: Mehet-weret. LÄ IV, 3f.

Kákosy, László: Die weltanschauliche Krise des Neuen Reiches. ZÄS 100/1, Berlin 1973.

Kaplony, Peter: Iripat. LÄ III, 177.

Kaplony, Peter: Die Definition der Schönen Literatur im Alten Ägypten. Wiesbaden 1977.

Kaplony, Peter: Die Inschriften der ägyptischen Frühzeit. Wiesbaden 1963.

Kaplony, Peter: Totenpriester. LÄ VI, 679.

Kees, Hermann: Ägypten. München 1933.

Kees, Hermann: Die ägyptische Literatur. Handbuch d. Orientalistik. Leiden 1970.

Kemp, Barry J.: Dating Pharaonic Cemeteries. MDIK 31, 2, 1975.

Kichener, Kenneth A.: Tausret. LÄ VI, 244 f.

Krauss, Rolf: Das Erbe der Amarnazeit. HÄB 7, 1981.

Krauss, R.: Meritaten as Rulin Queen of Egypt and Successor of Her Father Nipkhururia-Akhenaten. Acts lst ICE, Berlin 1979.

Kuhlmann, K. P.: Ptolemais — Queen of Nectanebo I. Notes on the Inscription of an unknown Princess of the 30th dynastie. MDIK 37, 1981.

Lacau, Pierre und Chevrier, Henri: Une Chapelle d'Hatshepsout à Karnak. Kairo 1977.

Lauer, Jean-Philippe: Saqqara. Bergisch Gladbach 1972.

Leclant, Jean: Achamonrau, LÄ I, 52 f.

Leclant, Jean: Amenirdas I. und II. LÄ I, 196 ff.

Leclant, Jean: Gotteshand. LÄ II, 813 f.

Leclant, Jean: Taharqa. LÄ VI, 161 ff.

Leclant, Jean: Tefnout et les Divines Adoratrices thébaines. MDIK 15, 1957.

Lehner, Marc: The Pyramid Tomb of Hetep-Heres and the Satellite Pyramid of Khufu. Mainz 1985.

Leipoldt, Johannes: Die Frau in der antiken Welt und im Urchristentum. Leipzig 1954.

Lesko, Barbara: The Remarkable Women of Ancient Egypt. Berkeley 1977.

Letellier, Bernadette: Gründungszeremonien, LÄ II, 912 f.

Lichtheim, Miriam: Ancient Egyptian Literature. Bd. 1 u. 2. Berkeley 1975.

Lüddekens, Erich: Eheurkunden. LÄ I, 1181.

Lüddekens, Erich: Ägyptische Eheverträge, ÄG Abh. 1, 1960

Lüddekens, Erich: Mitgift. LÄ IV, 150 ff.

Lurje, I. M.: Studien zum altägyptischen Recht. Weimar 1971.

Marciniak, Marek: Une inscription commémorative de Deir el-Bahari. MDIK 37, 1981.

Martin, Karl: Vogelfang, -jagd. LÄ VI, 1051 ff.

Martin-Pardey, Eva: Uchhotep. LÄ VI, 821 f.

Martin-Pardey, Eva: Wesir, Wesirat. LÄ VI, 1227 ff.

Meeks, Dimitri: Liebeslieder. LÄ III, 1048.

Meyer, Christine: Neferurê. LÄ IV, 382.

Meyer, Christine: Regentin. LÄ V, 206.

Meyer, Christine: Satamun II. LÄ V, 485 f.

Meyer, Christine: Thutmosis I. LÄ VI, 536 ff.

Meyer, Christine: Zum Titel »Hmt Njswt« bei den Töchtern Amenophis' III. und IV. und Ramses' II. In: FS Helck. Hamburg 1984.

Montet, Pierre: Ägypten. Leben und Kultur in der Ramses-Zeit. Stuttgart 1978.

Montet, Pierre: Hathor et le Papyrus. Kémi 14, Paris 1957.

Montet, Pierre: Reines et Pyramides. Kémi 14, Paris 1957.

Mrsich, Tycho: Erbe. LÄ I, 1235 ff.

Müller, Christa: Friseuse. LÄ II, 331 f.

Müller, Christa: Gärtnerin. LÄ II, 372.

Müller, Christa: Haar. LÄ II, 924.

Müller, Christa: Körperpflege. LÄ III, 668.

Müller, Christa: Müllerin. LÄ IV, 212.

Müller, C. Detlef G.: Was lehrt uns die ägyptische Literatur über die Eheethik im Nillande? Wiesbaden 1977.

Müller, Dieter: Gottesharîm. LÄ II, 815.

Munro, Peter: Frühform oder Deckname des Jati in Heliopolis. MDIK 37, 1981.

Murnane, William J.: The Sed-Festival: A Problem in Historical Method. MDIK 37, 1981.

Nofret — Die Schöne. Ausstellungskataloge. München 1984; Hildesheim 1985.

Omlin, Jos. A.: Der Papyrus 55001 und seine satirisch-erotischen Zeichnungen und Inschriften. Turin 1971.

Osing, Jürgen: Geruch. LÄ II, 555.

Otto, Eberhard: Chentkaus. LÄ I, 930f.

Otto, Eberhard: Prolegomena zur Frage der Gesetzgebung und Rechtsprechung in Ägypten. MDIK 14, 1956.

Otto, Eberhard: Wesen und Wandel der altägyptischen Kultur. Berlin 1969.

Plantikow-Münster, Maria: Gottesmutter. LÄ II, 816.

Platon: Timaios. Sämtl. Werke, Bd. 5. Hamburg 1985.

Quaegebeur, Jan: Taimhotep. LÄ VI, 184f.

Ratié, Suzanne: La Reine Hatchepsout. Leiden 1979.

Redford, Donald B.: History and Chronology of the 18th Dynasty of Egypt. Toronto 1967.

Redford, Donald B.: Meretaten. LÄ IV, 90f.

Roeder, Günther: Amarna-Blöcke aus Hermopolis. MDIK 14, 1956.

Roeder, Günther: Die Ägyptische Götterwelt. Zürich 1959.

Roeder, Günther: Mythen und Legenden um Ägyptische Gottheiten und Pharaonen. Zürich 1960.

Romer, John: The Tomb of Thutmosis III. MDIK 31, 2, 1975.

Romer, John: Royal Tombs of the Early Eighteenth Dynastie. MDIK 32, 1976.

Romer, John: Sie schufen die Königsgräber. Die Geschichte einer altägyptischen Arbeitersiedlung. München 1986.

Sandison, A. T.: Empfängnisverhütung. LÄ I, 1227f.

Sandison, A. T.: Eunuchen. LÄ II, 46.

Sandison, A. T.: Frauenheilkunde und -sterblichkeit. LÄ II, 295ff.

Schlichting, Robert: Kuß. LÄ III, 901.

Schlichting, Robert: Liebeszauber. LÄ III, 1053.

Schlichting, Robert: Neith. LÄ IV, 392F.

Schlichting, Robert: Sexualethos. LÄ V, 919f.

Schmitz, Bettina: Gottestochter, LÄ II, 824.

Schmitz, Bettina: Königstochter. LÄ III, 660.

Schmitz, Bettina: Teje. LÄ VI, 305ff.

Schmitz, Bettina: Truchseß. LÄ VI, 771f.

Schott, Siegfried: Altägyptische Liebeslieder. 2. Aufl. Zürich 1950.

Schulze, Peter H.: Herrin Beider Länder. Hatschepsut. Berg. Gladbach 1976.

Schulze, Peter H.: Auf den Schwingen des Horusfalken. Die Geburt der ägyptischen Hochkultur. Berg. Gladbach 1980.

Schulze, Peter H.: Der Sturz des göttlichen Falken. Berg. Gladbach 1983.

Schulze, Peter H.: Die Schöne im Morgenlicht. Die Frau in der ägyptischen Frühzeit. Berg. Gladbach 1985.

Seeber, Christine: Klagefrau. LÄ III, 444ff.

Seeber, Christine: Renenutet. LÄ V, 232 f.

Seidlmayer, Stephan: Zu einigen Architekturinschriften aus Tell el-Amarna. MDIK 39, 1983.

Seipel, Wilfried: Achnesmerirê. LÄ I, 101.

Seipel, Wilfried: Ahmose. LÄ I, 101.

Seipel, Wilfried: Ahhotep I und II. LÄ I, 98 ff.

Seipel, Wilfried: Anchesenpaaton. LÄ I, 262 f.

Seipel, Wilfried: Chekeret-nesut. LÄ I, 915.

Seipel, Wilfried: Chent-Kaus. LÄ I, 930.

Seipel, Wilfried: Staat und Gesellschaft. In: Eggebrecht, Ägypten.

Seipel, Wilfried: Harim LÄ II, 982.

Seipel, Wilfried: Harimsdame. LÄ II, 986.

Seipel, Wilfried: Hatschepsut. LÄ II, 1045.

Seipel, Wilfried: Zur Chronologie der Verfemung Hatschepsuts durch Thutmosis III. Acts lst ICE, Berlin 1979.

Seipel, Wilfried: Hetepheres I und II. LÄ II, 1172 f.

Seipel, Wilfried: Königin. LÄ III, 464 ff.

Seipel, Wilfried: Königinnentitel. LÄ III, 473 f.

Seipel, Wilfried: Königsmutter. LÄ III, 538.

Shaw, Jan M. E.: Egyptian Chronology and the Irish Oak Calibration. JNES 44, Chicago 1985.

Simpson, William K.: Meresanch I–III. LÄ IV, 78 f.

Sourouzian, Hourig: Une tête de la reine Touy à Gourna. MDIK 37, 1981.

Spalinger, Anthony: Mut-nedjmet. LÄ IV, 252.

Spiegel, Joachim: Soziale und weltanschauliche Reformbewegungen im Alten Ägypten. Heidelberg 1950.

Spiegel, Joachim: Poesie und Satire. In: Handbuch der Orientalistik, Literatur. Leiden 1970.

Spiegel, Joachim: Das Auferstehungsritual der Unas-Pyramide. ÄA 23, Wiesbaden 1971.

Spuler, B.: Handbuch der Orientalistik, Literatur. Leiden 1970.

Stadelmann, Rainer: Das Grab im Tempelhof. Der Typus des Königsgrabes in der Spätzeit. MDIK 27, 1, 1971.

Stadelmann, Rainer: Khaefkhufu = Chefren. In: FS Helck. Hamburg 1984.

Stadelmann, Rainer: Pyramidenstadt. LÄ V, 10ff.

Stadelmann, Rainer: Die lange Regierung Ramses' II. MDIK 37, 1981.

Stein, Heinrich (Hrsg.): Herodot, Neun Bücher der Geschichte o. J.

Staehelin, Elisabeth: Hautfarbe. LÄ II, 1068f.

Staehelin, Elisabeth: Knoten. LÄ III, 459.

Sternberg, Heike: Sachmet. LÄ V, 326.

Störk, Lothar: Ackerbau. LÄ I, 61.

Störk, Lothar: Erotik. LÄ II, 4ff.

Szafránski, Zbigniev: Buried Statues of Mentuhotep II. Nebpehtirê and Amenophis I. MDIK 41, 1985.

Tanner, Rolf: Adoption. LÄ I, 66f.

Tanner, Rolf: Bemerkungen zur Sukzession der Pharaonen in der 12., 17. und 18. Dynastie. ZÄS 101, 2 und 102, 1, 1974/75.

Tawfik, Sayed: Aton Studies. MDIK 29, 1, 1973.

Tawfik, Sayed: Was Nefernefruaten the immediate successor of Akhenaten? MDIK 37, 1981.

Tefnin, Roland: La Statuaire d'Hashepsout. Bruxelles 1979.

Théodoridès, Aristide: Frau. LÄ II, 280.

Théodoridès, Aristide: Freiheit. LÄ II, 298ff.

Troy, Lana: Plattern of Queenship in ancient Egyptian myth and history. Uppsala 1986.

Tulhoff, Angelika: Thutmosis III. München 1984.

Valbelle, Dominique: Meresger. LÄ IV, 79f.

Vandersleyen, Claude: Tetischeri. LÄ VI, 458.

Velde, Hermann te: Mitregentschaft. LÄ IV, 155 ff.

Verhoeven, Ursula: Semat-weret. LÄ V, 836.

Vernus, Pascal: Namensgebung. LÄ IV, 326 ff.

Vittman, Günter: Taricheut. LÄ VI, 233 ff.

Walle, Baudouin van de: Humor. LÄ III, 74.

Weber, Manfred: Harimsverschwörung. LÄ II, 987 ff.

Weber, Manfred: Harimszöglinge. LÄ II, 991.

Wenig, Steffen: Amenophis IV. LÄ I, 214 ff.

Wenig, Steffen: Die Frau im Alten Ägypten. Wien 1969.

Wenig, Steffen: Meroë. LÄ IV, 98 f.

Wente, Edward F.: Some Graffiti from the Reign of Hat-
    shepsut. JNES 43/1, 1984.

Westendorf, Wolfhart: Aphrodisiaka. LÄ I, 336.

Westendorf, Wolfhart: Beschneidung. LÄ I, 728 f.

Westendorf, Wolfhart: Geburt. LÄ II, 459 ff.

Westendorf, Wolfhart: Götter, androgyne. LÄ II, 633 ff.

Westendorf, Wolfhart: Krankheit. LÄ II, 758.

Westendorf, Wolfhart: Keuschheit. LÄ III, 415 ff.

Westendorf, Wolfhart: Schwangerschaft. LÄ V, 757.

White, John B.: A Study of the language of love in the Song
    of Songs and ancient Egyptian poetry. Missoula 1978.

Wildung, Dietrich: Ahnenkult. LÄ I, III.

Wildung, Dietrich: Erschlagen der Feinde. LÄ II, 14 ff.

Wildung, Dietrich: Falke. LÄ II, 97 f.

Wildung, Dietrich: Sesostris und Amenemhet. Ägypten im
    Mittleren Reich. München 1984.

Wolf, Walther: Kulturgeschichte des Alten Ägypten. Stutt-
    gart 1962.

Wolf, Walther: Funde in Ägypten. Geschichte ihrer Ent-
    deckung. Göttingen 1966.

Wolf, Walther: Das Alte Ägypten. München 1971.
Wysocki, Zygmunt: The discoveries... in the Temple of Queen Hatshepsut. MDIK 39, 1983.
Wysocki, Zygmunt: The results... in the Hatshepsut-Temple at Deir el-Bahari. MDIK 40, 1984.

Zivie, Alan Pierre: Ibis. LÄ III, 115ff.
Zivie, Christiane M.: Nitokris. LÄ IV, 513.

Zeittafel und Karten

Vom Beginn der historischen Zeit Ägyptens bis zur Wende des 1. Jahrtausends sind die genauen Jahreszahlen je nach Autor unterschiedlich und müßten alle mit »ungefähr« bezeichnet werden. Besonders gilt dies für die Frühzeit, wo die Differenzen bis einhundertfünfzig Jahre betragen, und für wirre Epochen wie Zwischenzeiten oder Amarna mit Unterschieden bis zu fünfzig Jahren. Ich gebe die Zeittafel daher nur als Hilfe, um die in diesem Buch geschilderten Zustände und Ereignisse in ein geschichtliches und zeitliches Gerüst einordnen zu können. Alle Zeiträume liegen vor Christus.

Abkürzungen: Ph = König; Phn = regierende Königin; Rn = Regentin; Kgn = Königsgemahlin; Km = Königsmutter; Kt = Königstochter; G = Gott; Gn = Göttin; GG = Gottesgemahlin

Frühzeit	3100 – 2950	Einigung des Landes; Bildung der Hochkultur; erste bekannte Ph wie Ka, Skorpion und Narmer = »o. Dynastie«
	2950–2800	I. Dynastie; Ph u. a. Horus Aha, Dscher, Wadschi, Dewen; Phn oder Rn Hotep-Neith und Merit-

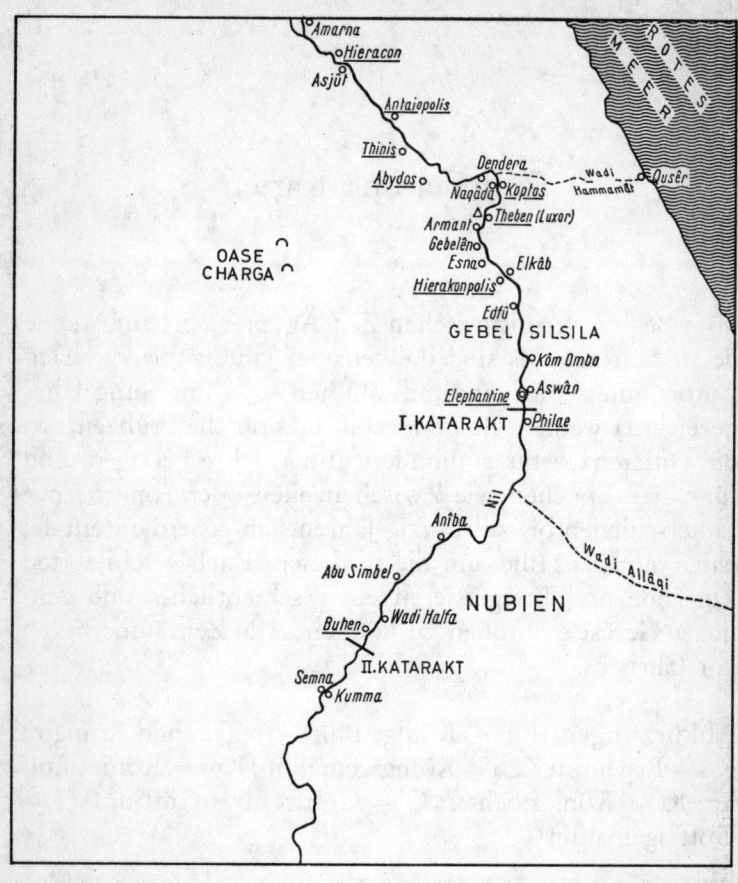

Das Niltal wurde im Westen durch die Sandwüste der Sahara, im Osten durch ein
wüstenhaftes Bergland weitgehend vor Invasionen geschützt. Hier konnte sich die
ägyptische Hochkultur ausbilden und über dreitausend Jahre erhalten. Der Schwerpunkt des Landes — und damit die Hauptstadt — verlagerte sich nach politisch/mili-
tärischen, wirtschaftlichen und dynastischen Erfordernissen: Zu Beginn der geschichtlichen Zeit lag er zwischen Abydos und Naqâda, während des Alten Reiches in Memphis (heute Kairo), im Mittleren Reich am Eingang des Fayyums, zu Beginn des Neuen
Reiches in Theben, später im Delta (Tanis und Sais). Oberägypten wurde in der Spät-

308

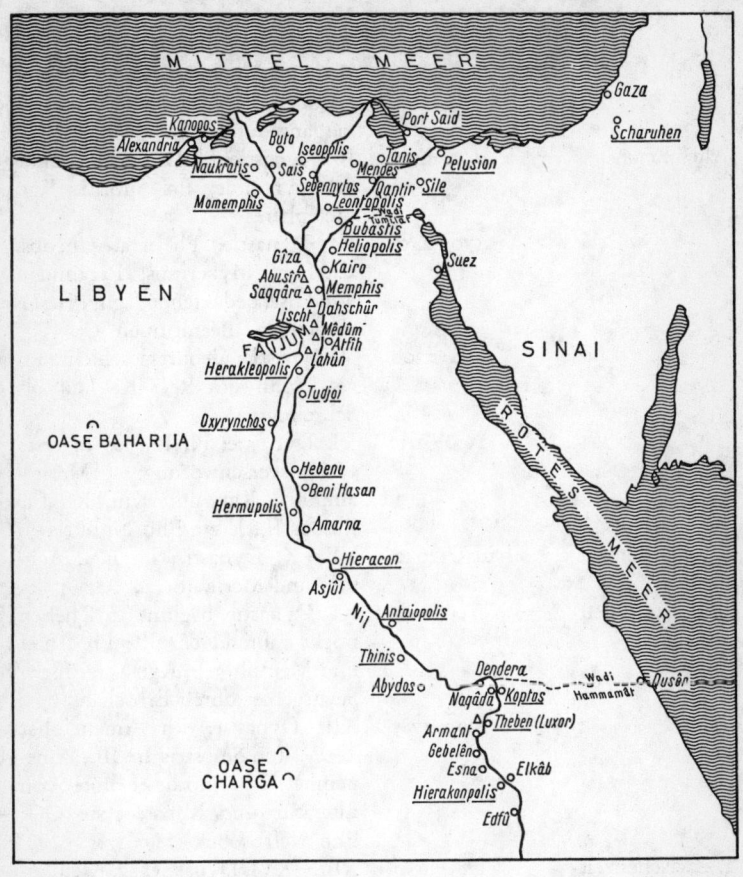

zeit für den Pharao von den »Gottesgemahlinnen des Amun« von Theben aus beherrscht. Das südlich der alten ägyptischen Grenze bei Assuan liegende Nubien war stets ein wichtiges Handelsgebiet für die Ägypter, gehörte aber nur während der Höhepunkte politischer Macht, in der XII., vor allem aber von der XVIII. bis zur XX. Dynastie, als eine Art Protektorat zu Ägypten. Ab dem 10. Jahrhundert v. Chr. bildete sich hier ein eigenes Reich, dessen Könige für fast einhundert Jahre als Pharaonen über Ägypten herrschten.

309

		Neith; erste Beamtinnen und Totenpriesterinnen
	2800–2650	II. Dynastie; Ph Neteren gestattet weibliche Thronfolge; Dynastieübergang durch Km
Altes Reich	2650–2570	III. Dynastie: Ph Djoser baut erste Steinpyramide; Ph Snofru, Kgn Hetepheres
	2570–2450	IV. Dynastie; Ph u. a. Cheops, Chefren, Mykerinos; Pyramiden von Gise; bedeutende Kgn, Priesterinnen und Beamtinnen
	2450–2300	V. Dynastie; Geburtsgeschichte Ph als »Sohn des Rê«; Kt Idut als Schreiberin
	2300–2155	VI. Dynastie; Ph Phiops I.: erste Haremsverschwörung; Merirêankhnes, Kgn und Km, Rn für Phiops II.; letzte Phn Nitokris
1. Zwischenzeit	2155–2040	VII.–X. Dynastie; Ph u. a. Achtoes und Merikarê
Mittleres Reich	2134–1991	XI. Dynastie beginnt in Theben noch während der X.; Ph Antef und Mentuhotep; Kgn vergrößern Staatsgebiet durch Erbschaft
	1991–1785	XII. Dynastie; Ph Amenemhet I.–IV. und Sesostris I.–III.; Amenemhet I. ermordet; Blüte von Literatur und Kunst; erste GG; Phn Nefrusobek 1789–1785
2. Zwischenzeit	1785–1550	XIII.–XVI. Dynastie; äg. Kleinkönige und Fremdherrscher (Hyksos)
	1650–1551	XVII. Dynastie in Theben erweitert ihr Gebiet. Ab 1575 Ph Ta'o I., Kgn Tetischêre, und Sohn Ta'o II., Kgn Ahhotep eröffnen Kampf gegen Hyksos. Ahhotep Rn hilft

Söhnen Kamose und Ahmose bei Befreiung Ägyptens

XVIII. Dynastie; Ph Ahmose und Kgn Ahmes-Nefertari beginnen Wiederaufbau, Kgn stiftet Priesterinnenkolleg; politische und religiöse Bedeutung der »GG des Amun«; Ph Amenophis I. (1525−1505) erobert Nubien. Ph Thutmosis I. (1505−1493) erobert Weltreich vom Euphrat bis Sudan; erste Königsgräber im »Tal der Könige«, erhebt Kt Hatschepsut zur Erbprinzessin; Ehe mit Ph Thutmosis II. (1493−1490), Kt Nofrurê. Rn für Stiefsohn Thutmosis III. (1490−1436); sie besteigt Thron als »Makarê«; über einundzwanzig Jahre erfolgreiche Regierung; Jahre nach Tod »Auslöschung«. Thutmosis III. festigt Herrschaft in Nord und Süd. Ph Amenophis III. halten Besitz. Amenophis III., Kgn Teje (1403−1365): Frieden, Luxus, Riesenbauten; Vordringen des Aton-Glaubens. 1365− 1349 Ph Amenophis IV.-Echnaton und Kgn Nofretete gründen Tell el-Amarna, verfolgen Götter außer Aton, sind einzige Mittler. Besonders hohe religiöse und politische Rolle königlicher Frauen. 1354 Verschwinden Nofretetes; Nebenfrau Kijê Kgn und Km; wirbt nach Echnatons Tod um hethitischen Prinzen, Tötung durch ägyptisches Militär. Nofretetes Tochter

		Phn Merit-Aton, heiratet Ph Semenchkarê, dem 1346–1336 Ph Tutenchamun mit Kgn Ankhesenamun folgt. Dynastieende mit Militärph Eje und Haremhab
	1305–1196	XIX. Dynastie; Ph u. a. Ramses II. (1290–1224); Frieden mit Hethitern; große Bedeutung königlicher Frauen, besonders Kgn Nefertari (Tempel Abu Simbel und Grab im Tal der Königinnen). Sohn Merenptah (1224–1214) Krieg gegen Libyer; nach Thronkämpfen Phn Tewosre (Tausret) (1199– 1196)
	1196–1080	XX. Dynastie; Ramses III (1162–1156) besiegt mühsam Libyer und Seevölker; gefährliche Haremsverschwörung. Unter letzten Ramessiden bis Tod Ramses' XI. 1080 zerfällt das Reich innen und außen
3. Zwischenzeit	1080– 714	XXI.–XXIV. Dynastie herrschen in Unter- und Mittelägypten, Oberägyptischer »Gottesstaat des Amun« unter Hohenpriestern, dann unter »GG des Amun«, die in Theben regieren. Nachfolge durch Adoption, auch unter folgenden Dynastien
Spätzeit	714–332	XXV. (kuschitische), XXVI. (saitische) Dynastie. Ab 525 persische und ephemere ägyptische Ph; Ende der GG
Ptolemäer	332–30	Griechische Fremdherrschaft; Kgn Arsinoë, Phn Kleopatra
Römer	ab 30	Römische Provinz; ab 100 n. Chr. Christianisierung

Register

313

Quellen- und Bildnachweis

Siegfried Schott: Altägyptische Liebeslieder. 2. Aufl. Zürich: Artemis Verlag 1950.

Der Abdruck der Gedichte erfolgt mit freundlicher Genehmigung des Artemis Verlags.